高等院校经济管理专业应用型精品教材

现代公关礼仪教程

赵　英　罗元浩　主　编
孟祥越　胡晓蕾　副主编

清华大学出版社
北　京

内 容 简 介

本书根据我国“一带一路、互联互通”总体发展战略的制定与实施，结合现代公关礼仪基本操作规程，具体介绍公共关系主体与客体、公共关系传播、公共关系调查、公共关系策划、专题公关活动、危机公关、形象举止礼仪、接待访问礼仪、沟通礼仪等基本知识，并通过指导学生实训，达到学以致用、强化应用技能培养的目的。

本书具有理论适中、知识系统、案例经典、注重应用等特点，因而本书既可作为高等院校本科工商管理、财经管理等专业学生的必修教材，同时兼顾高职高专、成人高等教育经济管理专业的教学，也可以用于各类企事业从业者的在职教育岗位培训。

图书在版编目(CIP)数据

现代公关礼仪教程/赵英，罗元浩主编．--北京：清华大学出版社，2016（2024.8重印）
高等院校经济管理专业应用型精品教材
ISBN 978-7-302-43691-1

Ⅰ.①现… Ⅱ.①赵…②罗… Ⅲ.①公共关系学－礼仪－高等学校－教材 Ⅳ.①C912.3

中国版本图书馆 CIP 数据核字(2016)第 084749 号

责任编辑：闫一平　帅志清
封面设计：何凤霞
责任校对：李　梅
责任印制：刘海龙

出版发行：清华大学出版社
网　　址：https：//www.tup.com.cn，https：//www.wqxuetang.com
地　　址：北京清华大学学研大厦 A 座　　**邮　　编**：100084
社 总 机：010-83470000　　**邮　　购**：010-62786544
投稿与读者服务：010-62776969，c-service@tup.tsinghua.edu.cn
质量反馈：010-62772015，zhiliang@tup.tsinghua.edu.cn
课件下载：https：//www.tup.com.cn，010-62770175-4278
印 装 者：三河市龙大印装有限公司
经　　销：全国新华书店
开　　本：185mm×260mm　　**印　　张**：16.5　　**字　　数**：379 千字
版　　次：2016 年 7 月第 1 版　　**印　　次**：2024 年 8 月第 4 次印刷
定　　价：48.00 元

产品编号：069702-02

教材编委会

序　言

随着我国改革开放的不断深入和扩大，我国经济已经连续30多年保持持续中高速稳定增长的态势，中国经济进入一个最具活力的发展时期。2015年3月，经国务院授权，国家发展和改革委员会、外交部、商务部发布《推动共建丝绸之路经济带和21世纪海上丝绸之路的愿景与行动》。随着我国改革开放和社会主义市场经济的加速推进，国家"一带一路、互联互通"总体发展战略的制定和实施，我国经济正在迅速融入全球经济一体化的发展进程，中国市场国际化的特征越发凸显。

目前，我国正处于经济快速发展与社会变革的重要时期，随着经济转型、产业结构调整、传统企业改造，涌现了大批电子商务、文化创意、绿色生态及循环经济等新型产业；面对国际化市场的激烈竞争、面对新一轮的人才争夺，我国企业既要加快管理体制与运营模式的整改，也要注重加强经营理念与管理方法的不断创新，更要注重企业发展的本土化策略、抓紧网罗培养具有创新意识和掌握新专业知识的技能型人才；这既是企业立于不败之地的根基，也是企业可持续长远发展的重要战略选择。

需求促进专业建设，市场驱动人才培养。为适应市场对经济管理专业人才多层次、多样化的需求，保证合理的人才结构，有必要开展多层次的经济管理技能培训与教育：一是加强学历教育；二是重视继续教育；三是开展有针对性的员工培训。

针对我国高等教育"经济管理"专业知识老化、教材陈旧、重理论经实践、缺乏实用操作技能训练的问题，为了适应我国经济发展对"有思路、掌握技能、会操作、能应用"人才的需要，为了全面贯彻教育部关于"加强职业教育"的精神和"强化实践实训、突出技能培养"的要求，根据企业用人与就业岗位的实际需要，结合高等院校"经济管理"专业教学计划及课程设置的调整，我们组织北方工业大学、郑州大学、北京联合大学、青岛大学、首钢工学院、大连工业大学、北京城市学院、燕山大学、北京财贸职业学院、吉林工程技术师范学院、北京朝阳职工大学、华北水利水电学院、北京西城社区学院、山东外贸职业学院等全国20多所院校的专家、教授和工商与流通企业的经理，在多次研讨和深入实际调查的基础上，共同精心编撰了此套经济管理系列教材，旨在更好地服务于国家经济建设。

教材建设是高等教育教学改革重要的组成部分，也是体现职业技能培养特色的关键。本系列教材的编写，遵循科学发展观，根据学科发展、教学改革、专业建设和课程改造需要，尤其是市场对人才专业技能与能力素质的需要；结合教育部教育教学改革精神、结合国家正在启动的大学生就业工程，面向社会、面向市场、面向经济建设、面向用人单位的具体工作岗位，不仅凝聚了一大批专家、教授多年的教学实践经验、最新的科研成果及企业家丰富的实战经验，也反映了企业用工岗位的真实需求。

本系列教材作为高等院校经济管理专业应用型精品教材，包括经济学基础、市场营销、企业战略管理、人力资源管理、国际贸易实务、商务谈判等十多本书。

由于本套教材紧密结合我国企业改革与经济发展、注重前瞻性，具有理论沿性和实践操作性，注重实际应用和操作技能训练与培养，适应国家经济发展新常态的需要，对帮助学生尽快熟悉操作规程与业务管理，毕业后能够顺利走上社会就业具有特殊意义。本套教材既可作为高等院校经济管理专业教学的首选教材，也可以用于工商、通流、财贸等企业在职员工培训。

牟惟仲

2016年2月

前言

当前，诸多外资、合资企业争相进军中国市场，竞争尤为激烈。要想在市场竞争中获胜，企业必须创新经营理念与管理方法，更加注重企业文化建设和公关礼仪。公关礼仪是创造企业品牌、树立良好形象、提高竞争力的强大助推器，已成为衡量企业管理水平的重要标志之一。为此，培养高质量公关礼仪人才既是企业发展的当务之急，也是加强社会主义精神文明建设、构建和谐社会的迫切需要。

公关礼仪是一门综合性学科，具有深刻的人文内涵，通过其理论指导和社会实践可以帮助企事业单位及个人争取社会公众理解、获取合作支持、不断完善自我、优化生存环境，还可以有效地帮助初入职场的年轻人规范言行、学会沟通、激发思维、树立现代公众意识、提高自身素质、增强潜在竞争力。

面对国际市场的激烈竞争和经营环境的不断变化，对各行各业劳动者和管理人员的现代公关礼仪专业素养要求越来越高，加强现代公关礼仪人才培养，已成为当前亟待解决的问题。

本书是一本与时俱进的集成化教材，突破传统"杯子转、盘子转、裙子转、酒桌转"的公关礼仪写法，根据我国"一带一路、互联互通"总体发展战略的制定与实施，结合中国共产党第十八次代表大会、四中全会"扎实推进社会主义文化强国建设、回归传统文化"的号召，重点树立和提升国家与企业形象、提高市场竞争和渗透力，培养优秀外向型管理人才。本书的出版对帮助学生进入社会、做事做人、就业创业具有特殊意义。

本书作为高等院校经济管理专业的精品教材，全书共十二章，以应用能力培养为主线，坚持学科发展观，严格按照教育部"加强职业教育、突出实践技能培养"的要求，遵循现代公关礼仪过程和基本操作规程，具体介绍公共关系主体与客体、公共关系传播、公共关系调查、公共关系策划、专题公关活动、危机公关、形象举止礼仪、接待访问礼仪、沟通礼仪等知识，并通过指导学生实训，提高应用能力。

由于本书融入了现代公关礼仪最新的实践教学理念、力求严谨、注重与时俱进，具有理论适中、知识系统、案例经典、注重应用等特点，因此本书既可以作为高等院校本科工商管理、财经管理等专业学生的首选必修教材，同时兼顾高职高专、成人高等教育经济管理专业的教学；也可以用于各类企事业从业者的在职教育岗位培训；对于广大社会读者也是一本有益的提高公关礼仪能力水平的自我训练手册。

本书由李大军进行总体方案策划并具体组织，赵英和罗元浩主编、赵英统改稿，孟祥越、胡晓蕾为副主编，由国际公关礼仪专家耿燕教授审定。参加编写的人员有：牟惟仲（序言），赵英（第一章、第二章、第四章），郭文凯（第三章），周惠昨（第五章），罗元浩（第六章、

第八章、第十章),王瑞春(第七章),孟祥越(第九章、第十一章),胡晓蕾(第十二章、附录),华燕萍(文字修改、版式调整),李晓新(制作课件)。

在本书编写过程中,我们参阅了大量公共关系与现代礼仪的最新书刊、网站资料、国家及公关协会近年新颁布实施的政策法规与管理规定,并得到了公关咨询公司经理及有关专家教授的具体指导,在此一并致谢。为方便教学,本书配有教学课件,读者可以从清华大学出版社网站(www. tup. com. cn)免费下载使用。因作者水平有限,书中难免存在疏漏和不足,恳请专家、同行和读者批评指正。

作　者

2016 年 4 月

目　录

第一章

公共关系概述

学习目标

1. 了解公共关系的相关概念、特征；
2. 明确公共关系的原则、公共关系的活动类型；
3. 充分认识公共关系的基本构成要素。

技能要求

1. 掌握公共关系的概念、原则、特征与基本构成以及活动类型；
2. 能够建构一定的学科知识体系，树立公共关系的理念；
3. 建立公共关系的意识。

引导案例

习主席的外交公关

2014年2月6日，中国国家主席习近平在俄罗斯索契会见俄罗斯总统普京。习主席在会晤中丝毫不掩饰自己对于深化中俄友谊的热情与真诚。首先，习主席用“三好”定义中俄关系，即“中俄是好邻居、好伙伴、好朋友”，并盛赞“索契冬奥会是普京总统领导俄罗斯人民走向繁荣富强的一个象征”，充分显示了中国兄弟对兄弟般的俄罗斯人民由衷的祝福和赞赏。其次，习主席把索契冬运会比作邻居办喜事，并将中国春节与索契冬运会相提并论为“双喜临门”。

这表明，中国人民把俄罗斯的喜事也当成自己的喜事，这也是只有兄弟才有的感情。习主席说：“俄罗斯举办索契冬奥会，中国人民正在欢度马年春节，可谓双喜临门。按照中国习俗，邻居办喜事，我当然要专程来当面向你贺喜，同俄罗斯人民分享喜庆。”最后，习主席对中俄运动员都发出良好祝愿：“祝索契冬奥会马到成功，祝中俄两国运动员在赛场上一马当先。”这似乎有了中俄运动员联手角逐冬奥会的寓意。

会晤之后，习主席与普京又一起与护航叙利亚化武的中俄两国舰长进行了视频通话。在通话中，习主席对两国联合护航叙利亚化武给予高度赞扬。他指出：“去年年底以来，中俄两国军舰共同参加叙利亚化武海运联合护航行动。这是中俄两国根据联合国宪章和安理会相关决议授权采取的联合行动。我对两舰密切配合、成功完成两批护航任务表示祝贺。祝你们圆满完成任务，为安全顺利销毁叙利亚化武、推动政治解决叙利亚问题做出贡献。”

案例点评：

2014 年，习主席的外交足迹遍布全世界，展现大国领袖个人魅力，以大范围的地理位移勾勒出一幅彰显国际格局的地缘大地图，以新思维的话语表达建构体现中国特色的外交总战略。如果说与大国之间的关系协调，体现了中国国际身份的新调整。习主席对周边国家和发展中国家的密集访问，一再强调新中国自成立以来即一直恪守的原则与立场，既体现了“己欲达而达人”等中华传统文化，也彰显了“和平共处五项原则”等新中国外交传统。

习主席的每一次出访都传递了富有时代气息的外交理念和中国作为传统大国的外交特色，每一次亮相，习主席的沉稳睿智和彭夫人的美丽端庄，无不赢得一片赞扬之声。公关无处不在，各行各业都有公关的身影。习主席的外交公关活动，不仅是一个整合策略传播的成功案例，更是则一个可圈可点的战略型公关的典范。它生动地向我们证明了，一个成功的公共关系活动，应该同时在组织的宏观、中观和微观三个层次上，真正为社会、组织和消费者创造价值。

新华网．习近平会见俄罗斯总统普京[EB/OL]．(2014-02-07)．http://news.xinhuanet.com/world/2014-02/07/c_119220650.htm.

新华网．习近平和普京共同与参加叙利亚化学武器海运联合护航的中俄军舰舰长视频通话[EB/OL]．(2014-02-07)．http://news.xinhuanet.com/world/2014-02/07/c_119220635.htm.

第一节 公共关系的概念与原则

一、公共关系的概念

公共关系一词最早源于英文“Public Relations”，其中 Public 作为形容词，意为“公开的”“公共的”“社会的”，Relations 是复数，说明不是一种关系，而是众多的关系。英文缩写为 PR，目前中文的主流译称为“公共关系”。通常所说的“公关经理”“公关部”皆由此而来。

（一）公共关系的定义

公共关系的本质就是协调各种关系，争取社会舆论支持的一种传播沟通活动。

小贴士

北欧联合公司一位公关经理在公关培训班上，为了说明“什么是公共关系”这个问题，曾打了这么一个生动形象的比方：一名青年追求伴侣，可以用许多办法。大献殷勤就是一种，但这不算公共关系，而是推销。努力修饰自己的外貌和风度，讲究谈吐举止，也是一种吸引人的办法，不过，这也不是公共关系，而是广告。如果这位青年经过周密的研究思考，制订一个计划，而且埋头苦干，以成绩获得他人的称赞，树立良好的个人形象，并通过他人之口将对自己的优良评价传播开去，最终传到姑娘耳中，引起姑娘的注意和兴趣，然后再去与姑娘沟通,这可就是公共关系了。

资料来源:左海云. 公共关系学[EB/OL]. (2015-12-09). http://wenku.baidu.com.

由此可见,公共关系既不同于商业性广告,又不同于一般的推销活动,它是一种管理活动,公共关系就是社会组织机构与社会公众环境之间的沟通与传播的关系,它通过社会组织把自身的本职工作做好,同时将与自己打交道的各种社会公众的关系搞好,这些好的形象通过舆论传播方式,即通过他人之口将其传播出去,以形成良好的口碑和较高的知名度。

关于公共关系的定义,国内外学者没有一个公认的统一的标准。综合各种定义,可将公共关系的定义表述为:公共关系是一个社会组织用传播手段使自己与社会公众之间形成双向交流,使双方达到相互了解和相互适应的管理活动。这个定义反映了公共关系是一种公众关系,是一种传播活动,也是一种管理职能。

(二)公共关系的特征

公共关系的基本特征体现了公共关系的性质和发展方向,要有效地开展公共关系活动,就必须准确地把握公共关系的特征。公共关系的基本特征可以概括为以下几个方面。

1. 以社会公众为对象

公共关系是一种社会组织同构成其生存环境的社会公众之间的相互关系。任何一个经济实体或个人,都存在于社会的网络之中,与上下左右的各有关群体发生立体化的关系,这种关系是客观存在的。任何社会组织要想生存和发展,就必须科学地分析与处理各种社会关系,为自身事业的发展创造最佳的社会关系环境,以保证事业的成功。因而,社会公众是公共关系的主要研究对象,一切工作都应围绕社会公众展开。

2. 以美誉为目标

公共关系的评价尺度不是政治立场和经济指标,而是美誉度,也就是关系好不好,客体是否愿意与之交往。而形象中的知晓度、定位度都是以美誉度为基础的。因而,公共关系是以追求高美誉度为工作目标的。

3. 以互惠为原则

公共关系不是以血缘、地缘为基础,而是以一定的利益关系、业缘关系为基础的。社会组织要生存和发展必须得到社会公众的支持,而要想得到支持就必须让社会公众得到利益。因而,要想持久地赢得社会公众的支持,就必须做到与社会公众互利互惠,最终达到双赢。

4. 以长远为方针

公共关系的基本方针是着眼于长远的利益,着手于平时的努力。不能急功近利,拘泥于一时一地的功利得失。社会组织要凭借公共关系在社会公众中塑造良好形象,绝非一日之功。同时已经树立起来的良好形象也不会轻易改变。因而,公共关系的长远性是与社会组织生存的长远性同根相生、同命相连的。

5. 以真诚为信条

公共关系要塑造社会组织的良好形象和追求长久的美誉度,必须以真诚为信条,奉行真实的工作原则，倡导诚恳的工作作风。对社会公众真心相待，坦诚相见，尊重事实，客观全面，唯有真诚才能长久赢得社会公众的合作与社会美誉，只有这样才能开展真实的传播，善意的协调，友好的交往，才能在社会公众心目中产生信任感，赢得社会公众自觉的合作。

6. 以沟通为手段

公共关系属于信息产业，信息只有传播沟通才能实现其价值。由于形象在沟通中塑造，美誉在沟通中提高，合作在沟通中促成，目标在沟通中实现，无形资产是在沟通中建立与积累的。因此，从本质上说公共关系就是一种信息传播活动，其目标与价值的实现离不开社会组织与社会公众之间的沟通。

以上几方面综合、系统、多角度地构成了公共关系的基本特征。

案例

"大道有形"——一带一路国家战略传播重大公关品牌

中国公共关系协会开展的俯瞰"一带一路"活动是协会重力打造的"大道有形"品牌项目十大系列活动之一，该活动是具有国际影响力的国家战略传播的重大公关项目和品牌。它是一个宏大的国际电影电视纪实项目，涉及一带一路沿途60多个国家和地区，从西安到伊斯坦布尔，从莫高窟飞跃蓝色清真寺到罗马的万神庙，展现一带一路沿途国家和地区的自然景观和人文特色，以世界先进的技术设备、国际一流的制作团队、全球视野的传播平台及国际知名的专家智库（与哈佛大学、牛津大学、剑桥大学、清华大学、北京大学等合作）合力打造，宏大叙事中穿插人物活动和故事，结合丝绸之路的历史和当下，呈现丝绸之路历史文化遗产的当代价值以及"一带一路"沿途社会、经济发展的状况，展现无与伦比的鸟瞰画面，创造空前的传播效果。

该项目已得到国家领导人及有关部委的高度重视和支持。协会围绕"一带一路"国家战略全面开展"大道有形"十大系列文化传播主题活动，主要包括俯瞰一带一路、巅峰美学、影像的力量—重返丝路、全媒体文化传播中心、中医国际体验中心、中美50人对话、伊斯兰国家智库对话、中欧文化传播战略对话、土耳其经济组织、中巴经济走廊。

该品牌坚持"文化先行，公关先导"的指导理念，进行高屋建瓴、深谋远虑、切实可行的顶层设计；打破中国文化传播进程中守土一隅、自说自话的内向型封闭模式，实现传播上的战略创新、内容创新、平台创新、技术创新以及渠道创新，构建"中国文化走出去"的全新战略；通过俯瞰角度和与国际主流媒体合作的方式传播"一带一路"的过去、现在和未来，讲好中国故事，传播好中国声音，提升中国软实力，互融互鉴，共同实现中国梦与世界梦！

资料来源：中国公共关系协会．"大道有形"一带一路国家战略传播重大公关品牌[EB/OL]．(2015-05-27)．http://mt. sohu. com/20150527/n413851318. shtml.

（三）公共关系的辨析

公共关系作为一种新兴的边缘学科，传入我国时间不长。在社会实践中，由于它常被人们混同于其他社会现象，因此，正确认识公共关系与其他相关社会现象的区别，有助于社会组织有效地开展公共关系工作。

1. 公共关系与人际关系

人际关系是指依赖于某种媒介并通过个体交往而形成的人与人之间的关系，它与公共关系有如下区别。

1）两者的结构不同

公共关系的主体是社会组织，处理的是社会组织与社会公众的关系，在社会组织与社会公众的交往中实现的是社会组织的宗旨，体现的是社会组织的价值观念和行为规范。其客体社会公众也是一个整体概念，即使是通过人际交往的形式实现的公共关系，构成关系的主客体仍然是两个集合体。而人际关系的主体和客体都是个人，处理的是个人与个人之间的关系，体现的是个人的价值观念和行为规范。

2）两者的目的和方式不同

公共关系主要是社会组织利用大众传播媒介与社会公众进行相互的信息传递、交流和沟通树立社会组织在社会公众中的良好形象，建立社会组织与社会公众之间的良好合作关系。而人际关系主要是通过个人与个人之间的语言符号和非语言符号进行相互思想感情的传递、交流和沟通来广交朋友，实现个人的心理需要，建立个人与个人之间的和谐的人际环境。

总之，公共关系不是人际关系，它要比人际关系复杂得多。因而，在开展公共关系工作时，不能把它当作人际关系处理；即使是以个人身份出现，也必须增强自己的角色意识，要透过个人之间的关系，将社会组织与社会公众联系起来。

另外，因为公共关系与人际关系有着十分紧密的联系，我国目前大众传播的技术还不十分发达，大量的公共关系工作还要依靠人际传播进行，许多公共关系通常表现为人际关系。所以，公共关系又是以人际关系为基础的，良好的人际关系有助于社会组织内部环境和外部环境的和谐与改善。

2. 公共关系与推销

推销是指企业将其产品或服务向消费者进行宣传，影响其态度，促进消费行为的活动。公共关系不等同于推销，原因如下。

1）两者的目的不同

公共关系是推销整个社会组织，它所追求的是社会组织的长远利益和社会效益。推销是通过各种方式促使消费者购买企业的产品和劳务，是一种纯粹的商业性行为，它所追求的是企业的近期效益和经济利益。

2）两者的适用范围不同

公共关系作为一种管理职能，贯穿于社会组织管理的全方位、全过程，除了在工商企业发挥作用外，还在政府、教育科研机构、社会福利组织、军队等社会组织中广泛地发挥作用，它适用于现代社会各种类型的组织。而推销作为一种经济活动，它是向消费者宣传产品和服务，刺激消费者发生购买行为的活动，仅仅适用于工商企业。所以，公共关系的适用范围比推销要广泛得多。

3）两者的复杂程度不同

公共关系需要协调社会组织所面临的各种社会公众关系和交往活动。它的主要内容包括搜集信息、咨询建议、协调关系、策划传播等，这一系列工作渗透于组织的每一项管理之中。推销作为一种促销活动，只限于在社会组织与消费者的交往中发生，需要处理的关系比较单纯。因而，公共关系面临的社会公众比推销面临的顾客多，其工作也比推销复杂。

其实，公共关系与推销也有着密切的联系。现代社会组织如果将这两个不同的事物紧密地结合起来，在推销中运用公共关系，使推销从以消费者为中心扩展到对整个社会的导向作用，与整个社会环境保持协调平衡，使企业大大扩展自己生存和发展的空间。

3. 公共关系与宣传

宣传是社会组织通过大众传播工具将观念传播出去，用以影响或控制他人的信仰、态度或行为的一种系统的劝说活动。

宣传与公共关系有着密切的联系，具体表现为：两者都是传播信息的活动，都是运用大众传播工具的方式向社会公众发布信息，都是一种劝说活动。

宣传与公共关系又有着本质上的不同，具体如下。

1）两者的目的不同

公共关系的目的是塑造社会组织形象，建立与社会公众的良好关系，改变社会公众对社会组织的态度，争取社会各界的理解、支持和合作。而宣传的目的是通过思想、意识形态的教育和传播活动改变和强化人们的心理状态或精神状态，获得人们对某种主张或信仰的支持。

2）两者的方式不同

公共关系是社会组织与社会公众之间信息的传递和交流，它既强调及时、准确地向社会公众传播社会组织的有关信息，又注重社会公众的信息反馈，因而公共关系重视信息的双向沟通。而宣传通常是对社会公众进行劝说，寻求支持或以此改变社会公众的思想、态度和行为，不求反馈，侧重于单向灌输式的传播。

3）两者的原则不同

公共关系在宣传上要求尊重事实，说真话，既报喜又报忧，以真诚的态度获得社会公众对自己的正确理解、支持和合作。而宣传为了能够引起社会公众的重视，既可以通过实事求是，亦可以通过对事实的夸张、渲染和歪曲，或报喜不报忧，只说好的，不说坏的，甚至将坏的说成好的，将失败说成胜利等方式进行。

4. 公共关系与广告

广告是由确定的广告主通过付费的方式获得可控制形式的非个体传播，以劝说的方式向目标市场推销产品和服务。它与公共关系的区别主要表现在以下方面。

1）两者的目的不同

公共关系的目的是树立社会组织的整体形象，使社会组织能够长期生存和发展。广告则是通过传播媒介对消费者进行劝说，目的在于迅速打开产品销路。

2）两者的传播原则不同

公共关系要求传播的信息既真实可靠，又要公开事实真相，要有一说一、实事求是，因此真实性和公开性是公共关系的传播原则。广告要求传播的信息既真实可靠、又要有感染力,允许旨在引起人们的兴趣,但又不致使人们受骗的情况下,适当使用一些夸张、渲染、虚构等手法,因而真实性和艺术性是广告的传播原则。

3)两者的效果不同

公共关系的广告不一定明确广告主,它期待的效果是创造社会组织活动的社会效益,建立有益于社会组织的环境和气氛。通过公共关系活动被新闻机构所采用的新闻稿从第三者的角度报道或评论,客观性强,效果更好。而广告必须有明确的广告主,让人们知道是谁在付钱做广告,这则广告为谁的利益服务。广告主的确定,便于顾客进行选择和购买,使广告为广告主带来经济利益。

4)两者的范围不同

公共关系重协调与社会公众的关系,树立社会组织的良好形象,因此适用于社会的一切组织。而广告着重推销产品和服务,因而主要适用于现代工商企业。

二、公共关系的目的

公共关系的根本目的,就是塑造良好的社会组织形象,优化社会组织的生存环境。

社会组织的形象是社会公众对社会组织机构的总体评价,是社会组织的表现与特征在社会公众心目中的反映。它虽然是社会公众对社会组织的一种主观评价,但都是以客观存在为依据的。一个社会组织如能拥有一个良好的整体形象,就有了一笔无形的资产和立于不败之地的法宝。如美国的可口可乐、IBM、麦当劳,日本的松下、日立、丰田,中国的海尔、联想等企业,都是当今世界上含金量极高的品牌。

小贴士

北京成功举办APEC会议,助推中国国家形象传播

2014年11月10日至11日在北京举办的24届亚太经合组织(APEC)领导人非正式会议,是习近平执政以来具有标志性意义的国家形象塑造工程,该会议以"共建面向未来的亚太伙伴关系"为核心主题,以"推动区域经济一体化","促进经济创新发展、改革与增长","加强全方位基础设施与互联互通建设"为三个重点议题,一方面向世界充分展示了充满政治智慧、社交智慧和环境智慧的中国国家领导人形象,另一方面奠定了中国作为"亚太区域合作领导者"地位,同时彰显了"上善若水,和衷共济"的中国性格和"以中为根,以礼为魂,以新为形"的中国气质,彰显了新形势下的中国综合国力。

资料来源:拓雅文化.2014年十大公共关系事件[EB/OL]. http://www.toyapr.com/?c=options-single&id=1507.

由于在现代信息社会中,管理学发展的一个趋势就是日益重视信息资源、形象资产和传播技术。因此公共关系与资金、人才和技术并称为现代社会组织经营管理的"四大支柱"。其中,公共关系塑造形象、为社会组织的生存和发展创造良好社会环境的职能是其他因素所不能替代的。

三、公共关系的原则

公共关系的原则，是社会组织开展公共关系工作的行为规范，对公共关系工作有普遍指导意义。尽管各类社会组织的业务范围、管理对象各不相同，但都必须按照公共关系的基本原则办事，才能有效地完成公共关系工作的任务。

1. 真实守信原则

真实守信原则是指社会组织的公共关系活动应当建立在掌握事实和如实反映事实的基础上。公共关系活动必须坚持实事求是的精神，向社会公众传递真实的信息，介绍社会组织的产品、服务与理念，杜绝虚假和夸大社会组织的信息。

2. 平等互利原则

平等互利原则是指社会组织应以社会公众的利益为出发点，通过对双方利益的协调与平衡，让社会组织与社会公众的利益要求都得到满足，谋求社会组织与社会公众的共同发展；社会组织要积极寻求双方利益的共同点。

由于社会组织在公共关系活动中处于主动地位，因此首先要创造各种条件满足社会公众的要求，为社会公众的利益着想，同时又要积极引导社会公众认同双方一致的利益目标，使社会公众与社会组织同舟共济，保持长久稳固的合作关系。

3. 双向沟通原则

双向沟通原则是指在公共关系工作中不仅要有信息的收集和传播，还要有信息和工作成果的反馈，以保证公共关系工作有始有终。

实行双向沟通原则首先要加强工作的针对性，社会组织要根据自己的业务性质和特点，选择好自己的目标公众，要针对自己目标公众的特点和需要来开展公共关系工作。其次是要坚持完整的双向沟通过程，即对于每一个信息，都要完成传播、反馈两个环节的过程。如果其中的任何一个环节中断或者沟通过程不完整，就会造成整个信息链的中断和导致不良后果的产生。

4. 全员公关原则

全员公关原则是指社会组织通过对全体员工进行公共关系教育和培训，要求社会组织的全体员工都要树立公共关系的观念，加强整体的公共关系配合与协调，形成浓厚的组织公关氛围。

社会组织的全体成员都要树立公共关系意识，特别是最高领导者应积极参与、大力支持社会组织所开展的各项公共关系活动。要对全体员工进行公共关系教育，让大家明确，每一个人都有责任创造和维护社会组织的良好形象。

5. 开拓创新原则

开拓创新原则是指从事公共关系工作的人员，要有开拓精神和创新意识，使其所策划和实施的每一项不同目标、不同内容的公共关系活动，都具有与众不同的新意，能最大限度地表现出社会组织的创新活力和对社会公众的吸引力。

开拓创新原则是取得公共关系工作成果的有力保证。公共关系的大量工作内容是信息的沟通和活动的策划，其成就的取得，要建立在社会公众认可的基础上，只有那些有特色、与社会公众需求相吻合的信息，才能从海量的信息中脱颖而出，引起社会公众的关注，进而取得他们的认同和喜爱。

第二节 公共关系的基本构成要素

公共关系由社会组织、社会公众和传播沟通三大要素构成。社会组织是公共关系的主体，即公共关系的实施者。社会公众是公共关系的客体，即公共关系的工作对象。传播沟通是联结主体与客体的中介环节和手段。

一、社会组织

公共关系的行为主体是社会组织，这是我们在理解公共关系含义时的关键之点。它是各种政治、经济、军事、文化团体及民间组织的统称，是公共关系活动的实施者。

任何一个社会组织的生存和发展，都需要得到社会的认可、接受和支持，都要在一定的现实条件和环境中进行，因此，社会组织需要公共关系管理活动为它创造一个良好的环境和塑造一个美好的形象。

社会组织的形象问题是公共关系理论和实践的核心问题，社会组织形象就是社会组织的客观状况、行为表现和价值观念等在社会公众心目中的能动反映，是社会公众对社会组织的总体特征和风格的综合看法和评价。社会组织形象通过其知名度和美誉度两项指标反映出来。

知名度是一个社会组织被社会公众知晓和了解的程度。美誉度是一个社会组织在社会公众中被信任和赞许的程度。它们是社会组织总体形象好坏的具体标尺，也是社会组织公共关系状态好坏的标志。知名度和美誉度分别从“量”和“质”两个方面评价社会组织形象，一个社会组织的知名度高，美誉度不一定高；知名度低，美誉度不一定低。因而社会组织要想树立良好的形象，就必须同时提高知名度和美誉度。

良好的形象可以代表社会组织的声誉，可以体现社会组织产品的质量，可以象征社会组织成员的素质，是社会组织宝贵的无形资产。所以，只有拥有良好的社会组织形象，才能为社会组织吸引优秀的人才，为企业招徕更多的消费者，赢得广大社会公众的信赖与支持。

二、社会公众

公共关系的客体是社会公众。社会公众是指与社会具有直接或间接关系的个人、群体和组织的总称，是与公共关系主体利益相关并相互影响和作用的个人、群体和组织的总称。

社会公众构成社会组织的一种特定环境，任何社会组织的发展与成功都有赖于良好的社会公众环境，都需要得到社会公众的认可与支持。社会公众既是一个社会组织赖以生存和发展的“生态环境”，又是该社会组织公共关系的工作对象。

社会组织的公共关系工作必须把工夫下在与社会公众建立、保持和发展平等互利的利益关系上。社会组织要策划一项公共关系活动时，首先要做的是社会公众分析，只有这样公共关系活动才能有的放矢；在实施此项活动时，必须时时处处以社会公众的利益和要求作为工作项目的出发点；在评估此项活动时，应以是否使社会公众满意和是否引起社会公众的期望行为作为衡量标准。所以，公共关系也可以称作公众关系。

社会公众作为公共关系工作的对象并非是完全被动的，各种社会公众都是有意志、有愿望、有行动的。社会公众会采取行动来表达自己的意见和要求，主动地对社会组织的政策、行为做出相应的反应，从而对公共关系的主体社会组织形成舆论的压力。

三、传播沟通

传播沟通是公共关系的过程和方式。公共关系的传播沟通是广泛地应用各种形式的人际沟通媒介和大众传播媒介，了解和影响社会公众的态度和行为，在本质上它是一种信息传播过程，是对信息的管理与经营。

公共关系就是要运用各种传播沟通的手段进行社会组织与社会公众之间的沟通与交流，促进双方的了解、共识、好感与合作。公共关系工作可以利用的手段和方式有人际传播、组织传播、公众传播和大众传播；其沟通的媒介可以是纸制印刷的、电话语音的、电子视频或网络邮件，也可以是实物的。

从某种意义上说，社会组织、社会公众、传播沟通这三个要素构成了公共关系的基本范畴，公共关系的理论研究、实际操作和运行发展都围绕这三者的关系层层展开。

第三节　公共关系的活动类型

公共关系的最终目标是塑造社会组织形象，给社会公众留下良好的印象。社会组织在面临内部公众和外部公众的关系协调过程中，由于对象不同、环境不同、时间不同以及所遇到的问题不同和矛盾程度不同，因此在开展公共关系活动时，应根据具体情况与要求选择不同类型的公共关系活动方式。一般来讲，公共关系的活动方式主要有以下几种。

一、建设型公共关系

建设型公共关系是指社会组织在开创阶段、某项事业或产品和服务的初创、问世阶段，为了开创新的局面而在公共关系方面所做的努力。如开业庆典仪式、剪彩活动和开业广告等。对于一个企业来说，通过进行建设型公共关系活动，使社会公众对自家的产品和服务产生新的兴趣，形成新的感觉。从而为社会组织的发展创造更好的条件和环境。

现在企业一般把开展建设型公共关系活动放在开业前后的一段时间里，或者放在更换厂名、改变产品商标或包装的时候。

一个社会组织不仅要在初创阶段进行建设型公共关系活动，而且在开业后也要注意本身在社会公众中不断树立新的形象，以各种努力引起社会公众的关注和重视。

案例

苹果 iPod 广告歌曲：好听背后的品牌启示

One, Two, Three, Four,
Tell Me That You Love Me More。
Sleepless, Long Nights。
Sighs, What My Youth Was For。
…

想必 iPod 迷们都对这首歌曲非常熟悉，也非常喜爱，如果把这首歌曲播放出来，它那轻松优美的旋律也会吸引很多人侧耳倾听，而对于营销人而言，它可能还意味着更多。

苹果新品上线之初投放了一系列电视广告，主角分别是它的三个新产品 iPod Nano、iPod Touch、Macbook Air。这三则电视广告的配乐，分别找来三个不怎么出名的小乐团。虽然歌手不出名，但歌曲却显然经过精挑细选，非常好听，好听到观众看完这则广告，连忙回到计算机前搜寻这些歌曲的名字。

从 2007 年 8 月到 2008 年 1 月，5 个月的时间，搜索引擎的关键字，发现其中关于这三支广告的关键字，加起来一共有 100 万次以上的搜索。其中最好听的 iPod Nano 广告中的 Feist 所唱的《1—2—3—4》一曲，单单 9 月一个月就吸引了 42 万次的搜索。可是，问题来了，由于观众并不知道这首歌是谁唱的，所以观众搜索的字符串大多是“iPod Nano Commercial Song”，其次是“iPod Nano Commercial”，再其次是“iPod Commercial song”，再其次是“iPod Commercial”，你可以感受到这些观众急于找这支好听的歌，却不知道该怎么查，只好模棱两可地去搜索“iPod 那支广告的好听歌曲”之类的关键字。观众看到线下的广告，然后到线上去“延伸阅读”，吸引公众的关注度。

这种广告模式当时在美国还不常见，总之，既然人们的好奇心和求知欲源源不绝，从中潜在的商机与财富，当然也会跟着源源不绝了。

苹果的广告别出新意，它在做 iPod 广告的同时，播放一首很好听的无名歌曲给你听。歌曲这种东西很通俗，喜欢一段美妙旋律的人，肯定远比喜欢 iPod 的人多；想再听一次这首美妙歌曲的人，肯定比想知道 iPod Nano 在做什么的多。所以，300 万人看到这则广告，可能有高达 100 万人都觉得“这首歌真好听”。他回家后，就会跑去搜索“iPod 的那首好听歌曲”，想认识认识这位“无名英雄”。在这个过程中，其中还有 50 万人通过搜索歌曲了解认识了苹果公司的产品，最后达到盛况空前的特殊效果。传播之强大由此可见。

资料来源：瞧这网．苹果 iPod 广告歌曲：好听背后的品牌启示[EB/OL]．http://www.795.com.cn/wz/51670.html.

二、维系型公共关系

维系型公共关系是指社会组织在稳定发展之际用来巩固其良好形象而采取的公共关系模式。具体做法是通过各种渠道和采用各种方法持续不断地向社会公众传递社会组织的各种信息，使社会公众在不断接受社会组织的服务和友好情谊中，增强对社会组织的好感，把社会组织的美好形象深藏在心中，做社会组织的顺意公众。

社会组织为了维系已有的声誉，稳定已建立的良好关系，应采取一种持续不断、较低姿态的传播方式，对社会公众施以不落痕迹、不知不觉的影响，保持一种潜移默化的渗透力。如保持一定的见报率，服务性、信息性的邮寄品分发，逢年过节的专访、慰问，给老关系户适当的优惠或奖励等。

维系型公共关系的活动方式主要有两种：即"硬维系"和"软维系"。

"硬维系"是指那些"维系目的"明确，主客双方都能理解意图的维系活动，其特点是通过显露的优惠服务和感情联络来维系同公众的关系。"硬维系"一般用于已经建立了购买关系或业务往来的组织和个人。具体方式灵活多样，可利用各种传媒进行一般的宣传，如定期刊发有关组织情况的新闻、播出广告、提供组织的新闻图片、实行会员制、提供累计消费折扣等。也可以向常年客户赠送小礼物，邀请用户联谊，定期或不定期发布提醒性广告，经常在媒体露面，经常派发企业小型纪念品或礼品。

"软维系"是指那些活动目的虽然明确，但表现形式却比较超脱、隐蔽的公共关系活动，其目的是在不知不觉中让公众不忘记组织。一般是对广泛的公众开展的公共关系活动，其具体做法可以灵活多样，但要以低姿态宣传为主，如定期广告、组织报道、提供组织的新闻画片、散发印有组织名称的交通旅游图等。保持一定的媒体曝光率，使公众在不知不觉中了解组织的情况，加深对组织的印象。

最佳沟通　和谐共建

2015 年 12 月 29 日，中铁十九局集团广州地铁四号线南延段"施工 3 标"项目部，获评广州地铁 2015 年十大优秀公关案例之"最佳公众沟通奖"，广州地铁集团公司办公室公共关系经理朱洲颁奖，并与项目部进行了"阳光地铁，和谐共建"经验交流座谈。

项目部十分重视社会公关和公众沟通工作，自 2013 年入驻南沙地铁施工以来，项目部引领全体职工培育和践行社会主义核心价值观，积极响应广州地铁集团公司号召的开展"阳光地铁和谐共建"活动，先后与周边社区、塘坑村、南沙小学、边防派出所、交警中队及南沙团委签订了"阳光地铁，和谐共建"协议书，并开展系列活动。

项目部成立了"郭明义爱心团队"，开展了"学习雷锋见行动、岗位出彩做贡献"活动，积极参加南沙共青团建设"干净、整洁、平安、有序"的广州未来之城、卫生环境志愿服务、"南沙共青团植树护绿志愿服务"的各类活动；组织干部职工为番禺血站无偿献血 9900 毫升；经常参加社区及地铁公司组织的篮球、足球、羽毛球、自行车、定向越野赛和文艺联欢晚会等互动活动；慰问毗邻项目部的塘坑村孤寡老人和残疾人；连续三年开展敬老活动并予以赞助；举行"地铁开放日"，邀请村民代表到工地参观；为小学生义务担当交通协管员，投资 10 万余元制作了《地铁是怎样建成的》动画片，为 1000 多名师生播放；开展了"大手拉小手、地铁科普行"活动，组织 100 多名学生代表参观地铁盾构施工；元旦、春节期间进行走访和慰问，召开社区共建座谈会，广泛征求群众意见，及时化解矛盾，变上访为下访，想群众之所想，急群众之所急，帮群众之所需，力所能及地为村民解决一些实际问题；开展了“廉洁地铁、服务为民”公开向社会承诺活动。

这些系列活动的深入开展，不仅彰显了央企的社会责任，而且密切了公众关系，增进了友谊。广大村民(居民)积极支持地铁建设，关心地铁施工，不提无理要求，不阻工、不上访，基本上实现了地铁施工零投诉的目标，推动了地铁文明施工顺利进行。同时，也为南沙新区和自贸区的开发建设贡献了正能量。2015 年项目部被广州地铁评为“阳光地铁和谐共建”先进集体并荣获广州市“青年文明号”。

资料来源：于凤祥，张晓娟．最佳沟通和谐共建中铁十九局项目[EB/OL].(2015-12-30).http://not.sohu.com/20151230/n433057078.shtml.

三、矫正型公共关系

矫正型公共关系是指社会组织在遇到问题与危机，其形象受到损害时，为了挽回影响而开展的公共关系活动。当社会组织由于客观原因受到社会公众的误解时，应迅速查明原因，及时采取措施，运用各种有效的传播方式消除社会公众的误解；当有人故意制造谣言损害社会组织形象时，社会组织要运用传播手段予以澄清和驳斥；当社会组织在产品质量、服务态度、环境保护、管理政策、经营方针等方面出现失误时，其公共关系人员应尽快通过各种传播媒介，沟通信息，平息风波，求得谅解，使社会组织化险为夷，维护和恢复社会组织的声誉。

社会组织遇到的形象危机一般有两种情况：一种是社会公众的误解、谣言或人为的破坏；另一种是由于本身存在的问题而造成的，如产品质量欠佳，服务态度不好，环境污染等，或者管理政策、经营方针有问题。这时候公共关系人员要能够及时发现问题，采取紧急措施来平息风波，以保证社会公众的利益不受损害。

案例

一汽—大众奥迪车辆“被泡”72 小时危机公关

2015 年 5 月 18 日晚，因为连日暴雨，奥迪停车场附近防洪坝垮塌，奥迪停车场进水，283 台奥迪 A6L 不同程度受损。

5 月 19 日晚，消息出现在网上，并且开始泛滥发酵，奥迪公关部门觉察到负面信息，迅速联系信息源头。

5 月 20 日，奥迪启动应急处理流程，决定浸水车不进入销售渠道，但是因为内部流程较慢，迟滞 21 日才发布公告。

5 月 21 日，奥迪正式发布公告，宣布浸水车按制度进入“质损车流程”，承诺不会进入销售渠道。公告发布后，虽然多数舆论认可奥迪的处理措施，依然有部分媒体及舆论认为奥迪做得还不够，对这批车的去向表示关心，担心奥迪会等风头过去，将这批车重新投入市场，进而损害消费者利益。

5 月 22 日，为彻底平息媒体和消费者担忧，奥迪再次发布公告，并且将 283 辆受损车底盘号全部公布。

至此，事情得到妥善解决，受损车的处理已经非常清楚，消费者可以打消疑虑了，媒体的知情权得到捍卫，奥迪也体现出了作为全球高端品牌应该具有的责任感，相对而言是一个较为完美的局面。反应或许稍慢，但一汽—大众奥迪诚恳态度值得点赞。

资料来源：排气管．一汽-大众奥迪车辆“被泡”72小时危机公关[EB/OL].(2015-05-23). http://auto. sohu. com/20150523/n413640140. shtml.

四、进攻型公共关系

进攻型公共关系是指社会组织与环境发生某种冲突或摩擦时，为了摆脱被动局面而采取主动出击的方式，来树立和维护良好形象的公共关系活动。当社会组织的预定目标与所处环境发生冲突时，要及时抓住时机，调整决策和行为，积极主动地改造环境，逐渐减少直至消除冲突的因素，以保证预定目标的实现。在当前市场竞争十分激烈的情况下，社会组织更要运用进攻型公共关系来取胜。

进攻型公共关系为了摆脱被动局面，应采取以攻为守的策略，避免环境的消极影响，抓住有利的时机和条件，变换策略，迅速调整，改变对原有环境的过分依赖，开辟新的环境，寻找新的机会。不断开创新局面，协调社会关系，减少与竞争者之间的矛盾和冲突，团结更多的支持者和协作者。

案例

1979年，美国第三大汽车公司之一克莱斯勒汽车公司由于受石油危机和经济衰退的影响，损失惨重，濒临倒闭，该公司以全部财产为抵押，向联邦政府请求贷款。但是，很快遭到参众两院的反对。该公司遂运用进攻型公共关系寻求解决危机的途径。

他们用各种传播媒介告诉议员们，本公司员工、经销商、供应商工达60万人，一旦本公司倒闭，政府将支付给60万人160亿美元的失业救济金等福利费用，它将是贷款数额的10倍多；如果给予本公司15亿美元政府贷款，经过合理使用，公司将渡过危机，很快偿还贷款；公司将60万员工按选区分列，分别打印并寄送相应选区选出的议员，暗示公司一旦得不到贷款而破产，各选区的这些员工将成为这些议员的反对者。经过这公共“三部曲”，参众两院终于通过了贷款法案。克莱斯勒汽车公司排除了险情，东山再起。

资料来源：百度文库．公共关系活动类型[EB/OL].(2011-01-02). http://wenku. baidu. com/link?url=Z8_jlaRoNyR0-BzRjW9EQwLWmLYoiTBRgvWPB1unAdY2m7lw3s_e_y6J9yEvS285ssavpn4z53X8YZt9gRalLA33lTsfbSklg2E7q4Y8e4S.

五、宣传型公共关系

宣传型公共关系是通过宣传的途径和建立良好的公共关系网络，来达到公共关系的目的。从目前看，宣传的形式有两种：一种是公共关系广告；另一种是新闻报道。

（一）公共关系广告

社会组织可以把自己的形象塑造作为广告的中心内容，着重宣传其管理经验、经济效益、社会效益和已获得的社会声誉。公共关系广告是一种不必付费的宣传，易为社会公众所接受，如新闻报道、专题采访、经验介绍等。

（二）新闻报道

社会组织可以根据新闻报道的规律，寻找社会公众关心的热点，制造新闻，吸引新闻媒介前来报道。其特点是：主导性和时效性强、传播面广、推广社会组织形象的效果快，特别有利于提高社会组织的知名度。

 **案例**

“麦当劳全国早餐日”来袭，免费“早餐大放送”

麦当劳将联合亚洲、中东及非洲超过30个国家联合举办第一次“国际早餐日”，预计有500万人参与，希望提醒民众对早餐的重视，并端出麦当劳经典的汉堡请客。

2013年3月18日，凡麦当劳活动指定餐厅，每家将于早餐时段免费向1000名顾客派发烟肉蛋麦满分兑换券，先到先得。预计全国将有超过1300家餐厅参加这个活动，总计派发超过130万个烟肉蛋麦满分。这场史无前例的“早餐大放送”是麦当劳筹划已久的“全国早餐日”活动，它将在亚洲、中东、非洲超过30个市场，16个时区，近5000多家餐厅同时进行。

一直以来，麦当劳都致力于为顾客提供高品质的早餐体验。此次免费赠送的烟肉蛋麦满分从上市以来一直风靡全球——由100%纯小麦粉精制而成英式松饼撒上薄薄的玉米粉末，经过适度烘烤带有微脆、有弹性的质感；里面配以新鲜破壳的整颗鸡蛋，荷美尔上乘的加拿大风味烟肉以及微微融化的芝士。质感软嫩而有嚼劲，口味丰富而有层次，营养均衡，能量实足，为你打造充满活力的满分早晨！

资料来源：中国新闻网.“麦当劳全国早餐日”来袭　免费“早餐大放送”[EB/OL].(2013-03-11). http://www.chinanews.com/life/2013/03-11/4632401.shtml.

六、交际型公共关系

交际型公共关系是指社会组织不借助于媒体，而是以人际接触为手段，与社会公众进行协调沟通，为社会组织广结良缘的公共关系工作。

交际型公共关系的形式主要有团体交际和个人交往。团体交际包括各种招待会、恳谈会、工作午餐会、宴会、茶话会、慰问会、专访、舞会、联谊会等；个人交往包括交谈、拜访、信件来往、提供帮助等。交际型公共关系常常借助于人际传播的技巧，通过人际交往，达到社会组织与社会公众互惠、互利、互助和互通信息的目的，发掘对社会组织有用的信息。其特点是：直接沟通、形式灵活、信息反馈快、富有人情味。

交际型公共关系不仅可以广泛地运用于外部公共关系，而且可以经常地运用于内部的公共关系管理，以体现一种人性的企业文化。

在我国，交际型公共关系应该称得上是公共关系活动方式中应用最为广泛的一种。在当今社会现实生活中，人们对人际接触与交往的作用和影响很重视。善于进行人际交往的人，充分施展交际才能，建立良好的社会关系，在事业的发展上也比较顺利。

案例

唐式外交

2015年5月14日，莫迪来了。这是莫迪自就任印度总理一年之内的首度访华，也是其在家乡接待习近平主席出访之后的一次回访中国之行。

中国对这次外交活动给予了高度重视，对整个行程的精心策划足以证明这一点。

“唐式外交”则是让人眼前一亮地拉开了莫迪“中国穿越之旅”的序幕。

所谓“唐式外交”，就是着唐代服装，沿用唐代礼仪，营造唐代氛围。在这里则专指中国接待莫迪总理热情的外在表现以及策划团队的创意体现。

参观秦朝的兵马俑，走进大兴善寺，登上大雁塔，在穿着唐代服装官员“落吊桥、开城门、迎贵宾”的声引下，莫迪总理在陕西省省长娄勤俭、西安市市长董军的陪同下正式步入有着十三朝古都之称的“长安城”。之所以采用了“唐式外交”，不仅体现了中印两国的历史渊源，也体现了中印两国的友谊从此开启了新的篇章。

莫迪与古吉拉特邦，习主席与西安城。两位发展中大国的领导人在一年之内通过散步外交、家乡之约把两国之友情演绎成了手足情深的兄弟之情。之所以采用了“唐式外交”，不仅以盛世的大唐之风寓意当今中国之繁荣稳定，也体现了中印文化交相辉映的源远流长。

长安、玄奘取经、丝绸之路。

西安、龙象之约、一带一路。

外交公关并不是枯燥的、呆板的、严肃的代名词。莫迪访华，中国正在打造一个新型的充满创新与活力、活泼与契合、创意与默契的外交公关模式。而“唐式外交”则是这种转型的显著标志。

5月15日，李克强总理在北京接待到访的莫迪总理。两人一起参加了在天坛公园举行的“太极瑜伽相会”活动。难得的是两国总理在活动期间竟然肩并肩、头相靠、面带微笑地完成了一次永久留念的自拍照，并有@莫迪总理通过新媒体——微博及时晒出了“萌萌哒”。

领导人自带微博出访，成了此次龙象之约的又一亮点所在。

通过官方公布的莫迪中国行日程表可以看到，莫迪在中国3天近60个小时的出访，共出席各种活动不下20项。在如此高密度的行程安排下，莫迪总理还不忘与微博粉丝互动，足以表现出了他的兴致和收获。

5月4日新浪开通了名为@莫迪总理的微博，首发了“你好中国！期待通过微博与中国朋友们互动”的预热文字。

5月14日正式到访中国，并且于14:32～14:36的4分钟之内发送微博内容多达5条。

5月15日发布微博9条，且最晚发送时间为23:00。

5月16日22:25发布：“中国再见！感谢中国政府和人民的热情款待。我会永远记得这次访问。未来这些年我们应该共同努力进一步加强印中关系。”

自拍、开微博、与网友互动，@莫迪总理从开通微博到结束中国访问，共吸粉157665人

(动态数字)。这也是活力外交、科技外交、即时外交、情感外交的又一佐证。

此次莫迪中国之行不仅增强了与中国关系的密切程度,同时也取得了务实、高效的外交成果。在16日的"中国—印度经贸论坛"上,中印企业签署了多达20余项合作协议,总金额高达220亿美元,合作内容涉及能源、贸易、金融与工业园区等领域。精神与经济的双丰收,向世界传递着龙象之约的圆满与未来前景的美好。

公共关系的基本功能是"建立和改善人类关系",国家外交则属于公共关系的一种具体形式,国家外交的基本功能则是"建立与改善国家之间人的关系"。

此次"唐式外交",不仅向世人传递了中国与印度友好交往并持续发展的信息,更是深化了双方国与国之间、部门与部门之间、人民与人民之间的关系协调与亲近,同时在世界范围内树立了中国创新外交、自信外交、实力外交、文化外交的多融合的大国形象。

资料来源:曹志新. 从"唐式外交"说起[J]. 国际公关,2015(3).

七、服务型公共关系

服务型公共关系是一种以提供优质服务为主要手段的公共关系活动方式。其目的是以实际行动获取社会公众的了解、认可和好评,塑造自己的美好形象。实实在在的服务是这种公共关系活动的最好体现,最佳的服务是最好的公共关系。

服务型公共关系的特点是以行动作为最有力的语言,实在实惠,最容易被社会公众所接受,特别有利于提高社会公众的美誉度。它可以体现在售前的服务和售后的服务,也可以体现在售中的服务。目前在我国工业企业中的售后服务、消费指导;商业企业的优质服务、送货上门;公用事业单位的完善服务、接受监督;宾馆开展的企业文化等都是服务型公共关系。

任何一个社会组织都可以自己独特的方式为社会公众提供必要的服务。在现代社会,随着经济的发展,市场竞争日益激烈,在同类企业的竞争中,更多地体现在服务上。哪个企业的服务热情周到,哪个企业就能赢得更多的顺意公众,就能树立企业的良好信誉。从现代企业之间交易的成功率来说,周到的服务是至关重要的,当然,它必须以货真价实为基础。服务型公共关系的真谛在于把社会组织对社会公众的爱心落实在行动上。衡量服务型公共关系是否成功,应该以社会公众是否满意为标准。

案例

爱心企业谭木匠于2013年9月22日在官微正式发布《关于谭木匠启动"给妈妈梳头"大型公益活动的声明》。

9月22日还启用微信作为领取"妈妈梳"的重要渠道。凡关注"给妈妈梳头"官方微信,按照提示参与活动即可预约申请妈妈梳。这是谭木匠第一次面向全国发起公益活动,这种大手笔让不少消费者切实体会到诚意和关爱。

这次活动得到了多种途径的支持和传播:微信、微博、新闻网站、视频网站、论坛等,旨在支持网友更便捷地参与其中,早日实现为妈妈梳头的心愿。这次活动打造的感人微电影《爱,从头开始》,电影中的故事和人物采访戳中了许多人的泪点,同时也将给妈妈梳头活动推向了高潮。

谭木匠发起这项关爱母亲的大型公益活动，目的是为了唤起天下孝子的孝心，常回家看看，从小事做起，鼓励大家参与梳头这一能与妈妈亲密交流的尽孝方式，大力倡导敬老爱老这种中华民族的传统美德。

资料来源：新浪公益．谭木匠启动“给妈妈梳头”大型公益活动[EB/OL]．(2013-09-24)．http://gongyi.sina.com.cn/gyzx/2013-09-24/131545596.html.

八、社会型公共关系

社会型公共关系是指社会组织通过举办各种社会性、公益性、赞助性活动，来扩大影响，取得社会公众的赞誉，以树立自身良好形象的公共关系活动。社会型公共关系的传播形式主要有以下四种。

(1) 社会组织机构本身的重要活动为中心展开传播，如利用开业剪彩、周年纪念的机会，邀请各界来宾，渲染气氛，扩大影响。

(2) 以参加各种活动为中心展开传播，如参加各种体育比赛、文艺演出等，借此扩大影响。

(3) 以资助传播媒介为中心展开传播，如资助电台、报社、电视台、杂志社，举办各种大奖赛、智力竞赛、专题节目等。

(4) 以赞助社会福利事业为中心展开传播。其特点是社会参与面大，与社会公众接触面广，社会影响力强，形象投资费用高，能有效地提高社会组织的知名度和美誉度。不拘泥于眼前利益的得失，着眼于长远利益和整体形象。

在社会型公共关系活动中，基本的指导思想是：“创造条件，抓住机遇，扩大影响，赢得信誉。”开展社会型公共关系活动，很重要的一条就是所举办的活动必须对社会有利，符合国家的政策法令，能够引起社会的重视，特别是引起新闻媒介的重视。有些社会组织与新闻媒介合作，不仅提高了社会组织机构的声望，也有助于扩展社会组织的公共关系网络，取得更加理想的效果。

案例

“ALS冰桶挑战赛”风靡全球，公益传播引发热议

为“渐冻症”患者募捐的慈善活动“ALS冰桶挑战赛”由美国波士顿学院的著名棒球运动员皮特·弗雷茨发起，要求参与者在网络上发布自己被冰水浇遍全身的视频内容，然后该参与者便可以要求其他人参与这一活动。被邀请者要么在24小时内接受挑战，要么就选择为对抗“渐冻症”患者捐出100美元。

“ALS冰桶挑战赛”在全美科技界大佬、职业运动员中风靡起来后，后推进至中国，来自娱乐圈、时尚界、商人等各路名人纷纷击鼓传花，亲自上阵，挑战视频疯狂传播，仅1周时间，就掀起了慈善公益传播的高潮。

资料来源：中国公关网．《国际公关》评选的2014年十大公共关系事件[EB/OL]．(2015-03-13)．http://www.chinapr.com.cn/templates/T_Second/index.aspx?nodeid=23&page=ContentPage&categoryid=0&contentid=9307.

九、防御型公共关系

防御型公共关系是指社会组织为防止自身的公共关系失调而采取的一种公共关系活动方式。适用于社会组织出现潜在的危机时，为了控制公共关系失调的苗头，防患于未然，采取以防为主的策略，重视信息反馈，及时调整自身的政策或行为，以适应环境的变动。表现在平时的居安思危和积极防御。

防御型公共关系的特点如下。

(1) 洞察一切，见微知著。当社会组织机构与客观环境出现某些失调的征兆时，能及时发现，迅速采取对策，予以防止。

(2) 当社会组织处于稳定发展的状态时，及早制定出防范措施，达到未雨绸缪的目的。

(3) 积极防御，加强疏导。利用不利的时机，创造有利的局面。

防御型公共关系最适用于企业发展中的战略决策，为具有战略眼光的领导者所重视和采用。

案例

海尔冰箱厂的前身琴岛冰箱厂的产品问世之后，一直受到消费者的喜爱。然而富有远见的琴岛人却居安思危，决心以质量保信誉，以信誉保品牌，当他们发现不合格产品时，当众成批砸毁，不准流入市场。

对此有些工人不理解，流着眼泪要求厂长把不合格冰箱处理给本厂职工。但厂长却回答说：在琴岛绝不允许残次冰箱出厂，本厂工人也要用最好的。冰箱虽然成批被毁，企业出现暂时的损失，令人痛心，但却消除了信誉受损的隐患，保住了品牌在公众中的形象，因而从长远来看，将为企业带来更大的效益。

资料来源：海尔．砸冰箱的故事[EB/OL]. http://www.haier.ac.cn/hrqywh-1027.htm.

十、征询型公共关系

征询型公共关系是指社会组织为自我生存与发展而利用社会调查、民意测验、舆论分析等信息收集手段，了解社会公众的信息、监测社会组织的环境，把握环境发展的动态，为社会组织的决策提供咨询的公共关系活动方式。

其目的是掌握舆情民意，为社会组织机构的经营管理决策提供依据，使自己的行为尽可能地与国家的总体发展目标和市场的总体趋势相一致。其特点是：有较强的研究性、参谋性，是整个双向沟通中不可缺少的重要方式。

其形式有：开办各种咨询业务，建立来信来访制度和合理化建议制度；制作调查问卷，广泛开展社会调查；设立热线电话，接受和处理投诉；分析新闻舆论；进行有奖测验活动，聘请兼职信息人员，举办信息交流会等。

案例

美国著名的宝洁公司(P&G)为了收集关于企业产品、企业形象的信息，首创了一种

"顾客免费服务电话",只要是顾客打来的关于产品的电话,一律由公司付电话费。自开通了这种顾客免费服务电话后,一时间,宝洁公司的电话成了"热线电话",仅一年之中,就接到了20多万次来自顾客的电话,提出许多宝贵的建议。负责"顾客免费服务电话"的公关人员不但每次均给来电者以热情有礼的答复,而且逐月对电话内容加以综合整理,进行研究分析,将结果送交公司的决策部门和其他有关部门。

宝洁公司的许多产品开发和改进的构思与设想主要来源于这种"免费电话"。虽然公司每月必须为此付出一笔不菲的电话费,但来自四面八方的电话带来了价值不可估量的信息。正是因为有了这些"无价的信息"公司才能紧紧地把握住顾客的需要,有的放矢地生产出能够满足顾客需要的各种产品,最终宝洁公司因此获利120万美元。

资料来源:道客巴巴.宝洁公司沟通案例分析[EB/OL].(2013-09-17).http://www.doc88.com/p-8912912521045.html.

上面介绍的10种公共关系活动的类型,在运用时要根据对象、环境、时机和需要选择最佳的方式,以便获得良好的效果。

课堂实践

1. 实践内容:企业塑造良好企业形象的成功案例和造成一定损失的失败案例的调查活动。

2. 实践目的:树立现代公共关系的理念,了解公共关系在竞争中的重要作用。

3. 实践环节:指导学生通过书籍、网络等媒介查找相关的案例资料,然后撰写分析典型案例的报告,有针对性地指出正反两个方面的事例,以事实为依据,谈出自己的见解并提出合理化建议。

4. 技能要求:熟练掌握资料的收集方法,尝试撰写分析报告,并进一步提出自己的认识与建议。

拓展阅读

"一带一路"与公关机遇

习近平主席提出"丝绸之路经济带"和"21世纪海上丝绸之路"的战略构想,旨在推动沿线国家乃至世界各国互利共赢、共同发展,得到了60多个沿线国家和国际组织的积极响应和热情参与。在各方的共同努力下,"一带一路"建设正在步入务实合作阶段,一系列重大项目开花结果,宏伟蓝图正在逐步变为现实。

"一带一路"战略正在与各国各地区的社会经济发展计划完美对接,这种互信合作预示着各方美好的未来。值此历史机遇,中国公共关系行业如何以专业的能力帮助中国与世界增信释疑、汇聚认同,传播中华文明、促进文明互鉴,是值得每个公关从业者深思的问题。

以往,我们帮助跨国公司或机构进入中国,并通过不断努力建立品牌、传播品牌,使外国品牌在中国市场从默默无闻成长为备受尊重,这其中的经验和思考可以作为借鉴——首先分析所在国家地区的经济社会发展状况,传播的公众认知基础,并调研分析出主要的利益攸关者和媒体传播渠道，设计开发针对传播目标的策略和方案，构建品牌与目标受众双向沟通的平台，通过长期的努力，逐步建立品牌的知名度和美誉度，为公共事业、商业企业或非营利组织创造有利的舆论氛围。

今天，在“一带一路”建设过程中，越来越多的中国企业面临走出去的现实需求，我认为有几个必要步骤是值得考虑的。首先是深入了解所在国经济文化和语言，尊重、了解和倾听，构建自身的传播体系；其次是结合自身业务和所在国的需求，共谋发展寻找契合点，讲好中国好故事；最后是主动承担社会责任，互为快速通道，水乳交融，成果共享。

习近平主席指出：“国之交在于民相亲，民相亲在于心相通。”“文明因交流而多彩，文明因互鉴而丰富。”“一带一路”为相关国家民众加强交流、增进理解搭起了新的桥梁，为不同文化和文明加强交流互鉴织就了新的纽带。公共关系从诞生之日起，就在促进理解、增进认同方面不断实践和总结。在增进相互信任、加深彼此感情方面，公关人正在通过专业的沟通和交流，推动文化和文明之间的理解互鉴。

作为“一带一路”的见证者、阐释者、参与者，在进入全新的市场时，首先要尊重沿线国家地区的语言、文化、社会、经济、历史、商业制度、营商环境、宗教信仰，按经济规律办事。“一带一路”倡议将促进不同民族、不同文化相互接近、相互了解，在这样的历史背景下，公关关系行业的角色和作用尤其突出，公关从业者在语言、传播、人际沟通、分析判断上具有的专业优势，将在全球化的进程中发挥不可忽视的沟通、传播与促进的作用。中国运用自己的智慧促进了不同文明之间的交流、沟通，推动了尊重和包容。

近10年来，公共关系行业赖以生存和发展的媒体环境也在发生天翻地覆的变化。互联网、社交媒体已经彻底改变了交流方式、行为习惯和消费方式，也改变了公共关系行业的工作方式。传统媒体和新媒体的关系，不是此消彼长，而是相互促进。移动化、视频化、社交化趋势凸显，但是新闻的真实性、独立性、公正性、及时性原则依旧适用。社交媒体上数不胜数的各种信息，真假混合，难以辨别。面对全新和复杂的局面，公共关系传播需要与时俱进，通过跨媒体合作，有效融合新闻媒体、自有媒体、社交媒体和付费媒体，最大限度为品牌传播服务，以满足不断演进的传播需求。

2015年是“一带一路”建设全面实施的开局之年，该战略正在不同国家和地区与当地的建设蓝图对接，与所在国各自的发展战略对接。随着中国企业走进沿线国家，通过与所在国的共同努力，为当地的社会经济发展增添动力；而通过经贸交流和有效的传播工作，将有更多外国企业的特色产品和服务走近中国消费者。公共关系工作必须适应新时期的新需求，共谋发展，寻找契合点，从传统媒体到新媒体，让信息更快、更便捷地传递，人人皆媒体，处处有故事，多角度、全媒体、跨屏幕等形式多样地传播正是公关人给予企业最好的支持。马来西亚沙巴州“探索天地间”旅行社的发言人也指出，目前中国已经是马来西亚最大的旅客来源地，希望吸引更多的中国人到沙巴旅游。中国在未来5年将有5亿人次出境旅游、商务旅行。加强与沿线国家旅游合作，联合打造具有丝路特色的国际精品旅游线路和旅游产品，如何吸引更多消费者互动，触发更多二次传播，这些都为品牌深入人心提供了难得的机遇。

资料来源：郇玉萍．“一带一路”与公关机遇[J]．国际公关，2015(6)．

第二章

公共关系的主体

学习目标

1. 了解社会组织的特征和分类；
2. 了解公共关系部的结构模式；
3. 了解公共关系人员应具备的素质。

技能要求

1. 了解社会组织的分类及其内部公共关系机构的设置和运作；
2. 培养从事公共关系工作的人员应该具备的能力和素质；
3. 学习发挥公共关系主体的主观能动性作用，顺利开展公共关系工作。

引导案例

2015 年 10 月 4 日，广元游客肖先生一家在青岛旅游，吃饭前明明问清楚了“38 元一份”的大虾，结账时却“身价”倍增，变成了 38 元一只，后经当地派出所“调解”，2150 元的菜钱，肖先生当警察面给了 800 元脱身。

10 月 6 日，华西都市报记者专访肖先生，并向全国推送了这一新闻，“天价虾”瞬间引爆舆论。人民日报就此发表评论：“在今后一段时间内，‘天价大虾’会像一块狗皮膏药一样糊在这座美丽的海滨城市的脸上，揭都揭不下来。”而在“天价大虾”背后，却是公权力的麻痹，“正是职能部门的不作为，导致了事态激化”。

10 月 7 日，当地有关部门对涉事烧烤店下达罚款 9 万元、责令停业整顿并吊销营业执照的行政处罚。青岛市市北区市场监管局主要负责人被停职检查，该区物价、旅游等部门主要负责人被诫勉谈话。

10 月 8 日，中消协对“天价虾”事件做出回应，表示希望政府有关部门对不法经营者采取零容忍态度，依法严厉处罚。各地旅游市场监管部门，应建立保护旅游消费者权益长效、联动机制，畅通消费者投诉处理渠道，建立旅游市场不法经营者黑名单制度，为消费者创造放心的旅游消费环境。

案例点评：

作为拥有丰富旅游资源的城市，一只虾不仅反映一家排档的待客之道，更折射一个地方的旅游形象。公共关系界有理论认为，每位顾客身后约有 250 位亲朋好友。赢得一位顾客的好感，就意味着赢得了 250 个人的好感；得罪了一位顾客，就意味着得罪了 250 位顾客。“歹马害群，臭柑祸筐”，“青岛天价大虾”事件在网络上引发数十万条评论，对青岛甚至整个山东旅游业的影响，显然不容轻视。

一个地方的旅游业要想获得长远发展，着力营造诚信的旅游环境必不可少。特别是在国庆黄金周这样的旅游旺季，执法监督更不能麻痹大意、马放南山，加强监督巡查，建立投诉快速反应机制，帮助游客在公平、祥和的环境中欢度节日，也是维护当地市场秩序、打造健康旅游业环境的一个重要着力点。

从城市形象建设以及口碑塑造上来看，一个良好城市形象的建立与维护，仅依靠政府的力量是不够的，更需要城市的企业与广大普通市民的积极参与。“青岛天价虾”事件发生后，政府应该充当领头羊角色，通过开展一些能够扭转城市不利形象的活动，号召公众参与，积极修复城市形象。

例如，可以通过号召餐饮业、住宿业以及交通行业开展“厉行节俭”“请游客监督我”等活动，表明青岛改变的决心，消除游客疑虑。通过正面事例、联合倡议、美丽景色以及当地人朴素的好客之情，重塑“好客山东”的形象。

资料来源：四川在线-华西都市报．曝光天价虾中消协回应：零容忍[EB/OL].(2015-10-09). http://news.sina.com.cn/o/2015-10-09/doc-ifxirmqz9613485.shtml.

第一节 社会组织

一、社会组织的概念

社会组织可以简称为组织。在我们的日常生活中，实际是在三种意义上使用这个词。第一种是从社会学的意义上，把组织理解为为了实现一定目的、履行一定职能而组成的团体；第二种是从行为活动的意义上，把组织理解为对人、财、物的管理；第三种是根据约定俗成的习惯，把组织理解为特定的政治组织和群众团体组织。

公共关系中所讲的社会组织，是社会学意义上的组织。即按照一定的目的、任务和形式建立起来的社会群体或社会集团。它是构成宏观大社会的个人的特定集合，是公共关系的主体。

在现代社会里，社会组织占据决定性的地位。各种社会组织的影响已经渗透到社会的各个角落，其存在与发展构成了我们日常生活的基本部分。我们每个人都分属于某个组织，或者同时属于几个组织。社会组织的性质、特点极其运行方式都会影响或决定人们生活和工作的各个方面。

如果我们从静态的角度观察社会组织，就会发觉它是由若干不同的部分适当组合而构成的完整体。各构成部分与整体之间具有不可分离的密切关系。它们之间是一种统属关系。比如一个公司，是由经理室、办公室、人事部、财务部和业务部等组成，每个部门相互之间具有密切的联系，并且由这些部门的有效运行构成了公司这样一个社会组织。

如果我们从动态的角度来观察社会组织，就会得知它是处于一定环境条件下的功能活动体。是由各个构成部分分别发挥各自的特殊功能，为实现共同目标，连续不断地做出集体努力的活动过程。社会组织的整体功能有赖于各个构成部分的特殊功能才能完全体现出来，而各个构成部分的特殊功能又不能离开社会组织这个整体。

比如，大学是一个社会组织，其目标是为社会培养各种人才，为了达到这一目标，就必须发挥各院、系的特殊功能，并且缺一不可，这样，才能使学校这个社会组织的整体功能体现出来。

二、社会组织的特征

作为公共关系主体的社会组织一般具有以下特征。

（一）社会组织的整体性

任何社会组织都有一套规范的章程和具有权威的领导体系，以及合理的组织结构、制度和规则，将本组织中人们的各种活动组合起来，使之有序、高效地发挥作用，成为一个“命运共同体”，从而达到社会组织的目标。

社会组织中的成员和部门都是该组织的构成部分，都与该组织的整体具有不可分离的密切关系。

（二）社会组织的目的性

任何社会组织的形成，都是为了实现一定的目的。无目的或无目标的组织是不存在的。如政府的目的是为人民服务，学校的目的是培养人才，工厂的目的是生产产品。因此，社会组织内部的各种活动及与外部的各种交往和联系，无一不是围绕社会组织的目的进行的。

社会组织的成员和部门是在共同目标基础上结合起来的，社会组织的目标就是构成该组织的核心要素。

（三）社会组织的适应性

社会组织是一个有机的“生长体”，应随着社会环境的变化而不断地调整自身的行为。既要有适应性和应变能力，又要积极主动地创造条件和改善环境。比如，过去大学毕业生由国家统一分配，现在要自谋职业，自寻出路。因此，高等学校在培养人才这一总目标不变的前提下，在毕业生如何适应市场需要的分目标上就应有所变革，以适应环境的变化。

社会组织成员之间、部门之间、成员与部门之间、成员和部门与整体之间必须相互适应，社会组织与外部环境也必须相互适应，这样社会组织才能生存和发展。

（四）社会组织的稳定性

不管社会组织中的人事如何变动，甚至高层管理人员如何更迭，只要整个组织的存在理由没有消失，社会组织将继续存在和运行。这种相对的稳定性，使人们有可能预测组织的活动和趋向。

（五）社会组织的多样性

不同的社会组织，其性质、结构形态和职能是不一样的。因而社会组织具有多样性的特征。

三、社会组织的分类

由于社会组织的多样性，使其在组织的目标、原则和利益上往往有很大的差异，这就必须对社会组织进行科学的分类。

（一）根据社会组织成立的依据和内部关系状态划分

1. 正式社会组织

正式社会组织依据法律的许可和规定而成立，其性质、目标、宗旨、职能、结构等都有比较明确的要求和规定，社会组织成员之间的责、权、利关系明确，是一个相对稳定的社会实体，如政府、军队、学校和企业集团等。

2. 非正式社会组织

非正式社会组织是依据其成员的兴趣和特长自愿组成，其目标、职能和结构具有随意性，组织约束力差，组织成员之间的关系比较松散自由，如各种协会、学会、沙龙和俱乐部等。

（二）根据社会组织的性质与功能及目标划分

1. 政治组织

政治组织具有社会政治职能和社会管理职能集中代表和反映社会统治阶级的整体利益或某一阶层的利益。如政党组织、政权组织、武装力量和司法机关等。政治组织的公共关系任务是：在人民心目中树立一个良好的领导者、管理者、保卫者和服务者的形象，以便得到多数人民的拥护、理解和支持，完成其政治职能。

2. 经济组织

经济组织是最基本的社会组织，担负着社会经济领域中生产、交换、流通和分配等经济职能。无论是生产组织、商业组织、金融组织、交通运输组织，还是第三产业的服务性组织，其公共关系的任务在大目标上是一致的，就是要建立一个良好的生产经营者形象，争取顾客、消费者和其他社会公众的支持，以便在市场竞争中增加生存和发展的能力。

3. 文化组织

文化组织具有传播与研究文化、教育和科学技术的职能，满足人们的文化需求是其最基本的任务。所有的文化艺术团体、教育科研单位、医疗卫生部门都属于这个范畴。文化组织的公共关系任务主要是塑造优秀的文化事业建设者、传播者和服务者的形象，争取更多的各界社会公众的关心、参与和支持。

4. 群众组织

群众组织是代表某一社会阶层或领域公众利益的社会组织。在我国，工会、妇联、科协、文联、工商联合会和各专业学会等都属此类。这类社会组织的公共关系任务主要是广泛团结社会各阶层、各领域的群众,组织他们开展各种社会活动,维护社会利益与群众利益,帮助政府树立威信。

5. 宗教组织

宗教组织是以某种宗教信仰为宗旨而形成的社会组织。它的主要工作是根据宪法代表宗教界的合法权益,办好正常的宗教活动。我国现有佛教、道教、伊斯兰教、天主教和基督教等教会组织。宗教组织的公共关系任务是在信教群众和宗教界人士心目中树立一个宽和的组织者的形象,与不同的信仰和平共处,帮助信教群众和宗教界人士提高社会责任感并得到他们的拥护和爱戴。

(三)根据性质和功能是否营利划分

1. 公益性组织

公益性组织关注的不是本组织的利益,而是以社会公众的利益为出发点的非营利性组织。如政府部门、公共安全机关、消防队、报纸、广播电台、电视台等都是公益性组织。这类组织以国家和社会整体利益为目标,其公众对象是社会各界。

由于公益性组织一般都掌握一定的权力,通常被其他社会公众作为公共关系的重点对象,因此他们作为公共关系客体的时候比作为公共关系主体的时候多。

2. 互益性组织

互益性组织是以本组织利益为目标的非营利性组织,如各种党派团体、职业团体、群众社团组织、宗教组织等。由于这类组织重视内部成员的利益和目标。因此首先重视内部成员对本组织的凝聚力和归属感,重视组织内部的沟通。这类组织通常以公共关系的主体出现。

3. 服务性组织

服务性组织是以社会公众为服务对象的非营利性组织。如学校、医院、社会福利机构等。这类组织以其特定服务对象的需要为目标,同时还必须与其资助者和协助者保持稳定的关系。这类组织以公共关系主体身份出现的时候比较多。

4. 营利性组织

营利性组织是以本组织利益为目标的营利性组织,如工商企业、金融机构、旅游服务业、交通运输组织等。由于这类组织最大的公众是消费者,又是非权力型的组织,因此他们主要是以公共关系主体的身份出现。

此外,根据社会组织的规模不同,还可以将其分为小型组织、中型组织、大型组织和巨型组织;根据社会组织的地域不同,可分为地方性组织、区域性组织、全国性组织和国际性组织;根据社会组织的权力,可以分为非权力型组织、准权力型组织和权力型组织。

第二节 公共关系机构

公共关系机构是具体承担和实施公共关系活动的部门或组织,常见的公共关系机构主要有公共关系部、公共关系公司和公共关系社团。

在我国，随着改革开放的深入发展，公共关系已引起人们越来越广泛的重视。现代社会的公共关系活动也越来越成为一种经常性的、有计划的工作。公共关系工作逐渐摆脱了权宜之计的境地，日益职能化。因此，各种公共关系机构的设立，为策划公共关系活动和做好公共关系工作提供了保证。

一、公共关系部

公共关系部是社会组织中贯彻其公共关系思想、实现公共关系目标、负责具体策划、组织和实施公共关系活动的专业性职能机构。是社会组织开展公共关系活动的行为主体。一个规模较大的社会组织，公共关系的事务必然繁多。因而，设立专门的公共关系部门是十分必要的。

（一）公共关系部的地位与作用

社会组织内部的公共关系部是为处理、协调、发展本组织与社会公众和组织内部公众关系而设立的专业职能机构。该部门与组织内部的计划部门、业务部门、经营部门和劳动人事部门等一样，都是社会组织的重要组成部分，是重要的职能部门，其地位和作用是其他部门无法取代的。具体来说，包括以下几方面。

1. 决策参谋的作用

公共关系部的工作目标是树立社会组织的良好形象。这就意味着公共关系部与其他管理部门不同，它不是一线部门和决策部门，而是在采集、整理和分析信息的基础上为社会组织的决策部门提供可选方案，协助决策层进行决策。因而，公共关系部在社会组织中充当着“智囊团”的角色。

经济的发展和科学技术的进步，使社会环境对社会组织的牵制性不断加强，社会组织做出的任何重要决策，都不可能与社会环境无关。如果不考虑环境变化对社会组织的影响，不考虑经营决策可能带来的后果，将会使社会组织完全丧失对社会环境的适应能力，受阻于各种没有理顺的社会关系。

因而，在现代社会，任何一个社会组织除了要考虑经济、技术等因素外，还要考虑社会关系因素以及决策可能带来的社会后果。公共关系部正是决策者把握社会脉搏的参谋部，并且要站在社会组织目标和社会需要的立场上，综合评价各职能部门的活动已经或可能引起的社会效果。

2. 搜集信息情报的作用

在社会组织中，公共关系部就是情报部。现代社会已进入瞬息万变的信息时代，社会观念的更新，社会公众心理和行为的变化，使社会环境日益复杂。在这种状况下，要使社会组织灵活地应对各种偶发事件，在激烈的竞争中立于不败之地，就必须对社会环境的变动、民意和舆论、社会公众的好恶心理、消费流行和各种关系对象的发展趋势、重大的政治、经济和法律内容及其变化等要有所了解，而提供这些情报和信息则是公共关系部的任务。

公共关系部在社会组织内部各部门、各机构之间，社会组织与外部之间发挥桥梁和纽带的作用，并利用其与各类社会公众之间联系广泛的特殊条件，从各种渠道搜集大量的信息，掌握丰富的情报，进行着信息交流。

3. 社会交际部的作用

现代社会组织处于复杂多变的环境中，要与社会的各个方面发生往来关系。一个社会组织要想取得社会公众的接纳与支持，就要不断地向社会传递信息。而公共关系部就是作为正式的对外联络机构，在社会组织中发挥社会交际部的作用。

公共关系部不断地将社会组织的方针、政策、规划和行为等，以信息的方式传递给各类社会公众，从而取得社会公众的理解、信任、支持和帮助，充当社会组织对外交往的"外交官"并发挥着对外宣传的"喉舌"作用。

公共关系部在与外界交往的过程中，其主要职责是：向各类社会公众发布信息；负责接待和联络各类社会公众；参与社会组织与社会公众之间纠纷的调解和参与对外的各种谈判。

4. 协调内部关系的作用

公共关系部不仅要通报信息，提出建议，而且要有为社会组织解决难题的方法和善于协调社会组织内部各种关系的能力。由于公共关系部比较了解社会组织内部的情况，因而容易找到问题的症结所在，可以有针对性地开展公共关系活动，为社会组织排忧解难，培养员工对自己所在组织的认同感，树立"自己组织"的形象，同时也激发起员工对社会组织的信任感，促使员工全身心地投入工作，充分发挥自己的创造性。

这就说明，公共关系部在社会组织的管理活动中颇有"回天之力"，在协调社会组织内部的各种关系时发挥着不可低估的作用。所以各类社会组织的领导者一般都很尊重公共关系部的意见。

（二）公共关系部的结构模式

公共关系部的设置应遵循精简、有效、权威、专业、服务和协同的原则。在中国，社会组织内部公共关系部的结构模式基本上都是脱胎于美国的模式，再结合自己的条件而形成的。由于社会组织的性质、规模不同，因此公共关系部的结构模式也各不相同。

1. 公共关系部的一般模式

从公共关系部的工作特点考虑，可以按工作手段、工作对象和工作区域来设置公共关系部。

1）按工作手段设置的公共关系部

一个公共关系部，主要包括新闻报道组、编辑出版组、技术制作组、活动策划组、业务拓展组、信息调研组，如图 2-1 所示。

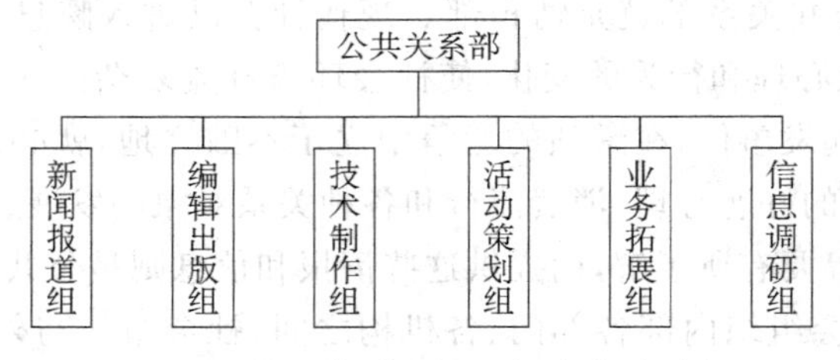

图 2-1　按工作手段设置的公共关系部

2）按工作对象设置的公共关系部

按工作对象设置的公共关系部将公共关系部分为内部和外部，如图 2-2 所示。

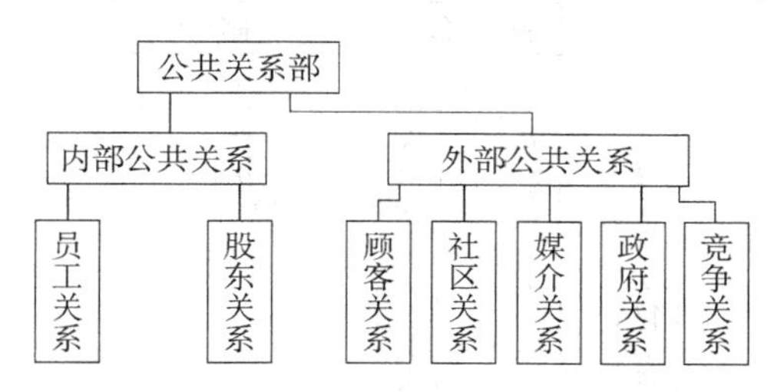

图 2-2　按工作对象设置的公共关系部

3）按公关事务的工作区域设置的公共关系部

按公关事务的工作区域设置的公共关系部，主要包括国内公共关系和国际公共关系，如图 2-3 所示。

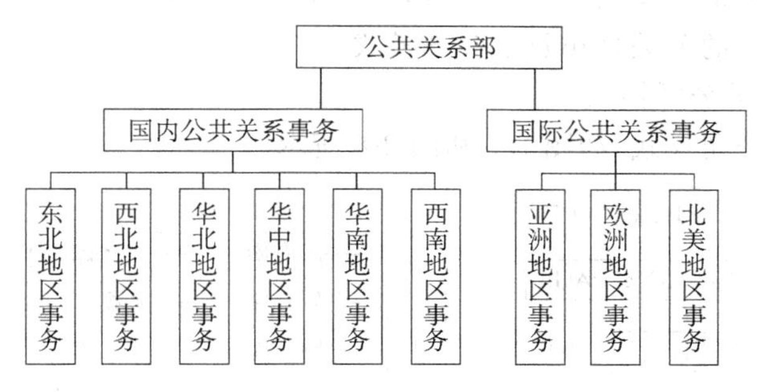

图 2-3　按工作区域设置的公共关系部

从公共关系部的隶属关系考虑，分为总经理直接负责型、部门并列型和部门所属型三种类型，其中，总经理直接负责型是较为理想的模式。

4）总经理直接负责型的公共关系部

总经理直接负责型的公共关系部，如图 2-4 所示。

5）部门并列型的公共关系部

部门并列型的公共关系部，如图 2-5 所示。

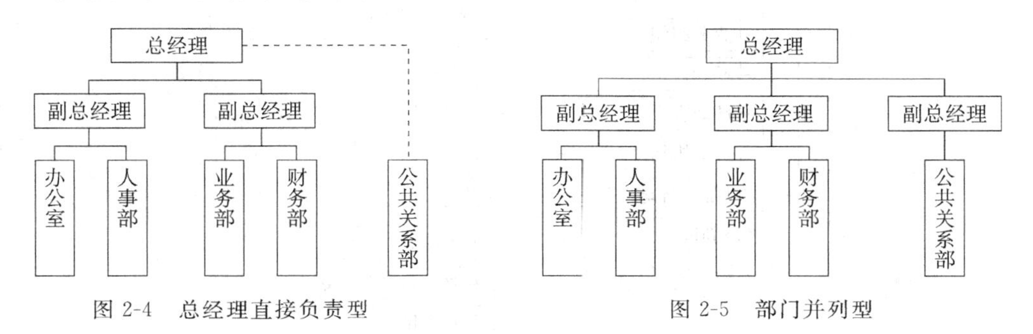

图 2-4　总经理直接负责型　　图 2-5　部门并列型

6）部门所属型的公共关系部

部门所属型的公共关系部，如图 2-6 所示。

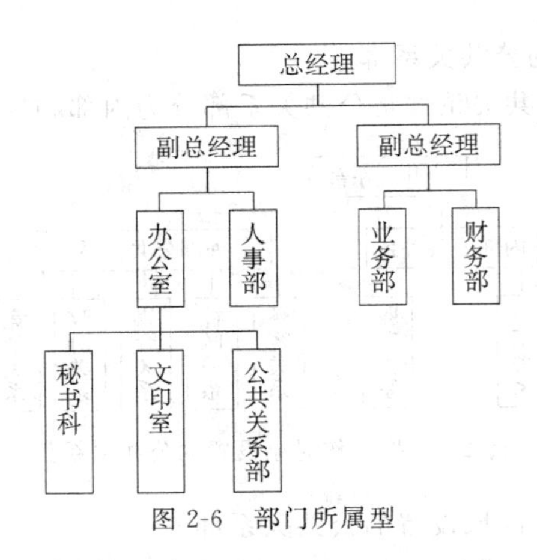

图 2-6　部门所属型

2. 公共关系部模式设计举例

以上介绍的公关部的模式，大多是根据国外资料设计的理想模式。下面介绍几个在现实经营中正在运行的公关公司及公关部模式。

1）中国环球公关公司模式

中国环球公关公司模式，如图 2-7 和图 2-8 所示。

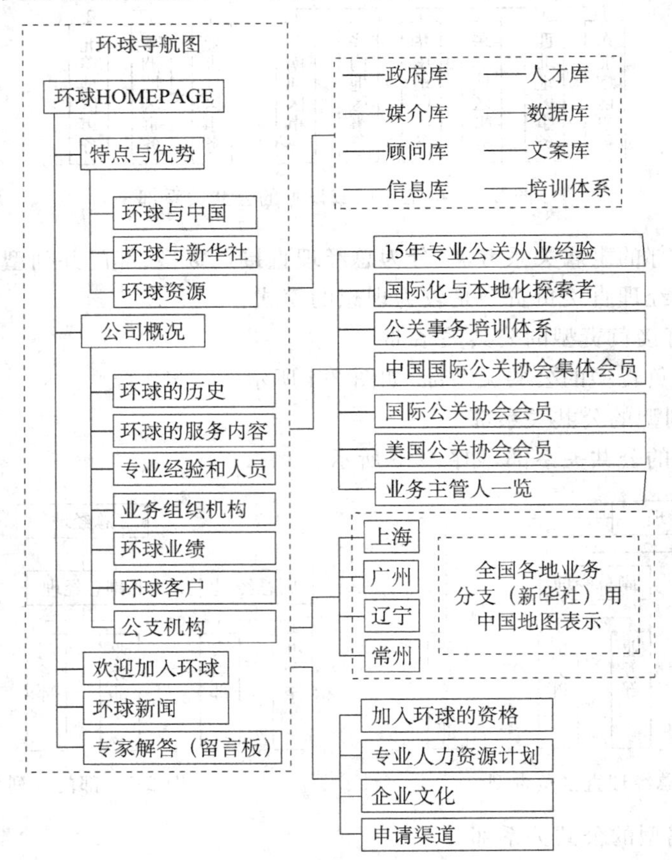

图 2-7　中国环球公关公司组织机构

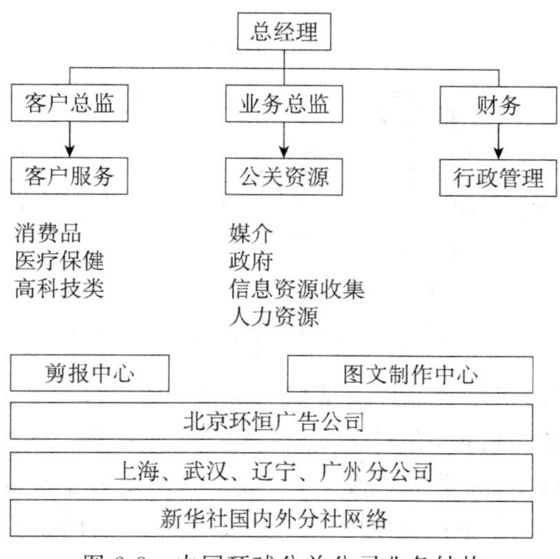

图 2-8 中国环球公关公司业务结构

2）中美合资福莱林克公关公司模式

中美合资福莱林克公关公司模式，如图 2-9 所示。

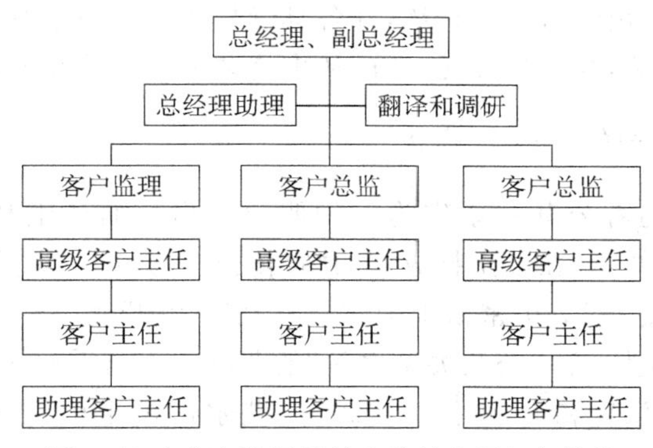

图 2-9 中美合资福莱林克公关公司组织结构

3）北京丽都假日饭店模式。丽都假日饭店的公关部现有 14 人，是北京饭店行业中公关部人数最多的，也是公关工作做得最好的饭店之一。其模式设计如图 2-10 和图 2-11 所示。

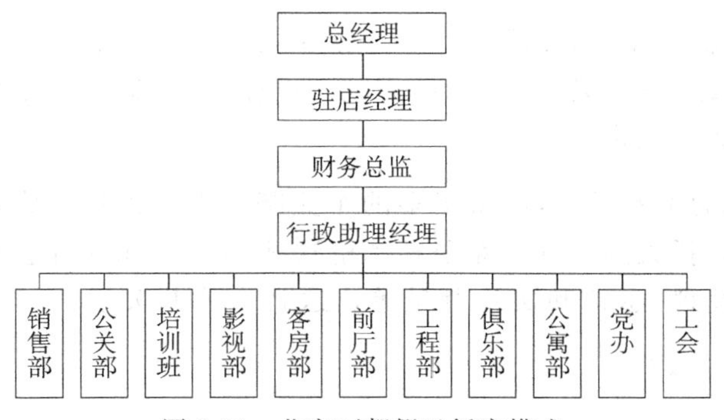

图 2-10 北京丽都假日饭店模式

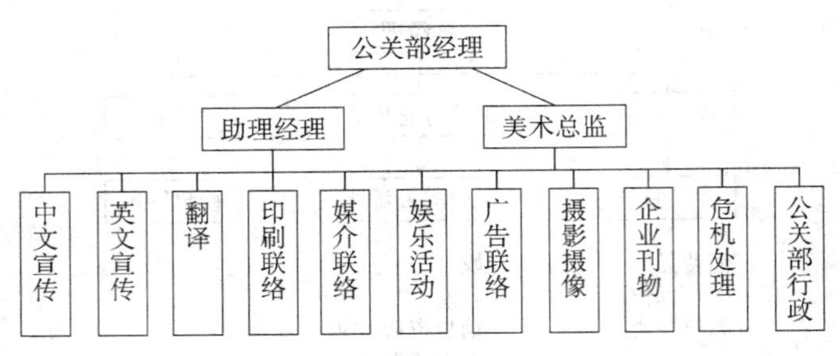

图 2-11 北京丽都假日饭店公关部内部分工模式

公共关系部的特殊作用是其他任何部门都无法替代的,它使社会组织的公共关系工作事有专属,减轻了领导的负担,有利于发挥"整体大于部分之和"的功能效应。凡是有条件的社会组织都应重视公共关系部的设立。目前,我国企业中设立公共关系部的较多,而政府部门设立公共关系部的还极少见,事实上政府各个部门都在扮演着公共关系部的角色。

二、公共关系公司

公共关系公司是指由经过专业训练,并各具专长的公共关系专家和职业人员组成,运用专门知识、技能和经验,受客户委托,专门从事公共关系活动和咨询的服务性机构。

(一) 公共关系公司的产生与发展

公共关系公司是随着公共关系作为一种职业的出现而产生和发展起来的,诞生于20世纪初的美国。1900年,在波士顿成立的"宣传公司"是第一家具有公共关系性质的公司。第二家公司由威廉·W. 史密斯于1902年在华盛顿开业。

1903年,被后人称为"现代公共关系之父"的艾维·李与乔治·派克合资成立了第三家公共关系公司——"派克和李公司"。1920年,艾尔正式开办了公共关系公司。由于公共关系公司在克服美国20世纪30年代经济危机中所发挥的作用,使其在社会尤其在工商企业中的地位被确立。

小贴士

据统计,20世纪40年代,美国仅有75家公共关系公司。第二次世界大战之后,公共关系公司迅速扩展到了全世界。现在,在美国大约有2000多家公共关系公司,在英国有600多个公共关系咨询机构。

随着世界市场的不断扩大,越来越多的企业跻身世界市场。为使本企业产品在别国打开销路,必须委托大的公共关系公司了解这些国家和地区社会公众的消费心理和习惯,了解它们的礼仪、忌讳和文化背景等。这就为公共关系公司的产生和发展提供了条件。

 案例

"一带一路",我们走出去的中国企业

以博雅公共关系有限公司为代表的一批最早进入中国市场的国际知名公共关系咨询服务公司在过去30年中为促进中国和世界的交流做出了专业的努力。他们也是最早建立服务中国企业走出去的公关公司,跨越太平洋的中美团队为中国快速发展的企业搭建了走向国际市场的桥梁,尤其在帮助中国公司进入全球新市场、应对投资者关系和数字化挑战、通过战略定位取得国际市场长远成功等方面建立了良好的信誉和口碑。随着"一带一路"战略构想的实施,中国及亚太地区已经成为拉动世界经济的火车头,无论是国内还是国际公关公司都要根据市场的需求为走出去的中国品牌提供专业的咨询服务。

中国的友好邻邦柬埔寨西哈努克港经济特区的建设就是在"一带一路"框架内,是中柬基础设施互联互通合作的又一例证,并被两国政府首脑寄予厚望。在天有鞋业(柬埔寨)有限公司宽敞的厂房内,柬埔寨姑娘洁萨瑞正在忙碌着。"我现在每月有300多美元的收入,足够养家了。我非常满意,希望可以一直在这里工作下去。"朴实和简单的肺腑之言正是沿线国家普通老百姓最直白的表述。

中国的投资将创造当地8万~10万的就业岗位,并带动这个地区的经济发展。"柬埔寨在工业化进程中有大量农民转变成工人,我们感谢中国企业让他们能够尽快完成这一转变。我们也相信,西哈努克港特区也展现了中国政府的'一带一路'倡议,并向世界表明,中国是在真心帮助他国发展。"柬埔寨发展理事会驻西港特区办公室负责人金达表示。

走向海外的中资企业,要拥有对中国文化的自信,不断挖掘我们文化的底蕴,悉心了解对方所想,倾听对方所需,讲述自身的真实故事,同时也介绍我们的发展历程。企业可以结合自身业务和所在国的需求,共谋发展,寻找契合点,讲述帮助当地发展经济,创造就业,为经济和民生发展做出贡献的生动好故事。

这些故事的二次传播都将对提升中国企业形象,起到至关重要的作用。因此,通过对所在国家地区的深入研究,在尊重当地文化习俗、经济规律、宗教信仰的基础上,以适合当地政府、民众的沟通方式讲清楚我们的企业是谁、从哪里来、到这里的目标,以及企业的成长故事、励志故事,让企业的利益攸关者深入了解、认识、逐步喜欢企业品牌,达成文化认同。

企业主动承担社会责任,促进当地社区共同发展,以同理心换位思考,支持当地建设,共享发展成果。这些都是未来企业在当地长期发展的根基,从社区关系、员工招聘、中长期发展都为企业带来源源不断的动力。在和平、发展、合作、共赢的时代主旋律中不断探索前行,为"一带一路"沿线国家地区的发展做出专业的贡献,更为中国树立优秀的品牌形象添上浓墨重彩的一笔。

资料来源:郇玉萍."一带一路"与公关机遇[J].国际公关,2015(6).

(二)公共关系公司的类型

公共关系公司的业务范围非常广泛,包括政治、经济、文化、法律、宗教、体育和旅游等各行各业。不同的公共关系公司从事不同的公共关系活动,表现不同的公共关系形式。一般可以从不同的角度将公共关系公司划分为以下类型。

1. 按服务对象划分

1）专项公共关系咨询公司

专项公共关系咨询公司是专门为客户提供某种公共关系技术服务的公司。如为客户搜集有关公共关系方面的信息，做公共关系形象调查，制订公共关系计划方案；为客户制订和实施传播计划，设计公共关系形象，寻求实现公共关系形象的基本途径；为客户设计广告，提供广告方面的技术服务；为客户编辑公共关系杂志并代理发行；为客户制作公共关系电影、电视及各种视听资料；为客户撰写新闻稿件，并与新闻界建立联系；为客户提供专题公共关系活动的系列服务。

2）专业公共关系咨询公司

专业公共关系咨询公司是为特定行业提供公共关系咨询服务的公共关系公司。如为政治、经济、文化教育组织提供咨询服务，一般拥有公司自身的专家实力。

3）综合性公共关系咨询公司

综合性公共关系咨询公司是综合提供专业的或专门的公共关系咨询服务的公司。

2. 按经营方式划分

按经营方式的不同，可以将公共关系公司划分为公共关系与广告合营的公司和单独经营的公共关系公司。

三、公共关系社会团体

公共关系社会团体是指社会上自发组织的、非营利性的、从事公共关系理论研究和实务活动的群众组织或群众团体。主要包括公共关系协会、学会、研究会、俱乐部和联谊会等组织。

（一）公共关系社会团体的特征

在公共关系发展的过程中，公共关系社会团体起到了非常重要的引导和促进作用，与公共关系部和公共关系公司相比，公共关系社会团体具有以下特征。

1. 广泛性

公共关系社会团体的成员包括其所在地区的企业、新闻、科研、文化教育单位和党政机关部门等各方面的人士，还包括其所属行业中各方面有代表性的组织，并且不受时间、地域、年龄、性别等条件的限制，只要具有一定的公共关系理论或实务活动经验，都可以自发地组织或参加。

2. 松散性

公共关系社会团体是一种群众性的组织，不需要制定明确的纲领和严密的组织机构，不具有强制性，其成员只是对公共关系有共同兴趣，聚到一起研讨问题。

3. 服务性

公共关系社会团体通过自身的活动，为会员和社会公众提供公共关系理论研究的信息与动态，提供公共关系实务活动的机会，组织公共关系培训，在会员之间、会员与社会公众之间的沟通中起桥梁作用。

4. 非营利性

公共关系社会团体不是商业机构，而是属于学术团体。它所提供的服务虽然也要收取一定的费用，但绝不以营利为目的。

（二）公共关系社会团体的类型

1. 综合性社会团体

综合性社会团体是指不同地域范围内的公共关系协会，如上海公共关系协会于1986年11月成立，成为中国大陆第一家公共关系协会。1987年5月，经批准，中国公共关系协会在北京人民大会堂宣告成立。这种机构的主要职能是服务、指导、监督、协调。

2. 学术型社会团体

学术型社会团体主要包括公共关系学会、研究会和研究所等学术团体，通过举办学术研讨会和交流会，探讨公共关系的理论问题，把握公共关系发展的趋势和方向，及时为公共关系从业人员提供理论信息，进行理论指导。

3. 行业型社会团体

行业型社会团体是一种行业公共关系组织，如1935年美国成立的美国公立学校公共关系协会（NSPRA），1939年成立的美国图书馆公共关系理事会（LPRC），1946年成立的美国妇女公共关系主管人协会（WEPR），1952年成立的美国铁路公共关系协会（RPRA）等。行业型的公共关系社会团体由于在组织上保证了公共关系事业的深入发展，是一种很有潜力、大有前途的公共关系社会团体的组织形式。

4. 联谊型社会团体

联谊型社会团体形式松散，一般没有固定的活动方式、组织机构和严格的会员条例，组织名称各异。如公共关系俱乐部、公共关系沙龙、公共关系联谊会等。这种社会团体的主要作用是在成员之间沟通信息、联络感情，建立良好的人际关系。广东地区公共关系俱乐部，是我国第一个联谊型的公共关系社会团体。

5. 媒介型的社会团体

媒介型的社会团体是通过报纸、杂志等传播媒介进行联络，并以此为依托组建公共关系社会团体。这种社会团体直接利用媒体，探讨公共关系理论，普及公共关系知识，交流公共关系工作经验等。

第三节 公共关系人员

小贴士

未来十年公关人最重要的能力

洞察与策划能力

公关业已经走到“产业升级期”，也就是从策略执行提升到策略发展与制定的角色。

客户对公关公司的期待不再是传统意义上相对简单的策划、写稿、召开发布会、发稿，而是能够提供分析、洞察、策略以及多维度的解决方案。此外，对新闻热点和社会事件的敏感、对客户所在行业具有高度的洞察，都是未来公关从业者们急需具备的能力。

整合营销能力

公关行业的发展趋势之一是营销传播业务增长快于企业声誉传播业务。这两年同行们都感受到了"营销、广告、公关"的融合趋势，公关公司在业务模式和人才技能上，不断吸收"兄弟"行业的精华。而公关公司的从业者们将面临更多的挑战，无论是知识面、技能，还是要求密切关注所有新出现的概念、思维、技术、渠道。

社会化平台的社群管理能力

客户对数字传播投入的增加是整个行业增长的最大驱动力，特别是在亚太市场，这一趋势尤为显著(85.3%的调查对象持这一观点)。越来越多的品牌正在通过社会化媒体平台建立品牌社群和阵地，吸引更多有共同价值观和爱好的消费者。社群管理需要全面和完整地管理消费者行为与体验，激发用户的互动、参与和消费。

创意能力

伴随社会化媒体兴起带来的碎片化信息的泛滥，品牌越发重视好创意、好内容所带来的广泛影响力。长期被诟病为"创意贫乏"的传统公关公司会越来越感受到压力。

多媒体内容创作能力

数字营销平台越来越严重依赖于视觉效果，简单的纯文字发布大大降低了信息传播的效率，使用包括海报、信息图、HMTL5、视频等来吸引受众，并与之互动正快速成为公关行业的常用手段。

维护媒体关系：是否还是重要的能力

纵观全球公关行业的变化，媒体关系维护的重要性并没有提升，当然也没有严重下降，这对靠卖媒体资源吃饭的传统公关来说，黄金时代已经结束。虽然媒体资源对于公关而言仍然重要，但在"人人都可发声，人人都是记者"的互联网时代，传统模式正在发生着裂变，传统公关与媒体唇齿相依的关系正在随需而变。

付费媒体：重要性越来越低

调查显示，付费媒体得票率仅3.2%。付费媒体(paid media)是指品牌花钱买来的渠道。泛指付费广告等媒体渠道。相当一段时间里，付费媒体也被唱衰过。对从事"主动传播"的公关人来说，获得"口碑媒体(earned media)"更加重要，这或许是本次调查中付费媒体不被看中的原因。

公关能力在不同的区域存在一定差异，在美国，42%的公关公司认为多媒体内容创作能力最为重要；然而，亚太地区的公关公司则更看重策划整合能力(49%)，其次是创意能力(28%)。

资料来源：桑德拉．未来十年公关人最重要的能力[J]．国际公关，2015(5).

公共关系人员，主要是指专门从事公共关系工作的专业和职业人员。

公共关系人员是公共关系事业的主力，是社会组织形象的主要策划者和传播者，其素质的高低、优劣，直接影响公共关系的效果。公共关系人员必须具备较好的心理素质和职业道德，拥有良好的专业知识结构和实用的技巧能力，才能成为一名合格的公共关系人员。

素质是一个集生理学、心理学和社会学等多种意义的综合范畴。狭义的素质单指人的生理解剖特征；广义的素质则是指人的社会心理特征，包括人的感知能力、记忆能力、思维能力、反应能力、运动能力以及个人的性格、兴趣、知识、品格和气质等特征。

根据公共关系工作的实际需要，公共关系人员必须具备以下方面的素质。

一、心理素质

1. 热情的心理

公共关系是一种体力和智力的较量。热情的心理，能使公共关系人员兴趣广泛，对事物的变化具有敏感性，并且充满想象力和创造力，能够主动、积极地投身于公共关系工作。只有待人热情真诚，才易于广结良缘，广交朋友，拓展工作渠道。才能接受别人同时也能被别人接受。

2. 自信的心理

公共关系要创新，必然要承受压力，甚至是巨大的压力。有自信心，是公共关系人员职业心理最基本的要求。公共关系工作会面对来自社会公众的压力，要相信，社会公众都是可以被说服的，如果现在没有被说服不是因为社会公众的顽固，而是因为你还没有找到说服他们的最好方法。只有敢于面对挑战，敢于追求卓越，自强不息，才能激发极大的勇气和毅力，最终创造出奇迹。

3. 开放的心理

公共关系是一种开放型的工作，公共关系人员应以一种开放的心理适应这一工作。公共关系人员在同外界打交道时会遇到各种各样的人，应该能够应付自如、游刃有余，善于“异中求同”，与各种类型的人建立良好的关系。此外，公共关系人员还应具备开放进取的心理特征，拥有旺盛的求知欲和好奇心，要多研究新事物，关心新问题，接受新知识、新观念，不拒绝一切有益于公共关系的信息。

4. 坚定自律

自律体现两个方面的要求，一方面公共关系是以对社会公众的认识和了解作为出发点，以社会公众需要的满足程度作为评估的标准，但是对社会公众的认识是有相对性的。因此，在更多的意义上往往是以公共关系人员对自己的约束力为出发点，即更少地考虑自身，尽可能地体现对社会公众的谦让。另一方面是出于公共关系的职业特点，公共关系主要是以提供服务为工作特色，而服务本身就意味着较少的自我，更多的自律。

二、文化素质

公共关系人员的文化素质是指其知识结构与水平。知识结构与水平在很大程度上决定了一个人的业务能力和思维能力。一般说来，公共关系人员所具备的文化素质应包括以下几个方面。

1. 公共关系的基础理论知识

公共关系的基础理论知识包括公共关系的概念，公共关系的由来和基本原则，公共关系的构成要素，不同类型的公共关系机构的构建原则和工作内容，公共关系工作的基本程序，等等。

2. 公共关系的实务知识

公共关系的实务知识包括公共关系调研的知识，公共关系活动策划的知识，公共关系活动实施与评估的知识，处理各种危机的知识，对社会公众对象进行分析的知识，与各种社会公众打交道的知识，社交礼节礼仪的知识，等等。

3. 与对象相关的特定的公共关系知识

公共关系部应该是一个人才和能力互补的群体，作为其中一员应有自己的专长，或长于对内关系，或长于传播交往，或长于专题策划，或长于国际公共关系，以便在群体中发挥作用。没有一定专长的公共关系人员在从事公共关系工作中一定会感到力不从心，难以有大的作为。

4. 与公共关系密切相关的学科知识

公共关系作为一门新学科，具有多学科交叉的特点，有人把公共关系看成是管理学和传播学的交叉学科，但是与公共关系相关的学科几乎涵盖了众多的社会科学。其中最主要的有管理学类学科，包括管理学，行为科学、市场学、营销学等，传播类学科包括传播学、新闻学、广告学等，社会学和心理学学科包括社会学、心理学、社会心理学等。最后还必须掌握最基本的传播法律知识和特定公共关系工作所需要的特定知识，如金融公共关系中的金融知识，涉外公共关系中的国际关系知识等。

案例

美国亚默尔肉类公司公共关系人员有一次从报上看到一则有关墨西哥发生生猪瘟疫的病例，他们立即想到，如果墨西哥果真发生此病，一定会从加利福尼亚和得克萨斯边境传到美国，而这两个州是美国最重要的肉类供应基地，一旦发生生猪瘟疫，肉类供应就会成大问题，到时候肉价会大涨。

公共关系人员立即将情况向老板做了汇报，引起老板菲利·普亚默尔的重视，他立即派人去墨西哥调查情况，证实了消息是准确的。于是公司果断决策，立即集中全部资金购进了加利福尼亚、得克萨斯的生猪，并及时运往美国东部。不久，墨西哥以及美国一些州瘟疫蔓延，牲畜大量死亡，肉价飞涨。这时，亚默尔公司将肉全部抛出，公司净赚900万美元。

资料来源：三亿文库．公关关系原理与案务[EB/OL]. http://3y.uu456.com/bp_6lf9l1tr5z5dq8n1sb2n_5.html.

三、能力素质

一个人能力的高低直接影响到工作效率。公共关系人员的能力素质体现为一种综合性，一般最基本的能力素质有以下几方面。

1. 文字和口头表达能力

能说会写是公共关系人员的两个基本功。公共关系工作中所涉及的撰写新闻稿件、活动计划方案、年度公共关系报告、工作小结、公共关系信函、演讲稿、宣传资料等都要求公共关系人员有扎实的文字功底；口头表达方式是最常用、最简洁的传播手段。

公共关系工作在很大程度上是一种劝说工作，因而要求公共关系人员有较强的口头表达能力，在谈话时能清晰、简洁、准确地表达自己的思想，还要进一步追求语言的技巧和艺术，体现语言的感染力，达到打动人和说服人的效果。同时要熟练地运用各种形体表达语言，通过动作、体态、表情向社会公众传递信息。公共关系人员要养成良好的习惯，出入各种公共关系场合要做到举止端庄，体态大方，服饰得体，言行礼貌等。

2. 组织协调能力

一个社会组织的公共关系资源是有限的，如何把有限的资源调动起来并发挥最大的作用，这是公共关系人员必须追求的效益问题。因此，公共关系人员必须具备策划、指挥、安排和调度的能力。

公共关系工作中的传播信息、整理资料、编辑出版刊物、日常来宾接待，以及举办各种纪念会、庆典、记者招待会、联谊会、展览会等都需要经过周密的策划、精心的安排和认真的组织，其中各种程序和资源的协调即成为公共关系人员能力素质的体现。

3. 社会交际能力

一个人社会交际能力的强弱，是衡量其对现代开放社会适应情况的重要尺度。公共关系人员开展公共关系活动在很大程度上是体现在公共关系人员的个人风格和魅力上，良好的人际交往是公共关系人员开展工作的前提条件，公共关系人员如果缺乏社会交际能力，与他人格格不入，就会在自己与社会公众之间筑起一道无形的屏障，也难以被别人理解、赢得别人的信任。

因而，公共关系人员必须有开朗的性格、热情奔放的情绪，使别人产生信任感和安全感；要善于广泛交往，同社会各界、各层次的人士交往，要有意识地培养自己的气质、风度和处世合群的能力。

在社会交往中，公共关系人员必须懂得各个国家和地区的礼仪、习惯和风俗，必须视交往对象的文化程度、民族、籍贯、性别、年龄、身份确定自己的谈话内容、风格以及行为举止，不要在交往中出现不可取的谈吐或失礼行为。

4. 自控、自制和处理危机的应变能力

由于公共关系人员要代表社会组织面对社会公众，因此他们在社会公众面前应展示一种“公务性自我”。职业要求公共关系人员要带着“永恒的微笑”，不管自己遇到什么困难、内心多么烦躁甚至痛苦，不管遇到多么挑剔的公众，都应通过自我调节加以控制，个人的喜怒哀乐、心理失衡应通过正常渠道宣泄，而不应带给社会公众。

社会组织在发展过程中会遇到客观环境的突然变化，或内部出现突如其来的事故，公共关系人员必须具有应付各种情况的心理准备和应变能力。当意外事件突然发生时，要随机应变，迅速采取措施控制事态、控制舆论、防止歪曲事实真相，引起社会公众恐慌不安。同时，公共关系人员的应变能力还应体现在掌握机动灵活的方法和技巧上，处理问题时要善于迂回，善于从不同的角度去分析和设想，在解决矛盾时善于使用自然、幽默的方式来缓和气氛。

5. 组织谋划能力

组织谋划能力包括策划决断能力、计划设计能力、组织实施能力、指挥调度能力和平衡协调能力等方面，是公共关系人员有计划、有步骤地从事某种活动并使之达到预期目标的实际操作能力。

公共关系实务是一种目标指向活动，往往由一系列公共关系活动构成，有些大型活动还要涉及对外交往，若没有良好的组织能力，即使有再绝妙的创造性思维也是枉然。在举办各种公共关系活动时，公共关系人员应能控制进度、把握全局，擅长指挥调度，遇事沉着机敏，使整个活动有条不紊地进行。

6. 创新能力

公关领域非常广泛，这为公关人员发挥想象力，施展才华，提供了理想的环境。公关工作人员要善于捕捉新信息，增进新知识，确立新观念，提出新设想，敢于创新，巧于构思一些新颖别致的活动形式，把公关工作开展得有声有色，生机勃勃，充满活力。

 **案例**

咖啡喝出了“秘密花园”？看看星巴克的营销新方法

韩国人超爱喝咖啡。2012 年，韩国人均咖啡消费量达 1.93 千克，韩国星巴克对于“这么多的一次性杯子”开始动脑筋了：要方便，更要环保。得让人们把这些杯子再利用起来！

因此，“用外带咖啡杯做一个小花园”的活动就这样展开了。如果你在韩国星巴克买的咖啡外带，就会随纸杯托赠送一包种子和混合了咖啡渣的种植土。我们把种子小包钉在纸杯托上，另外我们还免费赠送一大包种子，顾客可以用喝完的咖啡外带杯种植植物，打造属于自己的秘密花园。如果客人不知道怎么种？没关系，扫描包装上的二维码，你就能获取到教学课程，为你详细展示 DIY 的步骤。用上下杯盖做一个温室小花盆，杯子里加上水，让植物在适当的温度及合适的土壤上生长，属于你的小植物就能在这个花盆茁壮生长了。

要知道每年韩国一次性咖啡杯的消耗量约 3 亿个。而这项活动从韩国开始风靡全球，有 51 个国家共 9.7 亿人参与进来，DIY 自己的小花园！

用过星巴克创意的杯子的客人每天都悉心的打造自己的秘密花园，并把植物照片上传至社会网络媒体，例如推特、Facebook 等，可爱又环保。全球已经有 51 个国家的星巴克加入这个活动，全球范围内也已有 9 亿多名群众参与进来。

资料来源：中国公关网．咖啡喝出了“秘密花园”？看看星巴克的营销新方法[EB/OL]．(2015-10-20)．http://www.chinapr.com.cn/templates/T_Second/index.aspx?nodeid=42&page=ContentPage&categoryid=0&contentid=11060.

课堂实践

1. 实践内容：模拟企业公共关系部门的组建和公关人员的选拔活动。

2. 实践目的：通过模拟公共关系部门的成立过程，进一步了解公共关系工作的重要性，培养标准的公关人员。

3. 实践环节：模拟成立一个公共关系部门，设计公司结构、人员配置、提出工作目标、工作计划与发展规划。提出公关人员的基本素质要求。

4. 技能要求：掌握建立公关部门的计划、策划技能并能初步运用。

拓展阅读

2014年中国公共关系行业发展分析

为反映2014年度公共关系服务市场的运行态势，正确评价中国公共关系业的发展状况，为专业机构提供积极的行业指引，2015年2月2日至3月13日，中国国际公共关系协会(CIPRA)对中国大陆境内主要公共关系公司进行了调查活动。

项目组采用问卷调查的方法对2014年度全国主要公关公司进行抽样调查，内容涉及运营管理、业务发展和可持续发展等方面。

项目组对问卷所取得的数据进行了科学统计，并依据行业经验和历史数据进行了相关核实和判断，在科学分析基础上形成本调查报告，并依据报告分析了2014年中国公共关系行业发展情况。

2014年，中国公共关系市场保持稳定增长。据调查估算，整个市场的年营业规模约为380亿元人民币，年增长率为11.5%左右，比2013年12.5%的增速略有下降。调查显示，2014年度以蓝色光标为代表的TOP25公司的年营业额、年营业利润分别比上一年增长了19.2%和20%，呈现较快的增长态势。

随着新媒体的不断发展，公共关系业务的结构性变化日益凸显。传统公关业务增速放缓，新兴公关业务(如数字化传播、新媒体营销等)发展迅猛。作为新兴产业的公共关系行业，其成长速度仍高于整体经济发展的增速。

一、医疗保健首次进入公关服务领域前三位

调查显示，2014年度中国公共关系服务市场的前5位为汽车(26.9%)、快速消费品(14.1%)、医疗保健(10%)、通信(7.7%)、互联网(5.4%)，与2013年相比，汽车、快速消费品市场比例没有太大变化，依然占据行业的前两位，但医疗保健(2013年占3.3%)和互联网行业(2013年占3.2%)所占比例增长较快，尤其是医疗保健发展迅猛，表明了该行业的公关支出在急剧增长。

二、新媒体环境对公共关系市场影响越来越大

随着新媒体时代的来临，一些从事传统业务的公关公司不断转型，逐步涉足数字化传播及营销、大数据营销等领域。调查显示，网络公关、传播代理及媒体执行成为行业主营业务，而传统的顾问咨询类业务大幅下降。在整个市场中，新媒体业务占公关总体业务的30.3%，网络公关的收入占总营业收入的26.6%。这表明随着新媒体时代的不断发展，新兴公关业务需求正在不断增加。

三、人员成本增加给公关公司带来一定压力

调查显示，2014年行业平均工资水平为9445元/月，比2013年增加了16.1%。客户经理平均月薪11060元，比2013年增加1.6%，大学生转正平均月薪4114元，比2013年增加了7.8%，人员成本与上年度相比明显增加。另外，随着房租价格的上涨，公关公司

面临一定的压力。

四、国际公关公司在中国的业务保持了稳定增长

与国内公司不同,国际公司的主营业务基本上是顾问咨询服务。国际性公司网络公关客户的主要需求为舆情监测、危机处理、产品推广及企业传播业务。国际性公司得益于全球化布局,因此营业成本控制较好,个人平均绩效很高。另外,这些公司的年签约客户数及连续签约客户数非常稳定。

五、中国公关行业面临的挑战与机遇

随着社会对公共关系需求的不断增加,公关行业服务领域将越来越广泛,越来越深入,公关公司和从业人员施展才华的机会越来越多,行业发展的机遇将更多,特别是城市的公共关系服务需求将成为新的增长点。

但行业面临的挑战也是巨大的。

第一,行业竞争加剧,行业并购成为常态。2014 年,随着传播环境和方式的变革,营销模式和手段已悄然进入公关领域,而广告和营销行业也借助公关的特点,富有创意性地宣传和推广产品,并借此为企业树形象、创品牌,这一变化导致行业之间的边界越来越模糊、竞争越来越激烈。跨行业以及行业内部的并购将成为常态。2014 年 6 月,华谊嘉信以发行股份和支付现金相结合的方式购买迪思传媒 100%股份,估值 4.6 亿元;同年9 月,深圳市联建光电股份有限公司发布公告,以现金及发行股份方式收购上海友拓公关顾问有限公司,交易作价为 4.6 亿元;未来公关行业的格局将是实力强大的公关传播集团开始形成,而中小型公关公司则将利用自身优势,走上更加专业化的道路。

第二,人才问题仍然是影响行业发展的瓶颈。由于行业整体稳定增长带来的人才需求,与 2013 年相比,中国公关市场人才专业化问题并没有得到缓解。2014 年,尽管人才无序流动的势头稍微放缓,但人才问题依然困扰着公关行业。另外,2014 年公关行业人力资源成本上升较快,也给公关公司带来了一定的压力。

第三,大数据挖掘和应用更加深入。互联网时代,大数据深刻影响行业变革,微博、微信、微视频等传播手段以及营销模式层出不穷。网上信息的精准抓取满足了客户个性化的需求,也让大数据开发和应用能够大展拳脚。公关行业与传播手段联系最为紧密,如何应对、如何转型、如何创新,关系行业的生存和发展。

第四,随着传播环境的变化,公关模式的变化,行业内部、行业之间出现了激烈的竞争态势。变革将伴随公关行业未来相当长一段时间,变革将给行业带来巨大挑战。另外,随着广告、营销等行业的介入,企业对公关公司服务质量的要求将会越来越高,因此,公关行业必须要在创新中求发展。

在对 2014 年中国公共关系行业发展情况进入分析的基础上,中国国际公共关系协会确立了 2015 年的工作重点:继续加大力度,提升行业的社会影响,改变社会对公共关系行业的负面认知;继续与政府相关部门沟通,让政府更加重视公共关系的作用,并使行业获得应有的地位;继续推进公共关系的业务整合和资本运作,推动更多的优秀公关公司做强做精;鼓励公关公司在通过创新模式、兼并收购等手段发展壮大的同时,承担更多的行业责任和社会责任。

资料来源:2014 年中国公共关系行业发展分析[J]. 公关世界,2015(5).

第三章

公共关系的客体

学习目标

1. 了解公众的基本特征，区分不同类型的公众；
2. 掌握几类重要公众与社会组织的利弊关系，处理好两者之间的需求关系；
3. 了解公共关系中公众的心理。

技能要求

1. 把握内部公众的基本权利、与社会组织的关系；
2. 通过把握划分不同类型的公众及公众心理，学习认识其作用与意义。

引导案例

“六六维权”中看人下菜碟的京东

2015年7月11日，作家六六发了一条微博，称自己在京东上购买的天天果园水果是烂的，要求退款却被拒绝。作为一名拥有1000多万粉丝的女作家，这条微博一面世，立刻引来大量关注。一个小时后，天天果园即联系六六提出全额退款。六六拒绝后，京东和天天果园又相继联系商讨退款，天天果园还邀请六六为其质量监督员。7月13日，六六再次在微博上发表名为《我要的是公平》的文章，拒绝和解。7月14日，天天果园在微博上公开道歉，京东进行转发并表示要加强自身服务。

正当舆论趋缓时，王思聪却在7月18日转发六六微博，表示自己也拥有同样经历。7月19日，京东官方微博向王思聪道歉。然而，事情反而引来了更多的质疑：为什么王思聪就能得到公开道歉？“看人下菜碟”的帽子，就这样戴在了京东的头上。

案例点评：

关于京东的错误，网友的评论已经一针见血：前倨后恭、看人下菜碟。京东和天天果园的主要错误在于，没有把自己和普通用户放到一个立场上，而是看到对方是名人就怕了。要是坚持自己的退货准则，说不定网友们还会敬他们是条汉子。否则，就应该承认自己在服务流程中的错误，京东和天天果园分别诚恳地承担起一个电商平台和一个供应商的职责，而不是联手去“收买”六六。须知，事情一旦捅到了公众面前，当事双方已经都不能用“私了”的方式来息事宁人了。

公众是组织赖以生存和发展的基础，是公共关系工作的对象。面对这种情况，最核心的问题就是用户。把自己摆在用户立场上，去解释问题，承担责任，弥补损失。快速反应是必要的，但不要因为快而失了分寸。

资料来源：杨洁．盘点：十大互联网危机公关事件[EB/OL].(2016-01-05). http://www.chinapr.com.cn/templates/T_Second/index.aspx?nodeid=3&page=ContentPage&categoryid=0&contentid=11657.

第一节 公众的概念与分类

公共关系的客体——公众，即公共关系的工作对象。公众是公共关系学中的一个基本概念和要素，对公众的研究是公共关系学的重要内容。一个社会组织要开展和做好公共关系工作，必须要了解和研究自己的公众对象，对公众具有正确的认识和分析，才能为社会组织制定公共关系的目标、策略和措施提出有效的依据。

一、公众的概念

公众是特指公共关系的工作对象，即与公共关系主体利益相关并相互影响和相互作用的个人、群体或组织。

公众是公共关系学中的一个特有的概念，是相对于社会组织而存在的，它不仅包括与社会组织相关的社会公众，还包括与社会组织相关的其他组织、社团、企业等社会群体。广义上说，凡是社会组织信息传播、沟通的对象，都称为公众。

公共关系亦称“公众关系”，也就是与公共关系行为主体相关的公众群体。公众与公共关系活动密切相关，对公共关系的主体有着重要的影响。各类公众都是以某种利害关系作为纽带，与公共关系的主体保持着某种密切的联系；同时，公众都有着自己共同的利益。公共关系的主体面对的公众是多层次、多元化的，这就决定了公共关系必然是一种立体、多维和全方位的社会关系。

二、公众的基本特征

公共关系的主体必须对公众的利益和要求进行分析，尽可能地保证特定公众的利益得以实现；公共关系的主体只有在满足了公众利益的基础上，才能真正地实现自身的利益。作为公共关系的主体要准确地理解和把握公众的含义，在公共关系活动中必须对具体的公众关系进行具体分析，要具有与自己的公众共同发展的长远观点和现代意识。

案例

让宜家帮你改造厨房

瑞典家具品牌宜家与MEC娱乐公司合作，在美国A&E电视台曾开辟了名为“改造我家厨房”(Fix this Kitchen)的实境节目。在每一集约30分钟的节目中，制作单位会从主动报名的观众中，挑选适合改造的家庭，并观察他们的作息和兴趣，再由主持人和知名主厨，在五天内为这一家人打造专属的厨房。

每一集的节目中，制作单位都运用宜家产品，为一家人带来翻天覆地的大改造，也细心地介绍哪些产品特色，可以让生活更便利，即使观众都清楚知道节目是由宜家赞助制作，但实用的信息仍满足了消费者迫切的需求。

根据 Latitude Research 的调查，在收看过节目的观众中，60%认为宜家提供高质量产品，也有高达 2/3 的人要改造厨房时，会考虑造访宜家，而这个节目更直接让宜家在线厨房设计软件的使用量提升 30%。

资料来源：中国公关网．2015 年故事营销，引爆话题的 6 大经典案例[EB/OL]．(2015-06-26)．http://www.chinapr.com.cn/templates/T_Second/index.aspx?nodeid=3&page=ContentPage&categoryid=0&contentid=10217.

公众作为公共关系学中的一个重要概念，其基本含义有以下特征。

1. 群体性

公众对象不是单一的，是以群体的形式出现的，即使是公众个体，也是社会群体中的一员。任何社会组织所面对的公众都是由社会各方面有关的公众所组成的、复杂的群体环境。公众的这种群体环境，随着全球经济一体化进程的加快而扩大。社会组织的生存、发展与群体环境将更加密切相关。

2. 共同性

公众不是一盘散沙，而是具有某种内在共同性的“合群意识”的群体，即具有某种共同利益、目的、需求、心理和兴趣，形成了共同意识的一群人、团体或组织。合群意识的公众群体在涉及利益互动关系的特定的环境条件下，他们的行为和态度会表现出相同或相似性，构成了社会组织所面临的一类特定的公众。

3. 多样性

公众的存在形式不是单一的，而是复杂多样的。它可以是个人，可以是群体，也可以是组织或团体，并且具有多元角色、多重身份。即使是同一组织、群体和个人，也可以同时成为多种社会组织的公众。

4. 可变性

公众是一个动态的群体，不是封闭僵化、一成不变的对象，而是一个始终处于不断变化发展过程中的开放系统。随着社会的发展和环境的变化，公众也会发生相应的变化，出现不同需求的公众。公众环境的变化，必然导致公共关系活动要处于可变的动态之中。

5. 互动性

对特定的公共关系的主体而言，公众总是与一定的社会组织相联系的。公众与社会组织总是处于相互影响、相互作用的互动关系中，没有脱离具体组织的公众，公众必然地与社会组织之间存在着相关的利益联结。

公众的行为、态度对相关社会组织具有实际或潜在的作用力和影响力；同样，社会组织的决策和行为对有关公众也有实际的或潜在的影响力和制约力。这种互动性是社会组织与公众形成公共关系的关键。

三、公众的分类

从公共关系的实践操作角度分析，公众对象的构成是非常复杂的，划分的方法很多。不同的社会组织有不同的公众，同一社会组织也有不同的公众，而同一群体的公众又因不同的区分标准而可以划分出不同类型。

因此，在具体公共关系活动中，采取什么样的公众分类方法，要根据社会组织具体的公共关系目标、不同的客观条件及具体的实际情况来确定。正确地认识复杂的公众群体，并科学地区分其类型，对开展和做好公共关系具有重要的实际意义。

（一）不同的社会组织有不同的公众

不同性质和类型的社会组织，其公共关系工作的目标、策略和对象均不同。

1. 互益性组织

互益性组织是以社会组织内部成员的利益和共同目标为重，如各类党派团体、群众社团组织、宗教组织等。互益性组织重视成员对组织的归属感和凝聚力，重视社会组织系统内部的相互沟通。

2. 营利性组织

营利性组织是以营利为目的的社会组织，如工商企业、金融机构、旅游服务业等。营利性组织以其所有者、经营者的利益为目标，这些所有者、经营者对营利性组织的经营成败有决定性的意义，所以，必须要与这些公众建立良好的关系。

3. 服务性组织

服务性组织是非营利性的社会组织，如医院、公益学校、社会福利机构等。这类社会组织有其特定的服务对象，其生存要以服务对象的需求为目标，并且要与其赞助商、协助者保持稳定的关系。

4. 公益性组织

公益性组织是以国家及社会公众的整体利益为目标的社会组织，如政府部门、公共安全机关、消防部门等，其公众对象是社会各界。

（二）同一类型的公众又有不同标准的分类

同一类型的公众，可以根据不同的标准作不同的区分。

1. 按社会组织和公众的归属关系划分

按社会组织和公众的归属关系划分，公众可分为内部公众和外部公众。

1）内部公众

内部公众是由社会组织内部的各类成员群体、职能部门和组织构成。如管理人员、技术人员、销售人员以及股东公众等。

2）外部公众

外部公众是指组织外部的一切与组织利益有关联的个人、群体或社会组织。如政府部门、竞争对手、消费者、社区居民、媒介公众等。

2. 按公众发展过程的不同阶段划分

按公众发展过程的不同阶段，可以将公众划分为非公众、潜在公众、知晓公众、行动公众、现在公众和将来公众。

1）非公众

非公众与社会组织无关，其观点、态度和行为不受社会组织影响和约束，也不对社会组织产生影响和作用的公众对象，也就是说他们是“非公共关系对象”。

2）潜在公众

潜在公众指社会组织已经对其有影响，而其自身尚未意识到，对社会组织的影响和作用只是潜在的公众群体。潜在公众还未发展为现实的公众对象，因此，潜在公众也称为潜伏公众、隐患公众，是社会组织需要关注的对象。

3）知晓公众

知晓公众是潜在公众的发展，即明确意识到自己的权益与特定社会组织有关，并已考虑与该社会组织联系，但暂时还未付诸行动的公众对象。这部分公众已构成对社会组织的舆论压力。

4）行为公众

行为公众是由知晓公众发展而来，并对社会组织的影响已做出反应，准备采取行动或正在采取行动的公众群体。行为公众对社会组织已构成现实的行为压力，需要社会组织必须全力以赴进行沟通的公众对象。

5）现在公众

现在公众指正在与社会组织发生关系的公众群体。如正在某超市购物的顾客，此时顾客就是这家超市的现在公众群体。现在公众群体需要社会组织全方位提供及时的服务，保障和满足其公众利益的实现。

6）将来公众

将来公众指将来或打算与社会组织发生关系的公众群体，是社会组织未来的公众对象。如学校招聘的教师、某公司招聘的管理人员等，就是该社会组织的将来公众群体。

3. 按公众的稳定程度划分

按公众的稳定程度，公众可以分为临时公众、周期公众和稳定公众。

1）临时公众

临时公众是指由于某一特定环境中的特定问题、偶发事件、临时因素或专门活动而形成的公众群体，又称为偶然公众。如等候飞机、火车的旅客和观看足球比赛及各种文艺演出的观众等。这些公众对社会组织构成了应变的压力。

2）周期公众

周期公众是指按一定规律和周期间断出现的公众群体。对于这部分公众，社会组织是可以提前把握其规律，可进行预测和控制，并可以有针对性地制订应对的公关计划和对策。如春节回家的民工、节假日出游的旅客、参加高考的学生等。

3）稳定公众

稳定公众是指相对具有长期稳定关系和结构的公众群体。这类公众是社会组织的基本公众，对社会组织的稳定发展具有重要的保障意义，如老顾客、社区居民等。

4. 按公众对社会组织的重要程度

按照公众对社会组织的重要程度划分，可以把公众分为首要公众、次要公众和边缘公众。

1）首要公众

首要公众是指与社会组织联系最密切，关系到社组织生死存亡，决定社会组织成败的公众群体。如酒店宾客关系中的特别重要的宾客、商厦超市中的顾客、企业股东、企业员工等。这些公众群体是社会组织正常运行和发展的主要动力，与社会组织息息相关，是构成社会组织结构和功能的基础，是公共关系活动的首要对象。

2）次要公众

次要公众指那些对社会组织的生存和发展有一定影响，但未起决定性意义的公众群体。次要公众有可能转化为首要公众。因此，在保证首要公众的前提下，社会组织要投入相当的人力、财力、物力维持与改善次要公众的关系，争取他们的合作与支持。

3）边缘公众

边缘公众与社会组织有联系，在社会组织所面对的各类公众中对社会组织影响和作用最小，与社会组织关系不十分密切，但在社会组织的发展过程中又具有一定争取价值的公众群体。边缘公众的态度倾向有可能成为公共关系竞争中的决定因素，常常是公共关系活动的“必争之地”。

5. 按公众对社会组织的态度

按公众对社会组织的态度划分，可分为顺意公众、逆意公众和中立公众。

1）顺意公众

顺意公众是指那些对社会组织的政策、行为和产品持赞成意向和支持态度的公众群体。顺意公众对社会组织的生存和发展具有重要的影响和作用，社会组织应该对这一部分公众进行悉心呵护，把这一部分公众看作成是自己的财富。

2）逆意公众

逆意公众是指对社会组织的政策、行为或产品持否定意向和反对态度的公众群体。逆意公众需要社会组织加强公共关系力度，做好其转化工作，尽可能“化敌为友”，即使不能将其转化为顺意公众，也应促使这部分公众成为边缘公众。

3）中立公众

中立公众是指对社会组织的政策和行为持中间态度，其观点、意向和态度不明朗的公众群体。这部分公众是社会组织公共关系工作的重点，对其要耐心细致，积极争取，引导他们成为顺意公众，防止其成为逆意公众。

中间公众往往是社会组织在公共关系工作的竞争之地，做好这部分公众的沟通工作，争取他们对社会组织的了解、支持和合作，是公共关系工作的重点。

6. 按社会组织对公众的态度

按社会组织对公众的态度划分，公众可分为受欢迎公众、不欢迎公众和被追求公众。

1）受欢迎公众

受欢迎公众是指完全迎合社会组织，与社会组织主动沟通、配合，对社会组织表示兴趣和交往意向的公众群体。这一部分公众与社会组织之间是一种两厢情愿、互利互惠的关系。是社会组织十分重要的公众。如企业赞助者、自愿投资者、慕名前来的顾客、为社会组织撰写正面宣传文章的记者等。

2）不受欢迎公众

不受欢迎公众是指违背社会组织的利益和意愿，对社会组织构成潜在或现实威胁的公众群体。他们常常对社会组织持不友好的态度和行为，对社会组织造成一定的压力和负担，成为社会组织的“入侵者”。社会组织一般对这类公众采取回避态度或减少接触，必要时对其采取针锋相对的传播政策。

3）被追求公众

被追求公众是指符合社会组织的利益和需求，但对社会组织不一定感兴趣、缺乏主动交往意愿的公众群体。如新闻媒介、社会名流等。这部分公众是任何社会组织都愿意主动努力争取，并愿意与其建立良好关系的公众群体。

第二节 公共关系中几类重要目标公众

每一个社会组织都有自己特定的公众对象，即目标公众。目标公众是构成一个社会组织公共关系对象的基本成分，是公共关系主体根据自身公关工作的实际需要所确定的对象公众。社会组织的性质、类型不同，则社会组织的目标公众对象也不完全相同。如：政府的目标公众对象、企业的目标公众对象、商场的目标公众对象，相互之间会有很大的差异。下面就社会组织经常面对的，有一定共同性的目标公众作简要的介绍分析。

一、内部公众

（一）内部公众的概念

内部公众指社会组织内部沟通、传播的对象，包括社会组织内部全体成员构成的公众群体。如企业内部的员工、股东，政府部门的干部、工作人员等。内部公众既是公共关系工作的对象，又是外部公共关系工作的主体，是与社会组织自身相关性最强的一类公众对象。内部公众与社会组织利益之间存在着物质利益和精神利益的关系。

1. 物质利益关系

物质利益关系是内部公众与社会组织的最基本的关系，主要是指工资、福利待遇、奖金、工作条件、工作环境等，是内部公众与社会组织之间生存和发展所具备的基本条件。

2. 精神利益关系

内部公众在物质利益基本满足后，就会有精神需求，如自我价值实现的需求、自我尊重的需要等。美国心理学家马斯洛的需要层次理论，对我们分析研究公众与社会组织利益之间的关系有很大的启发性。

马斯洛认为，对一般人来说，五种需要（生理需要、安全需要、社交需要、自尊需要、自我实现的需要）由低到高依次排成一个阶梯，当低层次需要获得相对满足后，下一个需要就占据了主导地位，成为驱动行为的主要动力。

在现代激烈竞争的社会环境中，社会组织要赢得内部公众的认同，使社会组织形成一个有机的、有竞争实力的整体，必须要处理好内部公众与社会组织利益之间的关系——物质利益关系和精神利益关系。

由于内部公众在社会组织的关系中承担主、客体双重身份，扮演着两种角色。因此，了解内部公众，及时与内部公众进行交流沟通，搞好内部公众的关系，对社会组织的生存发展具有特殊的重要意义。

（二）做好内部公众公共关系的意义

加强内部公众沟通的目的，是培养社会组织成员的向心力、凝聚力，是培养社会组织成员的主体意识和形象意识。做好内部公众的公共关系工作对社会组织有非常重要的意义。其意义可以从两个方面来认识。

1. 社会组织的凝聚力

一个社会组织的存在价值和整体形象在得到社会认可以前，首先需要得到自己成员的认可；社会组织的目标和任务在赢得社会支持之前，首先需要赢得自己成员的配合和支持；否则，社会组织的价值和目标将无法实现，社会组织也将无法作为一个整体面被外部社会的认可。因而，良好的内部关系是公共关系的起点。

2. 社会组织的竞争力

一个社会组织的对外竞争力，有赖于全体员工的努力和配合。因为每一个社会组织成员都是社会组织与外部公众接触的触角，都处在对外公共关系的第一线；社会组织的整体形象必须通过他们在各自工作岗位上的良好行为具体体现出来。

在对外交往中，每一位社会组织成员都是非常重要的公共关系行为主体，能否充分发挥内部公众主体的公共关系作用，在于内部公众对社会组织的认同感和归属感。

从管理角度看，公共关系要处理好团体价值与个体价值之间的关系。公共关系的目标是追求较高的团体价值，即塑造社会组织良好的整体形象，提高其竞争力和社会地位，争取赢得较高的知名度和美誉度。

团体价值是通过许许多多个体的创造性活动得以充分体现的，因而从公共关系工作的实际着眼点来说，必须从确立个体价值入手，促使社会组织中的每一位成员，在社会组织的环境中，追求和实现个体的价值。团体与个体价值共同发展，社会组织的竞争力和凝聚力也会得到提高。

二、顾客公众

（一）顾客公众的概念

顾客公众是社会组织共有的公共关系的对象，是接受社会组织的产品和服务的公众群体，如企业产品的用户、商店的顾客、酒店的客人、电影院的观众、出版社的读者等。顾客公众包括个人消费者和社团组织用户。顾客是与社会组织具有直接利益关系的外部公众，是社会组织进行信息传播的重要目标对象。

顾客公众关系是一个涵盖面相当广泛的社会关系，它是社会组织重要的一种外部公共关系。从公共关系角度看，凡是向社会提供物质产品和服务的社会组织都存在着顾客公众关系。

建立良好顾客公众关系的目的，使顾客对社会组织及产品和服务形成良好印象和评价，提高社会组织及其产品和服务的知名度和影响力，增强在市场中的竞争力，从而实现社会组织效益的最大化。

（二）顾客公众的基本权利

充分认识和保障顾客公众所拥有的基本权利，是处理好顾客公众关系，建立良好公共关系的前提。顾客公众对于商品生产和经营者有以下基本权利。

1. 知悉的权利

顾客公众有权要求经营者提供商品的价格、用途、性能、规格、主要成分、生产日期、有效期限、检验合格证明、使用方法说明书、售后服务及服务的内容、规格、费用等有关情况的权利。

2. 选择的权利

顾客公众有权自主选择提供商品或者服务的经营者，自主选择商品品种或服务方式，自主决定购买或者不购买任何一种商品，接受或不接受任何一项服务。顾客公众在自主选择商品或者服务时，有权进行比较、鉴别和挑选。

3. 公平交易的权利

顾客公众有权拒绝经营者的强制交易行为。在市场交易中，经营者和顾客公众均应遵循自愿、平等、公平、诚实信用的原则。

4. 索赔的权利

顾客公众在购买、使用商品或接受服务过程中受到人身或财产损害时，有权要求赔偿，如修理、重作、更换、恢复原状、消除影响、恢复名誉、赔礼道歉等。

5. 受尊重的权利

顾客公众在购买、使用商品和接受服务时，其人格尊严、民族习惯应该享有尊重的权利。社会组织要建立良好的顾客公众关系，应主动尊重和维护顾客公众的基本权利，在生产和经营中把顾客公众的利益和需求放在首位，为顾客公众所有，为顾客公众所想，树立

"顾客是上帝"的服务意识。

（三）协调好社会组织与顾客公众的关系

IBM公司的"金环庆典"活动

美国IBM公司每年都要举行一次规模隆重的庆功会，对那些在一年中做出过突出贡献的销售人员进行表彰。这种活动常常是在风光旖旎的地方，如百慕大或马霍卡岛等地进行。对3%做出了突出贡献的人所进行的表彰，被称作"金环庆典"。

在庆典中，IBM公司的最高层管理人员始终在场，并主持盛大、庄重的颁奖酒宴，然后放映由公司自己制作的表现那些做出了突出贡献的销售人员工作情况、家庭生活，乃至兴趣爱好的影片。在被邀请参加庆典的人中，不仅有股东代表、工人代表、社会名流，还有那些做出了突出贡献的销售人员的家属和亲友。整个庆典活动，自始至终都被录制成电视片（或电影），然后拿到IBM公司的每一个单位放映。

IBM公司每年一度的"金环庆典"活动，一方面是为了表彰有功人员；另一方面也是同企业职工联络感情，增进友情的一种手段。在这种庆典活动中，公司的主管同那些常年忙碌，难得一见的销售人员聚集在一起，彼此毫无拘束地谈天说地，在交流中，无形地加深了心灵的沟通，尤其是公司主管那些表示关心的语言，常常能使那些在第一线工作的销售人员"受宠若惊"。正是在这个过程中，销售人员更增强了对企业的"亲密感"和"责任感"。

资料来源：百度文库．IBM公司的金环庆典[EB/OL]．(2013-01-12)．http://wenku.baidu.com/link?url=lQLKiPv_NyDgBIkwXULOS5r21UhzPjuwBO97yRzTMIU5oN6tEdwsTugifZHBay0R3ik8riNTuDvXXD5XDK0TKey6MJ9kQshv99xANoHSt7i.

1. 树立正确的经营思想和服务意识

社会组织在经营活动中要摆正组织利益和顾客利益的关系，牢固树立"顾客第一"的经营思想，增强为顾客公众服务的意识，把为顾客公众服务作为首要责任，要及时满足顾客公众的要求，在开展公共关系活动中要以顾客公众的需求为核心。

2. 尊重顾客公众的基本权利

顾客公众的权利是指顾客即消费者依法在消费领域做出一定行为或要求他人做出一定行为的权利。这种权利体现为顾客公众需求的满足，体现了法律对顾客公众利益的保障，也是人权的重要组成部分。所以，社会组织应该自觉维护顾客公众的权益，尊重顾客公众的权利，这样才能赢得顾客公众对社会组织的信任与好感，社会组织才能与顾客公众建立良好、融洽的关系。

3. 重视与顾客公众的信息沟通

社会组织与顾客公众的关系协调范围很广，方法也很多。最主要的是社会组织的公共关系人员要及时把社会组织的信息传递给顾客公众，包括社会组织的政策、方针和经营思想；产品的性能、规格及价格；产品使用方法及销售方式；维修及售后服务的具体方法和社会组织的各种服务内容等信息;以便顾客公众可以及时了解社会组织。

与此同时,社会组织也要及时把顾客公众的意见、反馈的信息收集起来,做调研分析,使社会组织能够了解顾客公众的需求,适应顾客公众。社会组织重视和加强与顾客公众之间的信息交流,才能赢得顾客公众,赢得市场。

4. 及时处理与顾客公众的矛盾

社会组织在为顾客公众提供服务时,由于顾客公众和社会组织的员工在性格、文化、修养等方面的差异,有时会产生一些矛盾和冲突。尽管这些矛盾和冲突是个别现象,但处理不好就会影响社会组织的信誉,影响社会组织与顾客公众的关系,严重的会影响社会组织的生存和发展。

因此,社会组织的管理者或公共关系人员要正确处理与顾客公众的关系。首先,社会组织在经营活动和市场交易中,要时时处处维护自身的形象,保持微笑服务,尽可能减少与顾客公众的矛盾和冲突;其次,一旦冲突发生时,要求员工做到:礼貌待客,态度要诚恳;要耐心询问冲突的原因,及时妥善处理,取得顾客公众的谅解。

5. 重视对顾客公众的宣传

许多知名的社会组织非常重视让顾客公众了解自己,千方百计创造条件接近顾客公众,利用各种机会向顾客公众介绍社会组织的产品和形象,争取更多的顺意公众,提高社会组织的知名度和竞争力。

社会组织在协调顾客公众关系时,一定要掌握主动权,通过各种途径把自身形象展现在顾客公众面前,给顾客公众留下一个美好的印象,使顾客公众不仅能够主动接近社会组织,而且通过宣传工作使顾客公众能成为社会组织的义务宣传员。

(四)做好顾客公众关系的意义

1. 创造效益

社会组织的经济效益是通过市场实现的,有了顾客公众才有市场,社会组织的产品或服务能够得到顾客公众的接受和欢迎,其生存和发展才有保障,所以顾客公众就是市场。虽然与顾客公众的公共关系沟通并不等于市场经营中的销售关系和直接的买卖关系,但良好的顾客公众公共关系有利于社会组织的市场销售关系,能够给社会组织带来直接的利益。

因此,顾客公众是社会组织公共关系对象中利益关系最直接、明显的外部公众,可以说顾客公众关系是社会组织市场经营的生命线。

2. 经营观念和行为

顾客公众公共关系要求社会组织将顾客公众的利益和需求放在首位,通过满足顾客公众的需求和权利来换取社会组织的利益,社会组织的性质决定了它必然要通过经济活动去赢得利润。

公共关系的经营思想认为,顾客公众接受、赞赏和欢迎的产品或服务是社会组织追求利润的信任票,只有获得顾客公众的信任和好感的社会组织,才可能去赢得社会组织的利润。因此,社会组织的一切政策和行为都必须要以顾客公众的利益和需求为导向,在经营思想、观念和行为上要主动、自觉地为顾客公众所想，遵循“顾客第一”的经营观念和行为，如此才能与顾客公众建立良好的关系。

三、媒介公众

（一）媒介公众的概念

媒介公众是指新闻传播机构及其工作人员，如报纸杂志社、广播电台、电视台及其记者、编辑等。媒介公众是公共关系工作对象中最重要、最敏感的一部分，被称为社会组织对外部公共关系工作中的首要公众。

媒介公众在社会组织的公共关系中具有明显的两重性：一方面，新闻媒介是社会组织与广大公众沟通的重要中介；另一方面，新闻界人士又是需要特别争取的公众对象。媒介与公众对象的合一，决定了新闻媒介关系是一种传播性质最强、公共关系操作意义最大的关系。

（二）社会组织与媒介关系的原则

1. 礼貌待人

接待新闻媒体机构和记者要礼貌、热情。无论发生任何事件，对媒介公众要亲切诚恳地接待，为他们的工作提供方便，要如实对他们反映事情发生的经过、产生的原因及采取的措施；暂时不便告之媒介公众的消息，也要礼貌周全地处理。

社会组织在公关活动中礼貌对待媒介公众，会赢得新闻记者的好感，对报道事件必然客观公正，这样有助于社会组织赢得社会公众的谅解，产生好的舆论环境。

2. 真诚相待

社会组织与媒介公众接触除了礼貌待人外，最主要的是双方要真诚相待。新闻的生命是实事求是、客观公正，这也是社会组织开展公共关系活动的首要原则。社会组织必须为新闻媒体提供准确、真实、全面的新闻素材，任何虚伪或夸大的材料，不仅会扭曲社会组织本身的形象，而且会影响新闻媒介的权威性和社会影响力。

3. 平等相待

媒介公众作为社会组织公共关系活动中的首要公众，社会组织要做到不管是中央台还是地方台，是大报还是小报，是名记者还是没名气的新记者，在提供信息或接待上，都应一视同仁，平等相待，不能厚此薄彼。

因媒介传播的各自性质和归属关系不同，层次不同，影响力不同，信息传播的范围和效果也会不同，所以，社会组织要平等相待传播媒体，不要歧视任何媒介公众，这样才能为社会组织的公关活动加大宣传的覆盖面，提高影响力。

4. 时效性

新闻具有很强的时效性，一条新闻只有在其特定的时期内才有新闻价值，新闻价值大小与媒体传播速度成正比关系，超过一定的时限就要失效。因此，社会组织要及时接待媒体采访，事先做好准备，争取在很短的时间内向记者提供较多的有价值的新闻。

（三）协调好社会组织与媒介公众的关系

1. 提供有价值的新闻

社会组织要充分利用媒介公众传播信息，根据不同时期公共关系活动的目的向新闻媒介提供本组织有价值的信息，反映社会组织近期发展的最新动态和情况，争取新闻媒介对社会组织的了解和支持。有价值的信息包括如下几方面。

（1）社会组织出台的新的政策、方针，社会组织的新产品、新技术、新服务项目等。

（2）社会组织近期开展的各项公共关系活动，即社会组织的庆祝、纪念、典礼活动，社会活动，文化活动，交流活动和赞助活动，等等。

（3）社会组织中新人新事新风尚，组织的精神风貌、工作作风等精神领域的新闻素材。

2. 定期举办发布会

社会组织要定期举办新闻发布会，主动邀请新闻媒介参加，给他们提供一个了解社会组织的机会，增加对本组织及产品或服务项目等方面的感性认识，为媒介公众提供第一手新闻素材。

定期举办发布会，对社会组织赢得顾客、宣传产品及树立组织形象极为有利；同时可以加深社会组织与新闻媒介之间的双向沟通，建立感情，这是协调媒介关系的重要方面。当社会组织遇到危机事件的发生时，新闻媒介会较客观、公正地予以报道，引导公众舆论向有利于社会组织的方向发展，取得公众的理解。

3. 满足新闻媒介的社会心理

要协调好与新闻媒介的关系，社会组织必须掌握并顺应新闻记者的社会心理，尊重他们的职业特点和习惯，不要将社会组织的观点强加给记者。当社会组织发生事件时，应统一口径，统一认识，向新闻媒介提供事件真相，如有些事项暂时不能公开，应说明缘由，请求新闻媒介与公众的同情与谅解，绝不能采用威吓、指责或施加压力等手段阻止记者，更不能以利益诱惑记者工作。

4. 制造新闻

制造新闻也称为媒介事件，是指社会组织为了吸引媒介报道并扩散组织所希望公众知道的信息而专门策划的公共关系活动。制造新闻并不是无中生有、捏造新闻，而是捕捉时机，主动出击，策划有新闻价值的公共活动或对社会组织已发生的事件挖掘其新闻价值，是社会组织积极主动的公关活动。

制造新闻必须遵循“新、奇、好”的原则。“新”是指最近发生的、鲜为人知的信息。“奇”是指吸引公众注意的超越常规的方式方法。“好”一方面是指发生的事件本身具有一定的典型意义；另一方面是指事件的新闻报道，能引起良好的社会效应。

5. 与新闻媒介保持经常联系

要协调社会组织与新闻媒介的关系，社会组织在重大活动时，可以向新闻媒介发放贺卡、纪念品或举办各种形式的联谊活动，建立和保持与新闻界的经常联系，赢得新闻媒介的好感，增进相互之间的友谊和信任。

（四）社会组织做好媒介公共关系的意义

社会组织与新闻媒介建立良好关系的目的是争取新闻传播界对本组织的理解和支持，形成对本组织有利的舆论气氛，可以广泛宣传社会组织，扩大社会组织的影响力，提高社会组织的知名度；并通过新闻媒介实现与大众的广泛沟通，增强社会组织对整个社会的影响，借助媒体公众塑造社会组织的形象。

1. 良好的媒介关系有利于形成良好的公众舆论

新闻传播机构是社会信息流通过程中的“把关人”（传播学中亦称为“守门人”），他们决定各种社会信息的取舍、流通和流向，引导和确定公众舆论的中心议题，能够赋予被传播者特殊的、重要的社会地位，即具有“确定议程”和“授予地位”的功能。

如某个社会组织、人物、产品或事件成为新闻界报道的焦点，便会成为具有公众影响力的舆论话题，并能获得较高的社会知名度；同时，通过新闻界的采访报道，某个社会组织、人物、产品或事件也容易获得公众的信任，有利于社会组织美誉度的提高。

公共关系的一项重要任务就是为社会组织创造良好的公众舆论，争取舆论的理解和支持。因此，与新闻媒介建立良好的关系，有助于争取媒介的报道机会，使社会组织的有关信息比较顺利地通过媒介进行传播。

2. 良好的媒介关系有利于开展公共关系活动

经济全球化的今天，大众传播媒介是现代公共关系的重要手段之一。大众传播是借助于现代科技，大量地、高速地复制信息，跨越时间和空间的限制，实现大范围、远距离的传播。建立良好的媒介关系，可以使社会组织充分利用这种传播手段进行宣传，迅速地建立起社会组织的良好形象。

同时，通过媒介传播，收集各种反馈信息，制定相应的策略、措施，进行有的放矢的公共关系工作，从而为社会组织争取更多的公众。媒介关系这种公关传播性之强，是其他公众对象难以企及的。

四、其他公众

除了上述公共关系工作对象的三种主要目标公众外，还有若干其他公众也是非常重要的，如政府公众、金融公众、竞争公众、名流公众、国际公众和社区公众等。

1. 政府公众

政府公众是指社会组织与政府沟通的具体对象，包括政府各行政机构及其工作人员。政府公众是特殊的公众群体，它是综合协调、宏观调节社会组织行为的权力机构，是社会组织与外部公共关系中最为重要的关系之一。

良好的政府关系，能够为社会组织的生存和发展争取良好的政策环境、法律保障、行政支持和社会政治条件。因此，任何社会组织都必须高度重视并努力改善与政府的关系。

2. 金融公众

金融公众是指各银行结构及其工作人员。没有银行的支持，社会组织的业务、经营活动就举步维艰，难以生存和发展，因此，社会组织必须与金融界保持良好的关系。

3. 竞争公众

竞争公众是指社会组织与自己的竞争对手。竞争公众的竞争要遵循相关的法律法规。良好的竞争关系，是社会组织在市场经济条件下的一种良性竞争，并且使社会组织之间能够在相互竞争中共同提高和发展。

4. 名流公众

名流公众是指对社会公众舆论和社会生活中具有较大影响力和号召力的人物。他们数量少，但影响力很强，这类公众往往是社会组织努力争取的对象。社会组织借助于名流人物的知名度、影响力扩大组织的公众影响力，提高社会组织在社会公众的地位。

5. 国际公众

国际公众是指一个组织的产品、人员及其活动进入国际范围，该组织所面对的不同国家、地区的公众对象，包括政府、媒介和顾客等。世界经济的全球化，势必使我国的社会组织在生存、发展和竞争中要面临国际公众。

建立良好国际公众关系的目的，是争取国际公众和舆论的了解和支持，为社会组织塑造良好的国际形象，实现社会组织效益的最大化，使社会组织获得一个良好生存和发展的国际环境。

6. 社区公众关系

社区公众是指社会组织所在地区的公众对象。社区公众关系是社会组织赖以生存和发展的基本前提。社会组织要发展和建立良好的社区公众关系，要争取社区公众的了解和支持，为社会组织的发展创造一个稳定的生存环境。

发展和建立良好的社区公众关系，也体现出社会组织对自己所在地区的责任和义务；同时社会组织通过社区公众关系扩大自己的区域性影响，提高社会组织的公众形象。

不同社会组织应该根据自身的特点、类型和所处的不同阶段及工作需求，确定和具体分析社会组织的目标公众。

第三节 公共关系中公众的心理

小贴士

马斯洛需求层次理论是行为科学的理论之一，由美国心理学家亚伯拉罕·马斯洛在1943年在《人类激励理论》论文中所提出。书中马斯洛认为，个体成长发展的内在力量是动机。而动机是由多种不同性质的需要所组成，各种需要之间，有先后顺序与高低层次之分，每一层次的需要与满足，将决定个体人格发展的境界或程度。他将人类需求像阶梯一样从低到高按层次分为五种，分别是：生理需求、安全需求、归属需求、尊重需求和自我实现需求，如图3-1所示。

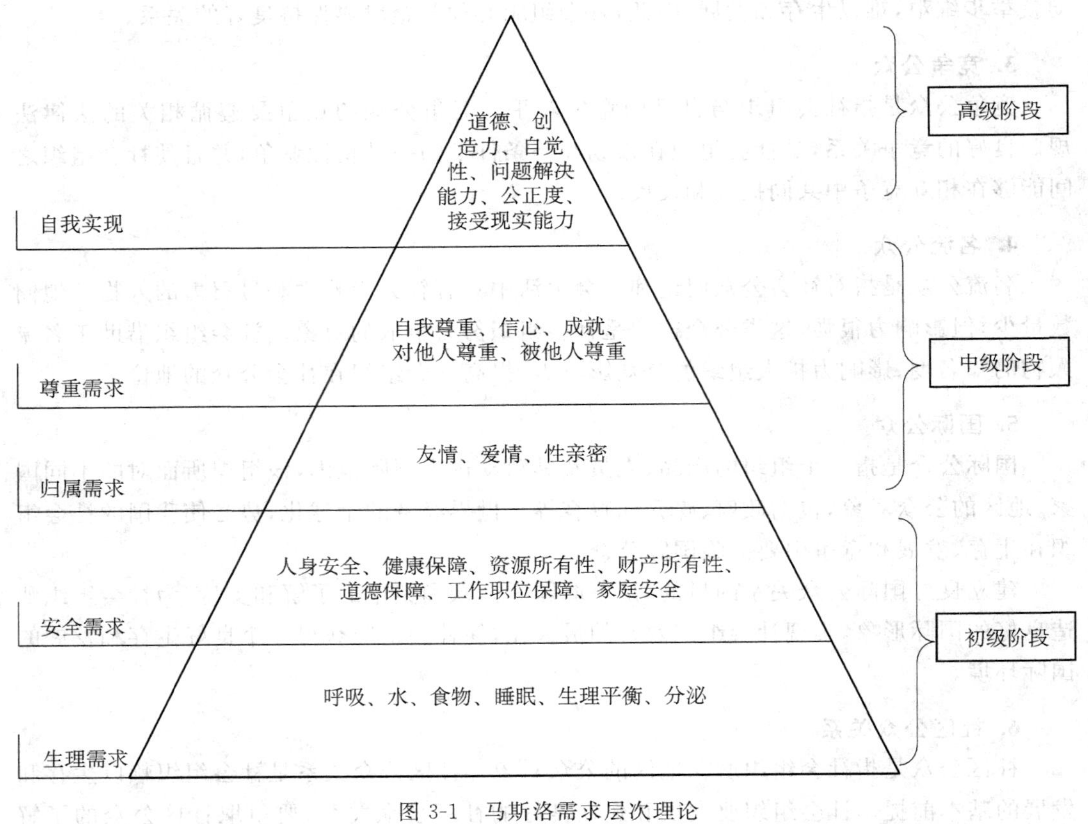

图 3-1 马斯洛需求层次理论

一、公众的心理倾向

公众并非是被动地接受组织的信息，而是具有主观能动性的。公众的这种能动性发挥得越好，他们参与意识和实际介入程度越高，公关活动也就越容易成功。公众的参与和介入通常有以下五方面：喜欢与否、需要与否、值得与否、能够与否、实行与否。而这五方面与下列五种心理倾向有密切的联系。

（一）公众的兴趣

兴趣是人脑对特定事物的特定反映，它表现为个人渴望深入探究某种事物，并力求参与该种活动的意向。兴趣对一个人的动机和行为模式有重要的影响。在某种程度上可以指导一个人的行为。正如孔子所说：知之者不如好之者，好之者不如乐之者。公关人员要善于观察、发现不同公众在不同时间和地点的不同兴趣和爱好，投其所好才有利于提高公关活动的效果。

（二）公众的需要

需要是人们对某种目标的渴望和个体的欲望，是人缺乏某种东西或受到某种刺激时产生的一种主观状态。不同的人有不同的需要，同一个人在不同的时间和场合也有不同的需要。美国心理学家马斯洛的“需求层次理论”，将人类的需要由低到高分为五个层次：生理需要、安全需要、社交需要、尊重需要和自我实现的需要。但是人类的需要是发展的，不一定严格按照这种顺序。在现实生活中，随着社会的进步，每个人的需要是千差万别的，但在某一特定时期里，每个人都会有他最迫切的需要，我们称其为优势需要，作为公关人员要及时了解和满足公众的优势需要，以赢得公众的支持和依赖。

（三）公众的价值观

价值观是一个人对周围事物的是非、好坏、善恶和重要性的评价。它是决定人的态度和行为的心理基础。国家和民族不同，宗教信仰或社会制度不同，往往会产生不同的价值观。在相同的客观条件下，价值观不同的人会产生不同的行为。

在开展公关活动时，要注意针对性。我国加入WTO后，组织要在国际范围内，与更多的人打交道，所面临的环境更为复杂。因此，公关人员要加强学习，只有具备了全面的知识面，学会与不同价值观的人打交道，求同存异，才能取得更多公众的支持。

（四）公众的自我倾向

公众中有的是主观自我倾向占主导地位，有的则是客观的自我倾向占主导地位。主观自我倾向就是强调自身的主体地位，经常考虑“我想怎样”“我要怎样”；而客观的自我倾向则更多强调环境的制约作用，“我应该怎样”，“我能怎样”。这两种自我意识、因人而异，因时间和地点不同而异。而公众的这两种自我意识都可以通过对某件事的认识、评价，以及他们的态度反映出来。作为公关人员，要了解公众的自我倾向，还要努力引导公众，使公众的态度与评价向着有利于组织的生存与发展的方向转化，通过与消极态度的公众沟通与交往，化干戈为玉帛。

（五）公众的决策倾向

不同的人，以及同一个人在不同的场合，对于某件事的决策也会表现出不同的特点。以顾客的购买行为为例，有理智型、冲动型、习惯型、不定型等几种决策倾向。作为经营者，要与各种各样的顾客打交道，如果能及时准确地判断出顾客的购买行为，则有利于交易的成功，提高营销活动的效率。

从公关角度，作为公关主体的社会组织，应该针对不同的收入阶层，不同的职业和文化水平，以及不同的性别和年龄段的消费者，采取积极主动的公关策略，不失时机地引导和推动消费者的需求。

二、公众的心理定式

公众的心理定式，是指在一定社会条件下，由人与环境相互作用而出现的公众对于某一对象(人、事、物等)的共同的心理状态与一致的行为倾向。

心理定式有时会产生积极作用，但很多情况下会造成消极的影响。在公关活动中，在与人交往的过程中，如何利用心理定式，如何对待和处理公众的心理定式，具有十分重要的意义。

（一）首因效应

首因效应，又称首次效应，是“第一印象”的意思。在公关活动中，公关人员与人打交道要十分注意自己的仪表和形象，给人以良好的“第一印象”，这是很有必要的；反之，与人交往，又不能犯“第一印象”的认识偏差，避免“第一印象”可能造成的错误判断。

首因效应不仅仅来自直接的接触，很多情况下也来自传播媒介的间接影响。因此，开展公关活动，还应注意传播媒介的特殊功能。要从一开始就十分注意，让自己的组织在各种媒体上树立一个良好的形象，造成不能疏忽。因为很多媒介的传播速度快、覆盖面广。

（二）近因效应

近因效应是指最后给人留下的印象往往会形成的影响。如文艺演出，放在最后的一个节目往往是最好的，也是最能吸引观众的，俗话叫“压轴戏”。同样道理，搞公关活动，在活动结束时，要搞得别具一格，气氛热烈一些，就要注意结尾的高潮部分，一项公关活动如果“虎头蛇尾”，那往往会失败。与首因效应一个道理，了解公众也不能受近因效应的过分影响。

（三）晕轮效应

在刮风天气之前的晚间，月亮周围出现一个大圆环，称为月晕，又称晕轮。月晕是月光照在带水分的空气上造成的一种特殊的光学效应。由于这种效应，使人们看不清月亮本来的面目。“晕轮效应”就是由此引申过来的，用以表示主体对认知对象的一种认知偏差倾向。这主要表现为“以木为林”，以偏概全的心理定式。“晕轮效应”也有正面和负面两个方面的影响。

作为公关人员，完全可以利用人们这种认知偏差，策划并开展一些公关活动。如北京的一些仿膳饭店，强调“皇帝吃过的饭菜”，使顾客形成一种强烈的先入为主的印象，认为皇帝吃过的饭菜肯定不会错，因此吸引了大批的中外游客前来品尝。

（四）社会刻板印象

由于地理、政治、经济、文化等条件不同，人们往往对不同的人群形成一种较为固定的看法。这种判断未必有充分的理由，但却在很多场合左右着人们对不同人群的评价和人格判断，这就是社会刻板印象。

社会刻板印象也是一种以偏概全的思想方法，因为它只凭一些过去的经验，或是沿袭下来的看法，以有限的信息得出较为普遍的结论，当然容易出现偏差。由于刻板印象的存在，阻碍了人与人之间的正常沟通。因此，公关人员与人打交道时，好以学历高低为根据去判断人的水平高低。切忌只凭职业、地区、性别等方面的已知经验，把人分为豪爽、细腻、粗鲁、诚实等品质类型。

（五）定型效应

定型效应也叫定型作用或经验效应，是指公众个体要对对象进行认知时，总是凭借自己的经验对对象进行认识、判断、归类的心理定式。也就是说，人们在认识他人或他物时，会自觉不自觉地根据自己的经验产生一种心理准备状态，这种准备状态使他对对象会作定型或定式分析。

由于定型效应在公关活动中广泛存在，所以公关人员应注意利用定型效应：一是要利用公众的定型效应巩固自己组织在公众中的良好形象；二是要注意一旦因为某事或某人使自己组织在公众心目中的形象受损，就要往往改变人们的定型模式。

（六）移情效应

移情效应是指人们在对对象形成深刻印象时，当时的情绪状态会影响他对对象本身及其关系者（人或物）的评价的一种心理倾向，即把对特定对象的情感迁移到与该对象相关的人或事物上，引起他人的同类心理效应。移情效应首先表现在“人情效应”方面，即以人为情感对象，并将自己的情感迁移到他人身上的效应。还表现为由人情而达到的“爱屋及乌”，即由于爱某人而爱及他的一切。同时还突出地表现在人们之间的情绪感染方面，即人的喜怒哀乐等情绪往往会影响周围的人，从而产生情绪迁移。

例如现代广告的“名人效应”就是一种移情效应的运用。乔丹为耐克鞋做了代言人以后，乔丹的 fans（追随者们）都争相购买耐克鞋。由于移情效应的作用越来越大，所以公关人员要自觉利用移情效应，充分调动公众的良好的情感体验，有效地开展公关活动。

课堂实践

1. 实践内容：根据自己所处环境，调查与分析目标公众对社会组织生存与发展的作用和意义。

2. 实践的目的：通过对社会组织目标公众的调查，分析出目标公众的状况，运用公共关系的手段和方法，制订相应的公共计划和策略，协调好两者之间的关系，达到共赢的目的。

3. 实践环节：设计社会组织目标公众的调查问卷，以事实为依据，客观地有针对性地进行调查研究，注重社会组织与目标公众之间的需求和利益关系。

4. 技能要求：问卷结构要科学合理，注重事实，操作简洁易懂。

拓展阅读

百度十康师傅：用年轻人的方式搞定年轻人

数字化、移动化、社交化的时代变迁，造就了“85 后”“90 后”新的年轻一代，如今他们已经成为社会经济消费的主流，也成为品牌广告主营销影响的主要目标受众群，然而传统的营销理念、方法和模式正在这群年轻人身上失效并且失控，如何洞悉并抓住年轻人需求，感受他们的梦想与焦虑，调动他们的参与感与存在感，成为检验品牌是否年轻、营销是否有效的重要标尺。

同时，在移动营销的时代，由技术带来的全新的营销方式成为新的趋势。如何借助科技的力量提升营销的效能，丰富营销的方式，也是企业CMO们都在关注的话题。

近日，百度与康师傅的带来了一次基于LBS技术的营销实验，实现了康师傅绿茶4亿次的品牌活动曝光，超过1087万人参与其中。这或许对于正在探索中的营销人们有新的启发。

品牌营销如何搞定年轻人

年轻盟最新推出的《年轻攻心术——年轻盟白皮书》指出，2015年，"让年轻人搞定年轻人"是大势所趋，年轻人的"轻"流感正在入侵整个营销行业，"由年轻人为品牌营销"的新时代正在开启。对品牌而言，走近年轻人的最好方法，就是让他们牵起你的手。

在近两个月内，康师傅绿茶与百度地图联手推出了一场"绿动健康走"的接地气营销活动，真正的跟年轻人玩在了一起。一方面，康师傅绿茶借助百度地图这个移动端入口级产品，切入"移动APP+O2O情景营销"，利用步行导航实时记录年轻人步行活动，倡导低碳环保健康出行的生活方式，向亚健康说不，传递品牌价值观；另一方面，为调动年轻人参与，百度地图引入康师傅绿茶人气代言人李易峰真人语音导航，借助明星效应刺激用户通过步行公里数来累积"茶多分"兑换运动手环以及Apple Watch，引发主动社交分享行为，从而捕捉更多用户参与。

康师傅绿茶与百度地图打造的"绿动健康走"活动，在年轻人群体中被引爆流行的核心是有效把握住了"用年轻人的方式搞定年轻人"这一原则，抓住并回应了族群痛点、有效激发了共鸣。对于"80后"和"90后"来说，更加快节奏的生活以及来自学业和工作的压力，让他们长期处于亚健康状态，再加上逐渐恶化的环境，雾霾的加重，年轻群体开始追求更加健康的生活方式，健步、骑行、爬山、城市马拉松等户外活动正在成为年轻人的流行生活方式的一部分。此外，智能手机等移动互联网的大行其道，使得年轻用户对信息的接收更注重体验、交互与实时感知，更强调场景化中的社交。

一场LBS技术营销的实验

技术已经成为连接媒介、场景、品牌和消费者的最为内核的要素，为营销带来巨大驱动力。所有的品牌营销人都知道无线端营销是趋势，而且必须“玩出花样”，但怎么玩却常感困惑。其实，移动营销的成败在于对场景化 APP 平台的有效切入和选择，同时如何通过技术驱动实现品牌信息创新植入才是关键。

本次活动中，百度地图通过 LBS 技术，完美地帮助康师傅实现了“绿动健康走”全记录：百度 LBS 技术精准记录参与者的每一步，无论下班回家或是外出游玩，只要打开地图步行即可参与；通过 LBS 专有技术实现地标系统中植入康师傅绿茶品牌，使参与者无论看电影或是吃饭途中都可以直观感受品牌露出，为康师傅聚拢极高的人气；大数据统计步行距离，通过“茶多分”积分兑换奖品，对用户产生更强的参与黏性。

据悉，康师傅绿茶与百度地图在移动出行领域跨界打造的全新营销互动体验玩法，既对地图的商业化变现提供了新思维，也对其他品牌主来带启示，而百度地图未来也将在骑行、室内导航、O2O 等场景领域开展更多的营销创新尝试。

无线营销怎么破：占据技术制高点

在 2015 年一季度，百度来自移动端的营收首次在总营收中占比达 50%，这已经是百度移动收入连续五个季度实现快速增长，这既源于百度无线端营销能力的持续增强，品牌广告主的预算在逐步向移动端迁徙，更重要的原因是百度在无线营销领域的技术前瞻、积累和创新应用为广告主营销提供了更多落地玩法。此次百度地图与康师傅绿茶的实践，就是百度众多技术驱动下的创新营销案例中的一个。

此外，移动互联网时代，技术对于营销的驱动作用越来越明显。因为技术将带来更丰富的展现和交互方式，也给营销更大的展现空间。因此，是否能够引领移动营销的趋势，关键在于是否占据了技术制高点。近两年，百度在技术方面大手笔持续地投入，带来

LBS、语音识别、图像识别、人脸识别、大数据等方面的全新突破，这些创新技术的应用不但可以大大提升消费者的使用体验，而且可以实现品牌广告主与消费者跨平台、跨场景的情境营销沟通互动，为无线技术营销提供了充分想象空间。

资料来源：中国公关网．百度＋康师傅：用年轻人的方式搞定年轻人[EB/OL].(2015-08-21). http://prmagazine.com.cn/templates/T_Second/index.aspx?contentid=10658&nodeid=42&page=ContentPage.

第四章

公共关系的传播

学习目标

1. 了解公共关系传播的概念；
2. 了解公共关系传播的基本要素；
3. 掌握公共关系传播的方式、传播类型及传播媒介。

技能要求

1. 理解公共关系的传播沟通方式；
2. 通过对理论的学习，掌握传播沟通方式的选择依据；
3. 在实际工作熟练运用传播的沟通方式。

引导案例

"周一见"，给发起它的纸媒上了尴尬一课

来自娱乐圈的绯闻，本周末最为壮观，更创造了"周一见"这样的热门话题，文章夫妻危机，第三者姚笛的种种传言和事实都在微博爆炸，微博的媒体属性强调无疑。周日晚间，周一凌晨0点，明星文章和妻子马伊琍的两条分别是"认错"和"原谅"的微博，更把此时推向高潮。与此同时另一个最早爆出猛料的南都娱乐周刊却陷入了新的尴尬，死守周一的杂志怎么办？事实上在社交媒体时代，没有什么新闻是可以捂住两天的。

这也引发了很多人对于传统纸质媒体生存状况和行业窘境的讨论，大家都看到，明天出街的所谓杂志独家已基本失去价值。网络时代无独家，纸媒总是慢一步，已是事实。南都娱乐周刊自己也发官方微博调侃和自嘲说："本刊预告（媒体注：这里指'周一见'）始料未及地成为2014娱乐第一热词，令我们感触颇深。传播方式的变化深刻改变着媒体与读者的关系，新的媒介环境下南都娱乐如何能在每一个周一与你相见时不负期待，是我们正在认真思考的课题。"

知名投资人王冉说："此刻，我忽然很同情南都娱乐。在今天这个按键发送即成新闻的时代，你连你自己爆出的新闻都追不上了。"

案例点评：

公共关系传播是公关活动的基本内容和手段，是联系公共关系主体与客体的桥梁和纽带，是连接社会与公众的中介。从本质上讲，公共关系就是组织与公众的信息交流过程，其实质是一种传播关系，它是公共关系的基本要素，这就决定了传播的重要性。没有传播,就不可能建立良好的公共关系。正像美国公共关系专家赛特尔所说:"专业化公共关系之核心,在于通晓如何传播。"因此,掌握传播这个关键的要素是公共关系工作所必需的。

虽然媒体不断在演进,但因为媒体特点不同,每一种媒体在面临这样的大新闻时各有特长,又互为补充,读者对不同媒体也都各有需求,大事件面前,各种媒体形态各显神通,还远没有到谁替代谁的地步。因此,公共关系的传播和沟通是公关过程中必不可少的重要工具,是公关关系人员进行公关活动的重要媒介和支撑。

资料来源:中国公关网."周一见",给发起它的纸媒上了尴尬一课[EB/OL].(2014-03-31).http://www.chinapr.com.cn/templates/T_Second/index.aspx?nodeid=19&page=ContentPage&categoryid=0&contentid=6616.

第一节 传播含义及其构成要素

一、传播的含义

"传播"一词源于英文 communication。传播广义上是指人类社会、生物界乃至整个自然界的一切信息传播现象,如人与人之间语言、文字的使用,动物世界中色、味、声、光的传递,电子技术中符号图像的传播,等等。但我们这里研究的是狭义的传播,一般意义上的理解是指人们在交往过程中将信息进行传递、接受、共享和沟通的过程。

公关活动中的传播是指社会组织通过符号、图像和媒介,将自身的信息和观点有计划、有组织地与公众进行传递相交流的过程,使公众在观念、思想、态度、行动等方面发生相应变化,树立组织在公众心目中的形象,以此提高社会组织的知名度、美誉度与和谐度。理解公关传播的含义,要准确把握以下几个要点。

(1) 公关传播的主体是社会组织,而不是个人,也不是职业性的信息传播机构。

(2) 公关传播的受众是目标公众。目标公众是一个构成复杂、范围广泛的群体,通常分为两个部分:一是组织内部公众;二是与组织构成某种特定联系的外部公众。

(3) 公关传播是沟通组织与公众的桥梁。社会组织在与公众联系时,主要是通过传播媒介进行的。社会组织通过传播媒介把政策和意图传递给公众,公众的意向、愿望也同样需要通过传播媒介反馈到社会组织。只有传播才能担负起这种双向交流传播信息的职能。

(4) 公关传播的内容是信息或观点。公关传播就是把社会组织的观点和其所制定的政策、方针,与公众进行交流。它的一个很大的特点就是共享性,将少数人享有的信息与观点通过媒介手段向公众进行传播,使公众得以共享。

(5) 公关传播的手段是各种媒介的组合。社会组织需要运用传播媒介向公众进行信息或观点的传递。通常情况下,对所选择媒介的基本要求是影响范围广泛、传播速度快。

二、传播的要素

公关传播有以下一些基本要素构成。主要指信源、信息、信道、媒介、信宿以及编码、译码、反馈等,这一类是任何传播中都必不可少的要素。

1. 信源

信源在传播学上又称为传播者、发信者。在公关传播中,信源既可以指某个社会组织,又可以指代表社会组织的某一个人。比如,在新闻传播中,记者、编辑都可以看作是信源;在公共关系工作中,公关人员向外传递信息时就是信源。

2. 信息

信息也可称作讯息。信息是指传播的内容及其表现形式的综合。在公关传播中,传播的信息有多种多样的表现形式,如文字、声音、图像、照片、模型等。例如,某公司产品在国际博览会上获金奖,公关人员需要将这条信息传播出去。那么,"获金奖"的事实本身是内容,将它写成新闻报道,其符号是文字。

3. 信道

信道是指信息传递的渠道或途径。在公关传播中,如果要举行新闻发布会,其信道就是以声波通信、综合传递等为主。

4. 媒介

媒介是用以记录、保存并可再现、传递信息的载体。在公关传播中,常用的媒介有广播、电视、网络、报纸、杂志等。

5. 信宿

信宿在传播学中亦称为受传者、传播对象或受众(即读者、听众、观众总称)等。信宿是信息传播的归宿、目的地,也是信息的接受者。在信息传播中,信源(传播者)和信宿(受传者)的地位应该是相互的,而不应该是不变的。

6. 编码

编码就是传播者为了使传播内容易于被传播对象理解和接收,根据传播对象、信道和媒介的特点,按一定的规则将传播内容编制成信息系统的过程。在公关传播中,编码工作是十分关键的,它直接影直接影响着传播效果。

7. 译码

译码则是受传者(听众观众、读者等)收到信息后,将信息译为自己能理解或接受的内容的过程。公关人员发出去的信息是否能为公众接收,接收后是否为公众准备理解,这就要看传播者的编码能力和受传者的译码能力。

8. 反馈

反馈是传播过程中的信息回流,是信息传播者对受传者接受传播者原先发出信息所作出的反应的了解过程。在公关传播中,传播者可以根据反馈检验前一段传播的效果,并据此修整计划、改进工作。

三、公共关系传播的作用

公共关系传播可以分为自发传播与自觉传播两种。自发传播是未对信息内容加以筛选，对传播过程未加以控制的自由式传播；自觉传播则是根据公共关系目标对传播内容加以精选，对传播过程进行有意识的策划和控制的传播。为此，自觉传播必须对传播媒介进行有效的运用，以提高传播的效果。

公共关系的传播媒介既有大众媒介（广播、电视、报纸、杂志等），又有群体媒介（新闻发布会、联谊会、茶话会等）和人际媒介（具体的个人），既有符号媒介（掌声、姿态、图画等），也有实体媒介（公共关系礼品、购物袋、象征物等）和人体媒介（社会名流、舆论领袖、新闻人物等）。由于是在有意识、有计划地开展各种信息传播活动，因此这种自觉的传播活动比自发传播要高效得多，因为它一方面减少了中间环节，提高了信息传递速度；另一方面也减少了信息噪声和干扰因素，提高了信息的真实程度，有利于防止信息在传递过程中受到损耗和失真。

第二节 语言文字传播方式

语言是思维的外衣，是人类独特的发明，也是迄今为止最重要的传播方式。在公共关系领域中，语言传播方式，仍占有举足轻重的地位。善于语言表达，是公共关系人员的基本素质要求。

一、口头语言与口语传播

口头语言是一种有声语言，即人说出的话。口头语言是人类长期社会实践活动中自然形成的语言。大约在25000年前，人类就已会讲有音节的语言了。口头语言的产生，对人类传播来说，具有极其重要的作用。有了语言就能积累复杂的经验，掌握复杂的事物，使传播的内容更深刻、传播的范围更广泛，使社会更细的分工成为可能，使人类由混沌走向开明、从愚昧走向科学成为可能。口头语言传播的特点是：灵活多样、反馈及时、亲切自然、效果明显，具体形式有以下几种。

（一）单向直接口头语言传播

单向直接口头语言传播是指参加传播的双方中，一方主动施加影响，另一方被动接受影响的、面对面的口头语言传播。传播者是一人，而受传播者可以是一人，也可以是众多人，如演讲、说服、讲授、推销等。

从这种传播的形式的特点看，传播的成功取决于传播者运用语言的能力和对接受者了解的程度。因为要运用口头语言在短时间内面对面向听者传播信息，你的传播不仅必须构思新颖、生动活泼，而且必须对听者有益。有益，才会从根本上接受传播。

所以在传播前，尽可能多地了解你的传播对象，如他们的渴望、需求、愿望、性情、习惯、文化等；在传播中，察言观色、投石问路，从听者的表情、氛围得到反馈，随时调整传播内容和改换传播方法。

在口语传播中，还可辅之以动作、表情、手势等，使传播增色。但是，既然是口头语言传播，重要的还是言语技巧。掌握言语技巧，可以吸引听者的注意力、让混乱或烦躁的听者静下心来、吸引听者支持你的观点、最终说服对方。言语技巧约有以下几种。

1. 注意语调

语调是言语声调的高低变化，语调能反映出说者的内心世界，表露出情感和态度。

当人生气、惊愕、怀疑、激动时，语调一定不自然。从语调中，听话者可以感到你是一个令人信服、幽默、可亲可近的人，还是一个呆板保守、具有挑衅性、好阿谀奉承或阴险狡猾的人；语调同样也能表现出说者是一个优柔寡断、自卑、充满敌意的人，或是一个诚实、自信、坦率以及尊重他人的人。

语调得体，节奏鲜明，会给说话打上无形的标点符号。无论谈论什么话题，都应保持说话的语调与所谈及的内容相互配合，并能恰当地表明你对这一话题的态度。

2. 注意发音

人们说的每一句话、每一个词乃至每一个字，都有最基本的语音，并加以语调。正确的发音，有助于准确的表达。相反，错误的发音不仅无助于准确的表达，而且还会造成一系列后果。国家大力推广普通话，中小学花大力学习汉语拼音，学习朗读，目的就在于正确、准确地表达。遗憾，很多人发音错误并养成发音错误的习惯。必须按照正确的普通话语音发音并形成良好的发音习惯。

3. 不要发音刺耳或过多地用鼻音

个人的声音有一个区域称为音域。音域的可塑性很大，或高亢或低沉或单纯或浑厚，人们会随着言语内容不自觉地变换。特别是气愤、激动、紧张时，发音尖细，听着刺耳。而说者却不能自知，更无从纠正。例如，有人一激动就声如孩童，有人一生气就声嘶力竭、声如破锣。对这样的声音，大多数人天生反感。另一类说者，经常发出“嗬”“嗯”的声音，或表示思索或表示深沉，殊不知，在听者听来十分消极，毫无生气。因此，应当少用鼻音。

4. 控制说话的音量

现代办公环境中，力戒大声喧哗，讲究安静、严肃、和谐。而有些人喜欢争辩，说着说着、就加大声音，如同呼喊。其实，人的威慑力与影响力，和他的嗓门大小无关。大声吆喝，除了造成反感，一无所长。因此，应当学习控制音量，学习从容不迫。

5. 注意说话的节奏

节奏，是说话时发音与停顿而形成的强弱和长短的周期性变化。即语音的顿挫和快慢。如果不讲究节奏，会使说话单调乏味。

（二）双向直接口语传播

双向直接口语传播，即说话者双方轮流向对方发出信息，给对方施加影响的面对面的口语传播。如对话、谈判、论辩等。技巧如下。

1. 把握谈话的目的

传播时，一刻不忘目的性，方法可以灵活多变，而目的必须贯穿到底。不能变换或不顾目的。不能争辩枝节问题而忽略根本问题。

2. 创造良好的氛围

谈话前，应当精选适当的时机、时间和地点，以利于双方心理安适。开始谈话，先从关切对方话题切入，有一个短暂却又温和的过渡，然后才是正题。正题即便观点相反，也无须剑拔弩张、咄咄逼人，而应始终保持平和语气。

3. 了解对方

知己知彼，百战百胜。与之对话，就必须了解对方的心理、感情、个性、人品和最近的心态、观感等，对症下药，以利于谈话进行，目的达到。而不能由着自己的兴趣滔滔不绝，全然不顾对方的感受。

4. 注意倾听

对话是双方的，是互利互动的。听和说相辅相成。一方说之，另一方就听之。认真倾听的好处，一是能有效了解对方说话内容；二是能给予对方支持和鼓励，对方认为你尊重他的为人，重视他的谈话内容。之后，他会以同等态度回报于你，在你开口时，同样尊重你、支持你。

（三）间接口语传播

间接口语传播，即双方通过中介物而进行的口语传播。如捎口信、打电话。特点是双方不见面。不能见到表情动作，或不能听到语调节奏。这种传播，讲究字斟句酌，马虎不得。中介物如果是电子装置，那么讲究选择高技术含量的，如果是人，那么讲究可靠的人品。

案例

听的艺术

美国知名主持人林克莱特有一天访问一名小朋友，问他说："你长大后想要做什么呀？"小朋友天真地回答："我要当飞机的驾驶员！"林克莱特接着问："如果有一天，你的飞机飞到太平洋上空所有引擎都熄火了，你会怎么办？"小朋友想了想："我会先告诉坐在飞机上的人绑好安全带，然后我挂上我的降落伞跳出去。"

当在场的观众笑得东倒西歪时，林克莱特继续注视着这孩子，想看他是不是自作聪明的家伙。没想到，接着孩子的两行热泪夺眶而出，这才使得林克莱特发觉这孩子的悲悯之心远非笔墨所能形容。于是林克莱特问他说："为什么你要这么做？"小孩的答案透露了这个孩子真挚的想法："我要去拿燃料，我还要回来！"

这就是"听的艺术"。一是听话不要听一半。二是不要把自己的意思，投射到别人所说的话上头。要学会聆听，用心听，虚心听。

资料来源：食品论坛，21 个最经典的职场励志寓言小故事[EB/OL].（2012-11-9）. http://bbs. foodmate. net/thread-597001-1-1. html.

二、笔头语言与文字传播

文字传播是以笔头语言为传播手段的传播方式。文字传播是口语传播的高级延续。

（一）特点

文字传播打破了时间和空间的障碍，传得远、传得久。所以，文字传播是现代社会不可缺少、普遍运用的传播方式。

（二）方式

1. 大众传播中的文字传播（报刊）

报刊的主要优点是容量大，保存信息的力量强，读者选择有主动性。主要缺点是时效性远逊于广播电视，缺乏图声并茂的生动感，读者必须具有一定的文化程度。这样，读者就有了一定的限制。

2. 图书资料

1）图书

图书即书籍。它是作者独立完成的、经印刷公开出版而广泛传播于社会的著作、作品。图书的传播技巧如下。

(1) 分析读者，要分析读者的意愿（如浏览还是专攻）、构成（如年龄、性别、阅历、知识水平）。

(2) 确定目的，比如是宣传目的还是说服目的。

(3) 确定主题。主题是你在说明事物、阐述道理、反映生活时，通过全文所表达出来的基本观点或中心思想。形成主题是从生活到头脑，表达主题是从头脑到文字。

(4) 搜集和运用材料。搜集和运用材料的方法有观察、体验、阅读、筛选等。

2）资料

资料是从广泛的社会生活和众多图书报刊、档案信息中采集搜括、查询而得的编写成篇的原始材料或粗加工成册的图书。常见的有大事记、年鉴、手册、指南、汇编、索引、目录、内参等。

三、信息语言与电子传播

随着信息技术的发展，手机和电话已经成为人们生活中的必需品，作为公共关系人员，能够熟练使用手机和短信进行沟通时必须掌握的基本技能，也是未来公共关系发挥作用的趋势。

（一）短信微信沟通

短信、微信沟通已成为人们常用的沟通渠道。所以短信微信被越来越多的咨询公司员工作为开拓业务、维系客户关系常用的沟通手段。在沟通中应注意以下几个方面。

1. 选择适当的时机

发送手机短信或微信应抓住几个恰当的时机：刚通完电话时候，感谢客户并提醒通话要点；刚发完邮件的时候，提醒客户接收邮件；刚接完客户的咨询电话，回复客户的某个有兴趣的话题或问题……

2. 短信微信的内容设计

1）信息要精心设计

有时候朴素的语言更能打动客户的心，要选择与客户有关的内容，编发简短的祝福或问候语，精简不乏温馨的问候中给客户留下好的印象。

2）应保持内容的健康

一定不要给客户发送一些格调不高的笑话、俏皮话，那样会引起客户的反感，即使与客户的私交很深，也一样要慎重使用。

3）短信的频率

不要经常向客户发促销业务的短信，因为这会给客户带来不必要的压力；频繁发送促销业务的短信还会干扰客户的正常生活，引起客户的不快，反而适得其反。

4）署清自己的姓名

在最初与客户交往中，客户对你的手机号码比较陌生，因此一定要在信息的后面署上自己的姓名，让对方知道是谁给他发的信息。即使是较为熟悉的客户、同事、朋友，只要他们记不住你的手机号码，就一定要在信息的后面署具自己的姓名，让对方知道是谁给他发的信息。

案例

为什么一段视频会演变成康师傅的公关危机？

8月2日，一段台湾导游的“灭顶运动”视频刷爆了朋友圈和微博，并在微信的各个群里分享着，视频的内容，就是一位台湾女导游在巴士车上的一段话，核心内容就是说康师傅的质量问题，其中一句话印象深刻：“康××在大陆使用的馊水油数量是台湾的56倍。”此外，还有“灭顶运动”这个词。

尽管这段视频并不是来自电视台的暗访报道，但却引起巨大反响，进而直接导致康师傅的市值2天损失30亿港币。而康师傅在次日的声明中更是措辞强烈地认为“社交媒体已沦为谣言的温床”。为什么台湾女导游的一段视频能给康师傅造成如此大的公关危机？这段视频到底是怎么流传到大陆的？

专业人士猜测可能是某位大陆游客到台湾旅游，无心之下录制的，然后发到了微博或微信上。没想到，短短几天，引爆了社交媒体。在微博上看到，这条视频被不少名人转发，可能是引爆点。而由于微信的封闭性，无法统计这条视频的点击率，有媒体报道说“这段2分钟的视频影响人数超过300万”，不知道数据是从哪里来的，但从侧面也能说明确实是火了。

然后，康师傅着急了，因为这段视频，其股价从8月3日至8月4日连续下跌，市值损失超过30亿港元。8月3日，康师傅在官方微博进行回应，措辞严厉，直指“社交媒体沦为谣言的温床”，并称台湾所谓“馊水油”从未向大陆出口并使用过，公司已向警方报案，提请司法介入调查。

到底康师傅有没有问题？这段视频的疯传有什么背后的意义呢？

专家认为，微信这样的高频应用在连接一切的同时，已经把信息传播的速度从“声速”

提高到了"光速"。传播介质和用户对信息需求的变化是这段视频疯传的主要原因。

先把传播环境分三个阶段:没有微博前,只有微博,微博和微信都有。

第一个阶段,没有微博前。你会发现,在没有微博这样巨大用户数量级的社交媒体平台之前,博客和论坛都是推荐机制,其实和电视台和报纸一样,编辑在各种传播事件中的作用巨大。中心化和单向输出式的门户新闻,把控起来比较容易。

第二个阶段,微博出现之后,作为一直读书看报的新一代突然发现,以前相信的很多故事其实是假的,原来每天有那么多各种奇葩的事出现,尤其是从博客迁移到微博的一批人隔三岔五就能搞点事,然后又火了一批草根。"@"和"转发"的功能,让信息传播变得操作更加"傻瓜"。

第三个阶段,微信出现了。微博继续扮演着广场角色,并带有浓烈的媒体属性,而微信则开始以"连接一切"为宗旨,成为人与人(点对点、一对多)、人与企业、人与商品、线上与线下等多个身份之间沟通的媒介。"发送给朋友"和"分享到朋友圈"两个功能,让信息在更私密的微信上传递更为快速,且是几何倍数式地增长。信息传递的深度则是微博的好多倍,基本可以实现"口口相传"和"事传千里"的效果。

随着智能手机的普及、4G网络的布局和WIFI的普遍使用,视频在人与人、手机与手机、微信与微信之间传播的速度明显加快。另外,传播媒介变化的同时,用户的需求也发生了变化,以前是对资讯的饥渴,后来遇到了信息沙漠,如今是对现场感的需求越来越强烈。大家本能地已经认为媒体的报道都是经过"事实选择"或"添油加醋"的,只有当时的视频或图片才能满足我对真相的渴求,反而越粗糙的内容越受欢迎。同时,造谣的成本越来越低。这对做公关和传播的人来说,都是一门新课题。

资料来源:中国公关网. 为什么一段视频会演变成康师傅的公关危机[EB/OL]. (2015-08-10). http://www.chinapr.com.cn/templates/T_Second/index.aspx?nodeid=19&page=ContentPage&categoryid=0&contentid=10556.

(二)手机电话沟通

现代社会,各种高科技的手段拉近了人与人之间的距离,即使远隔天涯,也可以通过现代通信技术近若比邻。事实上,我们在日常的沟通活动中,借用的最多的工具就是手机电话。电话在当今世界已经与人类的日常生活息息相关,不可分割。

1. 手机电话在商务活动中的作用

手机电话在商务活动中的作用:①联络感情;②互通信息;③客户开发;④客户服务;⑤提高工作效率;⑥帮助业务新手消除恐惧。

2. 手机电话沟通的类型

根据打电话的目的和内容将电话沟通分为三类。

1)了解性质的电话

当对客户一无所知的情况下,首先需要了解的是客户的基本信息及其需求。这种电话决定了必须大量使用提问达到目的。

2）约见性质的电话

直接通过电话达成目标一般来说难度是比较大的，这就需要通过面谈来完成通话的目标。因此约见电话就显得比较重要，例如，如何避开秘书，找到你的约见对象，达到约见目的等。

3）跟踪性质的电话

与顾客的沟通很多情况是需要多次才能完成的，通过多次的沟通找到客户需求和达到客户的满意度，因此需要对客户进行电话跟踪服务。

3. 手机电话沟通技巧和礼仪

一个人接听拨打电话的沟通技巧是否高明，常常会影响到他是否能顺利达成本次沟通的目标，甚至也会直接影响到企业、公司的对外形象。因此，应多动脑筋，千方百计让对方从声音中感受到你的热情友好，通过声音展现出你对对方的尊重和重视，熟练运用电话沟通礼仪也是十分重要的，针对具体的电话沟通礼仪，将在本书的第十二章中进行详细的介绍。

（三）网络礼仪

如同任何一种其他的沟通方式一样，网上沟通同样存在道德规范和文明礼仪。网络礼仪要遵循彼此尊重、容许异议、宽以待人、保持平静、与人分享的原则。

网上的道德和法律与现实生活是相同的。当着面不能说的话在网上也不要说；分享你的知识；尊重别人的时间和带宽，在提问题以前，先自己花些时间搜索和研究；平心静气地争论，以理服人，不要人身攻击；在论坛、博客等发帖的时候应该做到主题时确，对别人的回复应表示感谢；不要做有失尊严的事情，不参与连环信的活动；尊重他人的劳动和隐私权，不剽窃他人的作品。

四、语义与传播

语义即语言的含义、意义。它是语言的内容。语义与传播，即研究传播中的语言使用现象及规律。在传播中，我们经常看到传播失败、交流失误现象。

案例

牛耕田回来，躺在栏里，疲惫不堪地喘着粗气，狗跑过来看它。

“唉，老朋友，我实在太累了。”牛诉着苦，“明儿个我真想歇一天。”

狗告别牛后，在墙角遇到了猫。狗说：“伙计，我刚才去看了牛，这位大哥实在太累了，它说它想歇一天。也难怪，主人给它的活儿太多太重了。”

猫转身对羊说：“牛抱怨主人给它的活儿太多太重，它想歇一天，明天不干活儿了。”

羊对鸡说：“牛不想给主人干活儿了，它抱怨它的活儿太多太重。唉，也不知道别的主人对他的牛是不是好一点儿。”

鸡对猪说：“牛不准备给主人干活儿了，它想去别的主人家看看。也真是，主人对牛一点儿也不心疼，让它干那么多又重又脏的活儿，还用鞭子粗暴地抽打它。”

晚饭前，主妇给猪喂食，猪向前一步，说："主妇，我向你反映一件事。牛的思想最近很有问题，你得好好教育它。它不愿再给主人干活儿了，它嫌主人给它的活儿太重太多太脏太累了。它还说要离开主人，到别的主人那里去。"

"我得到猪的报告，"晚饭桌上，主妇对主人说，"牛想背叛你，它想换一个主人。背叛是不可饶恕的，你准备怎么处置它？"

"对待背叛者，杀无赦！"主人咬牙切齿地说道。

可怜，一头勤劳而实在的牛，就这样被传言害死了。

资料来源：教育联展网．哲理故事——牛之死[EB/OL].(2015-10-17). http://www.thea.cn/xkw_zx_719376-1.htm.

这些说话或写作的失误，是语言不能精确表达客观事物，或误会或两歧，或是双方未使用共认的语言，或是未考虑对方心理感情上的差异等。由此，我们应了解，语言，本来针对客观世界或主观世界而设定、设置，语言产生和使用，也是为了人们的交际和传播。但是，语言一旦产生并固定下来，却又与生俱来带着局限性和失误的可能性。

1. 语言局限

语言是有限的、而客观或主观世界却是无限的，语言的有限性是会受到客观世界无限性的影响。汉语常用字约3000个，经过组合成词汇，约几十万。然而，客观世界的事物有多少种？数量是多少？人脑能想的事情有多少种？数量有多少？恐怕不计其数。应当说，那是无穷无尽的无限宇宙。常言道，"只可意会，不可言传"。证明语言无法真正描述精确的客观，也无法真正准确无误地表达主观。无非是强调尽力表达得精确一些，逼真一些。

2. 语言失误

正因为有语言局限，所以我们在运用语言时就经常出现失误，会有"我说得多清楚啊，你们怎么还是不明白"的遗憾。

3. 表层义与深层义

在传播中，语言有时仅仅是表层的含义，即说的是什么，意思就是什么，斩钉截铁，绝无二义。如"台湾是中国的一部分，是祖国的神圣的领土""宪法是国家的根本大法"。但是，有很多时候，语言的运用，表层是一个意思，而里层，却可能还有更多的含义。

第三节 电子实像传播方式

电子传播，是指利用电子媒介进行的传播。电子媒介，是指运用广播、电视、电影、录音、录像等电子技术、设备来制作、传递信息的传播媒介。电子媒介的介入，使传统的语言文字传播焕发了青春。因为有了高端技术和现代化设备，使得语言文字传播借助于新的载体，变得更加丰富、快捷、有效。

一、广播

人类历史上首次进入家庭的电子媒介是广播。广播是指通过无线电波或导线传送声音符号的传播媒介，是最先普及的大众电子传播媒介，它以声音为传送形式，作用于人的听觉器官。

（一）广播的优点

1. 传播面广

广播用声音传播，主要形式是言语。听众不受年龄、性别、职业、文化程度限制。广播用电波作传播手段，听广播不受时空条件限制。

2. 传播迅速

广播使用电波作手段，速度最快。它能把即时发生的事情传递给听众，实况转播做到几乎同步。

3. 感染力强

广播依靠声音传播。声音的优势在于逼真感。听其声能如临其境、如面其人，能激发听众的想象。声情并茂的人声特别能调动听众的感情，听广播成了赏心乐事。

（二）广播的缺点

（1）稍纵即逝，过耳不留。对长篇内容、精确数字把握不住。边听边录音，又失去了广播的便捷优势。

（2）选择性差；广播内容由电台编制，听众只能被动收听，殊难参与，更难于选择。

（3）单一；广播只有单一的声音，没有文字和图像，不够丰富多彩。

二、电视

20 世纪最重大的事件之一是电视的发明和发展。科学界有人认为原子能、宇宙空间技术和电视是人类历史上的具有划时代意义的三大事件，认为电视是震撼现代社会的三大力量之一。电视是用电子技术传递声音和活动图像的传播媒介。它第一次将人的视听结合在一起，在较以往任何传媒都真实的程度上传递信息，它既作用于人的听觉，又作用于人的视觉，是一种较全面的传播方式，比其他媒介更生动、传神、直观、迅速。

（一）电视的优点

1. 直观

电视诉之于形象画面，十分符合人的首先以眼睛、其次以耳朵为感官接收外界信息的特点。真正达到了“喜闻乐见”，为人们乐于接受。

2. 现场报道

电视可以直接对事物做现场的目击报道。报纸和广播都是间接的，现场的情况需转述。而转述用语言，语言又有描摹困窘的局限性。所以，“耳听是虚，眼见是实”，电视能简便地解决好这个问题。

3. 迅速及时

迅速及时，这点与广播一样。

（二）电视的缺点

（1）稍纵即逝。即便储存，成本也高。

（2）节目编排固定，观众选择难。

（3）受设备条件限制，灵活性不足。

（4）制作成本高，周期长。

总之，公共关系活动中，公共关系人员经常利用广播、电视等电子媒介向公众传播信息。要求他们掌握广播、电视的优点，发挥它们的特长。同时，也应掌握广播、电视的制作本领，熟悉本地电台、电视台的工作人员，请他们协助本组织搞好传播工作。

 **案例**

《爸爸去哪儿》收视率破历史纪录

一档温情范儿的亲子真人秀《爸爸去哪儿》创下国内电视节目收视率纪录，是令许多人没想到的。根据索福瑞数据显示，《爸爸去哪儿》第十期收视率达到5.67，刷新"中国好声音"保持的最高纪录，市场也从未预料到，在"好声音"为主导的综艺节目类型下，类似这样的家庭档节目还可以引起如此大的轰动，并且它摆脱了选秀节目刻意煽情作秀的套路，凭借孩子的童言无忌，《爸爸去哪儿》成为一档几乎零差评的节目。

在众多年轻女粉丝、孩儿爸孩儿妈、育儿专家的共同讨论中，几对明星父子的身价水涨船高。至于这档节目的广告收入，更是达到土豪级别，姑且不论第二季度伊利的冠名费用已经突破3亿，超过下一季《中国好声音》的2.5亿元，创下综艺节目冠名记录，单是第一季后几期节目中，众多品牌略显匆忙和生硬的产品植入，就可以看出这已然是一档被广告主"围剿"的节目了。

自播出以来，《爸爸去哪儿》一直蝉联收视率榜首，即便恒大获得亚冠冠军时掳获了全国1.85的收视率，但和《爸爸去哪儿》对阵，依然有无法比拟之处。据《爸爸去哪儿》官方微博发布的央视索福瑞全国网（CSM网）数据显示，该节目第一期收视率1.1，市场份额7.67%；第二期CSM全国网收视率1.67，市场份额11.45%；第三期CSM全国网收视率1.8，市场份额13.47%；第四期节目达到了收视巅峰，CSM全国网收视率高达2.16，市场份额13.70%；直到现在的第六期，《爸爸去哪儿》收视依然一路高歌猛进，第三期CSM全国网收视率1.8，市场份额13.47%；第四期节目达到了收视巅峰，CSM全国网收视率高达2.16，市场份额13.70%；直到现在的第六期，《爸爸去哪儿》收视依然一路高歌猛进，城市网收视数据更是逆天近5，份额更是刷新到18.21%。

要知道，《爸爸去哪儿》的播放时间可是每周五晚间22:00起至24:00的"深夜档"，能创造出能如此佳绩实属不易。若再加上重播和各种网络视频，《爸爸去哪儿》的收视情况则更为惊人。

除了在电视屏幕中创造收视冠军，《爸爸去哪儿》的网络播放量更是逆天，并不断刷新综艺类节目的新纪录。这个节目也成了不少视频公司开始抢夺"版权"资源的"导火索"，点燃了视频界的新一轮圈地洗牌运动。

就播放数据显示，目前优酷平台在各大视频网站中领先。仅前三期《爸爸去哪儿》，优酷播放量便已逼近1.3亿。记者初步统计，优酷该节目前五期播放量超过2.06亿，其中，第一期更创下单集全网最高播放记录，播放量高达4767万。在所有网络视频平台中也堪称第一。PPTV上，《爸爸去哪儿》的收视情况也持续上升，一周收视达到6500万，从播放曲线来看，网络播出第一天为当期收视峰值，第二期为第一期收视的两倍，有明显上升，随后收视的上升趋势有所放缓但仍然处于持续发酵阶段。

不仅如此，在百度指数、综艺排行榜播放量、搜索量等多项指标上，《爸爸去哪儿》都稳居第一。以百度为例，搜索《爸爸去哪儿》能找到相关新闻约2230万篇。百度指数更显示，爸爸去哪儿用户关注度和媒体关注度随着播放数的增多而不断上升，最近一个月，用户关注度和媒体关注度分别上升1143%和1634%，最近一季度，这两个数字分别上升高达19955%和247269%。

《爸爸去哪儿》的大热，还令节目中许多相关元素和产品都瞬间走红。不少商家纷纷打出了"爸爸营销风"，车企、房企、旅游公司、服装厂商无一例外参与其中。在最近一段时间里，凡是和该节目相关的产品几乎无一例外地走红。儿童用品火了、景点火了、车子房子火了、视频网站热闹了，一大堆形形色色的公司都出现了"爸爸概念"。而《爸爸去哪儿》虽然没有出现在湖南卫视刚刚结束的2014年黄金资源广告招标会上，但据悉湖南卫视将单独对这个节目进行招标，网络爆料称该节目标底价高达两亿多，虽然湖南卫视方并未证实，但《爸爸去哪儿》这个节目含金量为市场所认可和追捧，已是不争的事实。

刘建芬. 公共关系：理论、实务与案例[M]. 厦门：厦门大学出版社，2015.

三、多媒体计算机和网络

多媒体计算机是指通过增加配置而集印刷媒介和电子媒介功能于一身的计算机，是当今社会信息传播必不可少的设备。它能够播放CD、VCD和DVD等，播放电视节目、广播，还能通过上网传播报纸、期刊图书资料等内容，从而具有了印刷的功能。不仅如此，它还能直接传播网上广告、文字信息、图片。另外，它还具有人际传播功能，如在网上聊天谈生意、交流思想。总之，多媒体计算机具有计算机、文字处理机和报纸、广播电视、电话、录音、录像、传真等多种媒介功能。

（一）互联网的传播特征

1. 数字化

网络，又称电子网络，是国际电子计算机互联网络的简称，又叫因特网。这种新媒介是继报刊、广播、电视之后的"第四媒体"。互联网是真正的数字化工具，数字化作为互联网存在的前提，它把一台孤立的计算机联成网络，可以用于连续的电子信息传递，包括电子邮件、文件传递以及个人或计算机群之间的双向传播。

它可以实现全球信息高速传递和共享，包括多媒体电脑在内的计算机只是提高了人类处理、存储信息的能力，而计算机的网络化却大大提高了人类交流信息信息的能力。它使人与人的联系实现了真正意义上的交流，而不仅仅是传播。国际互联网不仅具有报纸、广播、电视等传播媒体的一般特性，而且具有数字化、多媒体、适时性和交互式传递的独特优势。

2. 全球化

相比传统的传播媒介，互联网传播的范围更为广泛，表现出全球化的特征，也由于全球化特点，以前一些因地域限制而不成为公关客体的群体也成为网络公关对象。微信、微博等移动互联网新媒体的出现则进一步强化了信息传输的及时性。

3. 个性化

网络的特征在公关中所起的一项重要作用是使公关客体这个角色在整个公关过程中的低位得到提高。网络公关具有了创建企业与顾客"一对一"关系的能力。这种能力是很重要的。前面提到的交互性和信息丰富的特点使受众的选择多样化。网络公关很多时候可以做到分众传播。

4. 交互性

互联网和传统媒体的相比较，最大的显著性区别就在于交互性，又称互动化。它是指互联网带来了传受双方的双向互动传播，它不是媒体向接受者传递信息的单向传播，媒体作用于用户，当然用户也可以反作用于媒体，他们可以对互联网的信息进行处理、加工、修改，以及再组合等。最典型的例子就是微博、微信朋友圈的兴起，这一传播手段的兴起改变了信息单向传播的方法。在互联网的发展影响下，网络公关的双向互动性十分显著。

5. 直接性

与传统传播媒体相比较，网络公关的信息更容易更迅捷到达受众。制造话题，引来各方关注是公关最有效的方式之一，可是在网络公关出现之前，想要把话题传达到受众方，是要通过传统媒体。在传统媒体新闻的传播过程中，编辑、作者等新闻工作人员作为"守门员"的角色，他们决定企业组织的新闻消息能否出现在当天的大众传媒上，他们同时还决定了这则消息的表现风格甚至隐含内容。在这样的情况下，企业和新闻消息是相互脱节的，不能直接相连。而网络公关则大大提高了这种直接联系的可能性。

（二）常用的网络公关工具与特征

网络公关的兴起缘于互联网和电子商务的发展、网络传播方式较之传统传播方式的创新，以及公关业发展的需要。传统公关的发展需要新的平台，互联网具有个性化、互动性资源无限性以及信息共享化等特点，这些特点作为互联网的传播优势，具备了强大的资源整合性，并且随着网络媒体的运作日趋规范成熟，已经拥有相当大的媒体影响力，也是社会各界人士获取信息的主要渠道。

1. 万维网

万维网(World Wide Wed，简称 WWW)，20 世纪 40 年代以来，人们就梦想能拥有一个世界性的信息库。在这个信息库中，信息不仅能被全球的人们存取，而且能轻松地链接到其他地方的信息，使用户可以方便快捷地获得重要的信息。

万维网使得全世界的人们以史无前例的巨大规模相互交流。相距遥远的人们,甚至是不同年代的人们可以通过网络来发展亲密的关系或者使彼此思想境界得到升华,甚至改变他们对待小事的态度以及精神。情感经历、政治观点、文化习惯、表达方式、商业建议、艺术、摄影、文学都可以以人类历史上从来没有过的低投入实现数据共享。

万维网是人类历史上最深远、最广泛的传播媒介。它可以使它的用户可以和分散于这个行星上不同时空的其他人群相互联系,其人数远远超过通过具体接触或其他所有已经存在的通讯媒介的总和所能达到的数目。

2. 网站

网站是一种沟通工具,人们可以通过网站来发布自己想要公开的资讯,或者利用网站来提供相关的网络服务。人们可以通过网页浏览器来访问网站,获取自己需要的资讯或者享受网络服务。

网站是网络公关的常用工具之一。在因特网早期,网站还只能保存单纯的文本。经过几年的发展,使得图像、声音、动画、视频,甚至3D技术可以通过因特网得到呈现。通过动态网页技术,用户也可以与其他用户或者网站管理者泡馆进行交流,也有一些网站提供电子邮件服务或在线交流服务。

3. 电子邮件

电子邮件(E-mail)也是常用的网络公共关系手段和工具。电子邮件是一种用电子手段提供信息交换的通信方式,是互联网应用最广的服务。通过网络的电子邮件系统,用户可以以非常低廉的价格(不管发送到哪里,都只需负担网费)、非常快速的方式(几秒钟之内可以发送到世界上任何指定的目的地),与世界上任何一个角落的网络用户联系。

电子邮件可以是文字、图像、声音等多种形式。同时,用户可以得到大量免费的新闻、专题邮件,并实现轻松的信息搜索。电子邮件公共关系具有明显的优势,它可以减少对用户的打扰、增加潜在客户定位的准确度、增强与客户的关系、提高品牌忠诚度等。

电子邮件公关可以根据公关的区别分为内部电子邮件公关与外部电子邮件公关。内部的电子邮件公关主要是以针对内部公众而开展的电子邮件网络沟通,例如新闻邮件、会员通讯邮件还有电子刊物等。外部电邮公关主要是专业的服务商用户用来开展网络营销活动而发送的电子邮件。电子邮件的存在极大地方便了人与人之间的沟通与交流,与外部公关建立良好的关系,促进了社会的发展。

4. 微博

微博时代已经开辟了网络博客一个新纪元。这个自媒体正在中国的社会中发挥出越来越大的影响力和冲击力。如果把报纸、杂志、电视等称为传统媒体,而把微博、博客、播客、论坛、社交网络等社会化媒体称为新媒体的话,这些所谓的新媒体已经不再是“新人”,它们正向我们扑面而来,与我们的生活密不可分。

微博时代的来临不可避免地改变着政府、机构、企业和个人面临的舆论生态。如何充分把握微博时代的机遇为自身形象加码,利用微博为自身的发展服务,同时有效规避微博带来的负面冲击,是政府机构、企业或个人亟待加强的迫切课题,也为公关咨询业开展传播研究和创新传播模式提出了挑战。

著名危机公关专家、华中科技大学公共传播研究所常务副所长、北京关键点传媒（关键点公关）总裁游昌乔认为，在新媒体时代，从政府到企业，对公关的需求都会越来越大。我们需要深刻认识实时时代的公关，重视快速反应、互动对话等特点，为公关增加更新的元素。在郭美美事件、723温州列车追尾、“中海油子公司溢油”等热点事件中，微博已经许多次地发挥了它的社会功能。

“3・15”央视的曝光使麦当劳处于危机之中，而却被其巧妙地化解，不被危机所打倒，反而借此为自己赢得更多支持，这就是麦当劳公关的智慧。闪电般的利用微博与公众沟通，并采取一系列措施，使企业转危为安，并维护了企业形象。微博在汇聚信息源、公共事务探讨、娱乐业信息发布、企业商业营销、生活信息提供和讨论等方面，已明显扩展了中国舆论的空间。

微博公关究竟有哪些方面的优点，使它发挥了如此之大的作用呢？

1）低成本，实时性，传播快

微博里盛传一种说法：粉丝数超过十万，就是一份都市报；超过百万，就是全国性报纸；超过千万，就是电视台；超过一亿，就是CCTV。企业通过发表微博吸引粉丝的同时，也使得自身品牌得到了不断的推广，低成本的投入却可以得到高成本的回收。微博具有“随时随地可分享”的特点，企业可以随时随地发布相关信息，同时根据特定的节假日、活动日发表相关活动、宣传公关，宣传自己。

2）形式新颖多样，创造力大

新浪微博和twitter都要求字数不能超过140字，这就要求相关企业用最简短的语言最创新的方式来吸引大众关注。现有微博不仅支持文字同样支持图片、音频、视频等，企业的微博公关可以通过多种形式的综合运用，创造出形式内容新颖的微博来。传统意义上的长篇声明具有官方性，民众不易接受更不愿仔细阅读，短小精悍的语言更能够引起读者的兴趣与共鸣。

3）双向互动，沟通性好

微博公关作为一种新的方式，打破权威，为公众与企业提供了一个可以交流的公众平台，企业充分利用微博这一平台进行公关，参与和回复关注者的评论，实现沟通和影响舆论的目的。通过与公众互动、对话的方式，提升自身的企业形象，使得公众能够切身体会到企业文化。同时一方面企业可以通过在线直播、网上投票、有奖竞猜、转发抽奖等方式传播自己的产品并与大众进行互动交流，也可以随时对评论转发情况进行舆情监控，随时调整宣传服务战略，第一时间进行危机处理，化解矛盾，挽回各方损失。

微博的积极作用不言而喻，但微博同样是把双刃剑。微博上每个人都是发布者，发布信息的快速性和内容的无法证实性，增加了事件的不可控性，正如郭美美事件，由于大量真假信息的鱼龙混杂，各路微博的推波助澜，给社会形象造成严重的打击。微博发布信息的快速性，不可控性也让企业面临潜在的危险因素，如果不及时正确地处理，企业的形象将会遭受严重的打击。

案例

“世界那么大”体刷爆网络

事件:“世界那么大”体刷爆网络

热度:★★★★★

回顾:2015 年 4 月 14 日,一封辞职信在朋友圈和微博热评如潮,引发学习粉丝团、南方日报、扬子晚报等媒体纷纷转发。信中写到辞职的理由仅有 10 字:世界那么大,我想去看看。如此任性且潇洒的辞职态度,让网友羡慕不已。有人称之为“史上最具情怀的辞职信,没有之一”。

经证实,作者为 2004 年 7 月入职河南省实验中学的一名女心理教师,名叫顾少强。面对全民“围观”和蜂拥而至的媒体采访,顾老师表示,辞职并非冲动之举,只是想体验一下另一种生活方式,想在来得及的时间,用自己的目光去触摸世界。

这封极具文艺范的辞职信曝光之后,各种“世界那么大”体开始铺天盖地,网友们玩得不亦乐乎,根本停不下来。套用“世界那么大”进行造句:“世界那么大,我想请个假”“世界那么大,我想有个家”等。各大品牌们也争相借势营销,网友们还制作了各种“世界那么大”体表情。

顾老师和她的辞职信突然爆红,不仅引起人们的关注和讨论,更让人对这个事件背后的深层社会心理陷入思考。“这封辞职信走红背后,说明这 10 个字说出了很多人的心声。”南京师范大学社会学教授吴亦明说,“追求自我没有错,但需要在理想和现实之间找到平衡。”

朋友圈跟微博作为时下最流行的网络传播沟通工具之一,最强大的特点就是传播快速且互动性强。所以在短短时间,吸引了全国人民的关注。中国社会科学院发布的《社会蓝皮书》就指出微博是“杀伤力最强的舆论载体”。无论是防灾救灾,还是公民权益,社会救助等领域,微博往往都起到重大影响和推动作用。

资料来源:中国公关网.“世界那么大”体刷爆网络[EB/OL].(2015-10-13).http://www.chinapr.com.cn/templates/T_Second/index.aspx?nodeid=69&page=ContentPage&contentid=10996.

第四节　其他传播方式

其他传播指的是除语言传播外的一切传播方式,也可统称为非语言传播。非语言传播就是排除语言为媒介的、而采用其他形式或符号的能激起人们意义联想的传播。非语言传播的类型很多。有听觉性的,如鼓声、号角声、口哨等。也有行为动作性的,如穿衣打扮、举止表情等。还有艺术性的,如音乐、舞蹈、书画等。这里主要探讨体态语和视觉性非语言传播。

一、体态语

体态语又称作身体语言、体语等。它是人的行为动作、表情姿态乃至穿着打扮所传递的有意义的信息。体态语是人类传播中，除语言外的最重要的传播。

（一）动作

动作是用身体或身体的某部分表达传递信息。招手、点头，就是动作，表示了某种意向：示意再见和赞同。当然，情景不同、地区不同，可能意向也不尽一致：示意友好和反对。

（二）姿态

姿态也应是动作的一种，它比动作更整体化一些。古人云，人当站如松，坐如钟，卧如弓，行如风。可见讲究姿态，古已有之。

表情是姿态中最重要的一环。人的表情最丰富多彩。姿态还应包括穿着打扮、化妆修饰。服装、佩饰、发型等，既体现个性，又表现文化。因为它们是人体的外加部分，装扮的余地极大。

小贴士

目光的直线和高低决定您的信心程度。目光是非语言沟通的一个重要通道。事实上，在人际交流沟通中，有关沟通双方的许多信息，都是通过眼睛去收集和接收的。目光，作为一种非语言信号，公关人员使用目光可以向沟通对象传递肯定、否定的态度，质疑或认同等情感信息。在沟通中，公关人员要善于使用目光，如用目光来表示赞赏或强化公众的语言或行为，用目光来表示困惑等。公关人员的眼神会很直接的反映出你对这个事件和产品的信心度。

（三）时间与空间调动

时间、空间本是客观因素，但是一旦人特意运动、调动它们，它们就成了人的行为的一部分。比如说话拉长声，办公室是本单位最宽大的，这个时间的“拉长”、空间的“最宽大”，就是人的内心世界、修养素质的宽窄高低了。

1. 时间

如何运用时间，表示着特定的含义：一封信多长时间回（应及时回），电话铃响几声接（应 3 声之内接），开会故意迟到（不应该）。毛泽东主席告诫干部们，工作要“团结、紧张、严肃、活泼”，这既是作风、也是秩序。秩序就是时间的节奏问题。

2. 空间

空间的运用，有助于表现人与人的关系和态度。人在不同的空间之内有不同的感受。登临泰山之巅，心旷神怡；蜗居三尺陋室，憋气窝火。空间也表现为距离。两人相会，不同的距离表达不同的意思。在我们的文化中，面对面往往有对立、对抗的性质。法庭审判就是一种典型。开大会设主席台，庄重有余，亲切不足，即源于这种“台上台下，干群对面”的格局。因此，在公共关系事务中，与客人交谈，往往坐成 45 度：既没有面对面的对抗，又避免了并肩的亲密。

二、视觉性非语言传播

视觉性非语言传播就是诉诸形象的传播。严格说，应包括体态语。不过，我们这里仅探讨人体之外的物质形象。

（一）照片与图画

照片与图画都是通过平面构图来传播特定的形象信息。照片与图画都具有丰富的表现力，也是人们喜闻乐见的形式。它们的优点是一目了然、立即接收，而且记忆深久。小人书对孩子的启蒙是至关重要的，几十年后，记忆犹新。公共关系活动中，它们总是不可或缺的手段。在说明书、展览会上，照片与图画是简便明了的方法。其后再配以简明文字，更能传递复杂一些的信息。

（二）标识

标识是商标、名牌、徽记、代表色等的总称，是一个组织或一种商品的形象标志。

1. 商标

商标通常由文字、图案或其他符号单独或综合构成。商标的设计应注意：一是突出该商品的优势、特征，如“舒肤佳”香皂、“飘柔”洗发水。二是简练、美观。很多商标既复杂又难看，真正莫名其妙，图案且不说，光文字就冗长晦涩，如：“塔撒诺娃摇摇滚滚”。三是注意文化环境，如“金利来”原名“金狮”，广东读音“今蚀”即亏本，很不受欢迎。

2. 品牌名称

多数用文字，讲究：一是寓意独特，让人印象深刻。如“可口可乐”“麦当劳”（正常译为“麦克唐纳”，却偏意译作“吃麦应当劳动”）。二是健康且好语感。如“春兰”“康佳”。三是大众化。如“熊猫”“大白兔”。而非将饼干称“克力架”纯属哗众取宠。

3. 代表色

代表色是特选的颜色，被用在包装、服饰、设备、建筑物上。颜色的社会内容特别“丰富多彩”：红色象征革命、白色象征纯洁、蓝色代表天空和海洋。北京的城市色调为灰色，象征着稳定和历史悠久。而柯达胶卷为黄色，富士胶卷为绿色，它们在中国市场竞争，有人戏称“色彩之战”。因为视觉对颜色最敏感，记忆最深刻。代表色成了企业形象的最佳代表。

课堂实践

1. 实践内容：情境语言的运用。

2. 实践目的：运用恰宜语言达到预期目标。

3. 实践环节：设计一次小型模拟新闻发布会，由同学们扮演新闻发言人和记者，就一些大家关心的问题进行问答。注意语言符号和非语言符号的运用，注意发问、回答的技巧和发布会的效果。

4. 技能要求：语言简练环环相扣又要使听者融入其中。

拓展阅读

“duang”火爆网络

事件：“duang”火爆网络

热度：★★★★★

回顾：2015 年 2 月 24 日前后，一部由成龙代言的曾被工商部门打假的广告再次被网友们挖出来进行了新一轮恶搞。而这次恶搞的主要内容，则是将成龙和庞麦郎的《我的滑板鞋》神一般地同步成《我的洗发水》。一句“duang”成了网络上最新最热门的词语。

而在“duang”红了以后，更有大量的网友跑到成龙最新一条微博下留言刷屏“duang duang”。2015 年 2 月 27 日，成龙在转发微博时用“duang”自嘲引发网友围观，不少网友称“路人转粉”。这则广告伴随着“duang”在网上的流行，其中的经典台词“拍这洗头水广告的时候，其实我是拒绝的”被广大网友争相模仿。

英国广播公司(BBC)3 月 3 日也有报道“duang”热爆微博的事，还形容由“成”和“龙”组成的网络新字“duang”，是一个引发网络风暴的新字，但没有人知道其正确意思。BBC 称，“duang”字在微博出现超过 800 万次，是最热门的关键标签，被讨论超过 30 万次，在内地网民最常用的搜索引擎百度中更录得 60 万次搜寻纪录。网民看到这段报道都感叹：“duang 都火到全世界去了。”

该热门事件爆发时恰逢成龙主演的电影《天将雄师》上映，所以也有媒体猜测，这是一次成功的自黑营销。

无厘头的“duang”的火烧燎原，其实也体现出网友们在海量复杂信息中对简洁内容的青睐。在信息层面做到“一切从简”，才有可能被记住，被传播。同时，“从简”不意味着“直白”，保持神秘感也很重要。对比“惊呆了”“棒棒哒”“土豪”就会发现，前者更有丰富的层次感，有韵味，有明星成龙代言，老少皆宜。“duang”一瞬间的引爆，也看出了强大的创意团队和传播团队的实力。

资料来源：中国公关网．duang 火爆网络[EB/OL]．(2015-07-14)．http://www.chinapr.com.cn/templates/T_Second/index.aspx?nodeid=69&page=ContentPage&contentid=10371.

第五章

公共关系调查

学习目标

1. 了解公共关系调查的意义和重要性；
2. 理解公共关系调查的原则和内容；
3. 能够进行公共关系调查；
4. 掌握公共关系调查的程序及调查方法。

技能要求

1. 掌握公共关系调查的原则与调查方法；
2. 了解公关调查的调查问卷的设计方法以及调查方法；
3. 能够自行设计调查问卷，进行公共关系调查，并最终完成一份调查报告。

引导案例

海尔“活出新鲜”智能家电品牌调研项目

对绝大多数中国消费者而言，智能家电一直是“神秘”或“可望不可即”的。因此，尽管主流家电厂商都推出了相对成熟的智能家电产品，但市场一直是“叫好不叫座”的局面。为此，海尔设计了“活出新鲜”整合营销项目，瞄准对智能家电最易接受且有购买能力的群体——“80后”，将海尔智能家电与“80后”的生活情感巧妙关联，围绕“80后”的社交圈和生活态度，设计出来3大项目，拉近“80后”与海尔家电品牌以及智能家电之间的距离，实现了消费者认知与市场营销的双驱动。

从“80后”调研白皮书开始，海尔以充分的目标消费者洞察，开启了这场“活出新鲜”战役。一场行业峰会——家博会，借助行业权威影响开启“活出新鲜”第一轮高潮；五场世园会主题活动持续发声，五大“80后”情感主题关联5类智慧解决方案，情感引爆线上线下互动，“Hicool鲜主张”全面情感渗透；同期，一场“智慧城市体验之旅”巡展深入市场终端，通过线下互动拉近品牌与消费者之间的情感关联，通过覆盖全国的终端触点实现智能家电近距离的互动体验。整个“活出新鲜”项目历时10个月，覆盖20省份，活动场次达60场，掀起一场线上线下、跨越多地的“智慧科技 活出新鲜”新鲜运动。

海尔智能家电“活出新鲜”品牌传播项目基于海尔联手益普索的“80后”专项调研——“80后”家庭生活与家电需求调研报告。

1. 调研目的

(1) 洞察中国“80后”一代人在家庭价值观方面的新特征与独特情感需求(这些特征与需求将不同于“50后”“60后”,也不同于中国传统的儒家家庭价值观),以及影响这些特征和需求的关键要素。

(2) 基于对中国“80后”一代人新家庭价值观的认知,了解他们对“家”在物质层面(包括家用电器)的新需求以及新的消费/采购行为。

(3) 通过本次调研以及相关的公关宣传,展示海尔产品品牌对新一代消费人群的理解,并提升海尔产品品牌“年轻化”的形象。

2. 调研范围

(1) 受众特征

1980—1989年出生的人群,拥有独立的经济能力,月收入大于2000元,或家庭整体年收入大于8万元。

(2) 受众分布

城市比例:70%居住在1、2级城市;30%居住在3～5级城市;

男女比例:各50%;

未婚、已婚、有小孩的家庭比例:50%∶25%∶25%。

(3) 可用样本数量:1000个。

3. 调研内容

(1) 关于家庭观念:对“家”的定义和理解;构成“家庭”的必要元素有哪些;家庭信念/家规;婚育观;

(2) 关于家庭关系:理想或者向往的整体家庭氛围和风格、理想或者向往的夫妻关系、亲子关系、父子/母女关系;

(3) 关于家庭管理:家务分工、娱乐休闲、责任与义务;

(4) 关于家庭建设:理财观、消费观、购买决策与行为;

(5) 关于家电与家:家电在“家庭建设”中的地位与作用、决定家电采购的因素、理想的家电产品具备的特征,与家电有关的、令你印象深刻的经历和故事(这一点可以通过群组访谈的形式进行);

(6) 关于有代表性的群体:了解“80后”有代表性群体的特性化思考和需求,例如丁克族、孩奴、啃老族等。

4. 执行情况

该调研通过“定性+定量”研究方法,一方面使用图片、文字等各种刺激物,让消费者形容心目中对家电的理解与看法;另一方面通过定性研究提炼的理想家电品牌的词语、短语,再进入定量中进行量化测试,以实现“深度挖掘”和“广度解读”的效果。

通过北京、上海、广州、沈阳、成都5大城市10组家庭深度座谈会,以及一线到五线城市在线调研(一线/二线城市完成840样本,三线/四线/五线城市完成360样本,共收回有效问卷1200份);了解“80后”:①对家的定义和理解;②理想的家庭氛围和家庭关系;③对家庭的管理;④家电消费观点和态度;⑤理想的家电需求;⑥不同“80后”群体的特点和家电需求。

案例点评：

通过“80后”调研，在充分了解“80后”人群特征、价值观、家电需求、消费行为特征等信息后，以智能家电“去神秘化”为目标的项目策划出台：“智慧科技，活出新鲜”。整个项目以“新鲜”为原点，链接产品功能卖点、消费者兴奋点、“80后”情感共鸣以及社会热点，并通过三大“新鲜策略”来完成实现传播目标。

该项目覆盖北京、上海、深圳、青岛等共计20个省份，60个县市，从前期充分的“80后”消费人群调研出发，以家博会开启海尔U+智慧生活操作系统的智能家电“新鲜”之旅，业内权威发布；继而借助世园会+巡展车一动一静两大平台，通过终端产品体验、线下交互活动、世园会展览等形式以及年轻化的KOL和媒介平台传递“活出新鲜”的智能家电形象。

资料来源：中国公共关系网(17PR)编委会．2014最具公众影响力公共关系案例集[M]．企业管理出版社，2014.

第一节　公共关系调查的意义和原则

公共关系调查是基于社会调查和市场调查发展起来的，最早可追溯到公元前3000年，埃及国王因筹建金字塔而进行的人口和财产调查。1801年英国开始了世界上最早的人口普查。19世纪30年代美国出现了一批应用科学方法的专门调查机构，最著名的是盖洛普于1835年创办的美国民意测验机构，成功预测了1836年美国总统的竞选，成为风云一时的跨国公司。

美国重视市场调查，有专业市场调查公司30多万家，市场调查经费高达1000亿美元，每投入1美元调查费，就能产生经济效益32美元。所以，毛泽东说：“没有调查就没有发言权。”1988年，我国第一家正式市场调查公司——广州市场研究公司成立，目前全国有300多家调查公司。

一、公共关系调查的概念

公共关系调查亦称公共关系调查研究，简称公关调查。它是在公共关系工作的规范化和科学化的过程中出现的一种社会调查类型，是指社会组织的公关部门和公共关系人员运用科学的方法，有步骤、有目的、有意识地去考察、了解、分析、研究社会组织的公共关系现象状态，搜集必要信息，分析各种问题及其相互关系，以达到解决实际问题的目的的一种公共关系实践活动。

作为公共关系工作的第一步，调查研究是公关策划、公关实施、总结评估这三个步骤的先导和基础。

1. 帮助组织准确进行形象定位

一个组织的形象尺度是社会舆论和公众评价。公关调查可以使组织准确地了解其在公众中的形象定位。通过形象定位，可以测量出组织自我期望与在公众心目中的实际形象的差距。组织可以针对这个差距策划有效的公关活动方案，由此大大加强策划的目的性和有效性。一个组织准确的形象定位可以很大程度的提高其在社会公众心目中的知名度和美誉度，使公众对该组织产生信心和依赖，并给公众留下难以磨灭的深刻印象。

2. 收集信息与整理积累资料

公共关系调查，就是广泛地收集信息、整理信息并积累有用的信息资料，从而形成社会组织的信息资料库，为社会组织决策者和经营管理人员随时提供参考咨询，充分发挥信息资料在社会组织制定政策和决策中的重要作用。

3. 帮助提高组织公共关系活动的成功率

组织在开展各项公关活动之前，必须对从事公共关系活动的现有的条件（包括人力、物力、财力等）做出充分的调查，使组织全面了解并掌握公关活动的主客观条件，这样才可以确保公关活动的可操作性并取得良好的活动效果。

4. 制定策略和及时反馈信息

在公共关系调查中，要充分了解社会公众的意见和社会环境的状况，以全面系统的资料和数据为依据，制定正确有效的公共关系策略。公共关系调查的作用就是要把握社会组织中公共关系工作及其影响因素的状况，这既是社会组织正确评估其公共关系状态优劣的依据，也是社会组织开展公共关系科学运作的基础。

社会组织在制定和执行公共策略的过程中，要经常进行公共关系调查，随时发现问题或偏差和反馈社会环境与社会公众舆论等各种信息，及时调整社会组织的行为，使社会组织的公共关系政策日臻完善。

5. 监测环境调整自身公共关系策略

社会组织的公共关系工作要在一定的公共关系环境中开展，并受到公共关系环境的制约和影响。为此，社会组织要有效地开展公共关系工作，必须注意实时监测自身所处的公共关系环境。

开展广泛的公共关系调查，可以起到监测政策、经济、文化等社会各方面环境的作用。社会组织通过公共关系调查，收集有关环境变化的情况资料，通过分析研究，有效地把握公共关系环境变化的内容、变化的方向和变化的特点，注意其发展的趋势，保证社会组织的公共关系运行策略符合公共利益的要求，掌握正确的经营方向。同时，还便于社会组织及时调整和制定出与未来公共关系环境相适应的公共关系策略和计划。

6. 掌握公众意向协调公共关系工作

社会组织通过公共关系调查，可以了解社会公众对社会组织的意见、要求、希望和评价，能够准确、及时地处理社会公众所反映的意见，采取正确的舆论导向，从而避免社会组织的发展受到不良状况的影响；可以通过公共关系调查活动加强同社会公众的联系。与此同时，社会组织通过公共关系调查可以协调自己内部各部门的相互协作配合关系，有利于统一开展公共关系工作。

二、公共关系调查的原则

公共关系调查活动从策划到实施整个过程都具有很强的目的性、计划性和系统性。

都必须以科学的方法确实保证调查内容和调查过程的客观、真实，为了保证公共关系调查能够达到预期的目的，调查活动应遵循以下基本原则。

1. 客观公正原则

公共关系工作人员在进行公共关系调查时，务必实事求是，尊重事实真相，客观公正地了解和掌握来自各个方面的信息。公共关系调查是为了准确地了解社会公众对社会组织形象的评价。调查人员在调查过程中，应从客观实际出发，要注意区分社会公众的客观态度和主观臆想。只有把握了调查对象的客观态度，才能对社会公众的有关评价得出科学、准确的结论。

2. 全面系统原则

公共关系调查必须注重其全面性和系统性，这既包括调查对象的广泛全面，还包括调查内容的系统全面。公共关系调查的全面系统原则要求调查人员在搜集调查对象对社会组织形象的评价时，必须注意搜集各方面社会公众的意见。这里应注意以下两点：即调查对象必须能够代表社会公众，而且调查所得的资料必须系统全面。

如果调查对象没有代表性，尽管他们对社会组织形象的评价是客观的，但并不能代表社会公众的整体态度。既要有调查对象的正面意见，也要有调查对象的反面意见；既注意到一方面社会公众的意见，也注意到另一方面社会公众的意见，并注意各种意见之间的联系。

3. 科学准确原则

公共关系调查的客观公正和全面系统原则要求，公共关系工作人员在进行调查活动中，应掌握科学的思维方式和调查研究方法，以此来确保调查结论的准确性和真实性。并同时对调查问题的实质及各种不同情况做出具体地和科学地分析与评估，保证公共关系调查从事实到结论都经受得起严密的逻辑推敲和实践检验。

4. 高效及时原则

公共关系调查具有很强的时间性，及时准确的反馈结果，可以使社会组织迅速地对环境状况做出反应。任何迟滞的调查信息都会使社会组织失去取胜的机会。

对一个社会组织来说，调查所得信息的价值取决于提供的信息和处理信息的时间，迟滞的信息会导致社会组织失去取胜的良机。因而，在调查过程中，调查人员不仅要注意调查信息的准确性，还要注意调查信息传递的快捷性。

5. 严密计划原则

公共关系调查是社会组织形象管理中的重要一环。社会组织不可企望通过一次调查获得所有的情报。公共关系调查工作应列入社会组织的整体运作计划中，使之制度化、规范化。公共关系调查的制度化、规范化可以提高调查工作的效率和质量。

三、公共关系调查的重要性

公共关系调查不同于其他社会调查，公共关系调查是广泛、深入的了解社会公众对社会组织形象的评价，并且通过对这些评价的研究分析，使社会组织准确地了解其自身在社会公众中的形象定位。社会组织通过对自身形象定位的了解，可以正确地测量出社会组织自我期望的形象与其自身在社会公众中实际形象的差距，从而使社会组织及时针对这个差距制定有效的公共关系策略。

现代社会组织要想适应不断变化的外部环境，就要经常地、积极主动地与社会系统进行相互作用。要做到这一点，就要重视社会组织与社会大系统之间的信息交流。而公共关系调查，实际上就是主动寻求和使用信息资源，其重要性已日益为现代社会组织所重视。

1. 公共关系调查是社会组织公共关系工作的起点

社会组织在开展公共关系活动时，首先要进行公共关系调查研究，在获得大量信息的基础上进行整理、分析、预测、决策，并逐步过渡到制订计划目标与方案、实施方案及评估效果等各阶段，然后又回到起点，进行下一轮循环。不断研究新情况，找出遗留问题和新问题，从而制定更完善的计划方案和措施。因此，公共关系调查既是公共关系活动的起点，又是终点，是保证公共关系活动有始有终顺利进行的重要条件。

2. 公共关系调查是社会组织确定公共关系目标的基础

进行公共关系调查是为了了解各界社会公众对社会组织的观点、态度和反应，从中找到企业所面临的问题，以便确立公共关系目标，拟定达到目标的可行性方案，并实施最佳方案。因而，公共关系调查，是社会组织进行公共关系决策的基础和依据。如果没有基础或者基础不稳定，那么社会组织的公共关系决策目标和方案就难以实现。

3. 公共关系调查帮助社会组织树立真实形象

每一个社会组织，都希望在社会公众中树立良好的组织形象。如果一个企业在社会公众的心目中信誉卓著，产品价廉物美，服务热情周到，便能赢得更多的顾客，占领更广阔的市场，实现更大的效益，久而久之，这个企业在社会公众中的知名度和美誉度就会越来越高，其社会组织形象就会愈加完美。

一个社会组织形象的树立，要靠公共关系调查来了解内外环境及各种因素的变化，分析现状，扬长避短，利用各种公共关系手段不断设计出新的社会组织形象。调查评估自身的形象，对于一个现代化的社会组织来讲是极为重要的。

第二节 公共关系调查的内容与程序

案例

宜家：为大众创造美好的生活

1943 年成立于瑞典的宜家，迄今为止已有 70 多年的历史，是全球最大的家居用品零售商。目前已有 361 家商场，在中国的北京、上海等 15 个城市就有 18 家，这些商场都是宜家独立拥有。与此同时，宜家的业务范围十分广泛，从产品的设计，到制造、物流、仓储，以及分销、零售和售后，可以说包含了整个产品的供应链。

其中宜家基于市场调研的科学运营，是宜家能够屹立世界商场70多年的重要原因，也是开展公关调查的重要方法之一。2015年8月27日，西安宜家正式营业，却早在两天前的会员日就已火爆全城，网上更是有层出不穷的宜家攻略。

西安宜家成功开业的原因在于科学的选址，宜家对于新开业商场的选址有非常严格的要求。为了更科学有效地选址，宜家设有一个庞大的专业拓展团队。只有城市的诸多指标都达到一定的标准，才能够进入宜家选址的选择范围之内，这些因素包括城市的人口规模、城市GDP以及人均可支配收入等。

除却严谨的选址工作，宜家还会做一系列的调查研究，以保证能够更准确地为消费者提供服务，比如宜家发布的2015年《中国都市人居家生活报告》。在谈到最初做这项调查的契机时，许丽德讲道："知己知彼，才能打赢战争。"宜家要想提供更好的服务，首先就要了解消费者的需求，而他们的需求是建立在现有生活状态的基础上的，所以必须要做科学准确的调查。其中不仅要涉及城市的人口结构、人均收入、居住面积这类数据化问题，还会包括具有普遍性的家居生活困惑这类调查。

在对市场有了基本了解之后，才能有针对性的推出相关产品，这是做生意最基本的原则。为了做这类调查报告，宜家还在内部建立了专业团队，一些小范围内的调查，就可以由他们完成。然而，宜家拥有的资源毕竟有限，所以在做一些全球范围内的市场调查时，还会与一些专业机构进行合作，以保证其权威性和科学性。

比如，为了生产和销售更适合全球消费者的床上用品，宜家曾做过一个全球的睡眠调查，从不同国家的调查结果中，对人们在床上休息的时间、偏好以及床垫的软硬度有所了解。比如，相对于中国，美国家庭的床都会大一些，而日本家庭床的尺寸就小一些，所以在市场配货的时候，就会有所权衡。这种非常简单清晰的消费策略，前提就是对市场有充分的了解。

在对市场有所了解的基础上，还需要配以有效的公关方法，而宜家目录册是全世界除《圣经》之外发行量最大的出版物。每年9月，宜家都会发行大量的精美目录册，很多宜家粉丝更是会在家庭中收藏多年的目录册。而且这些目录册不仅仅罗列商品的性能和价格，更能从整体上表现宜家产品的特色，而且有助于顾客从中找寻家居设计的灵感。

当然，宜家也不会排斥电视、路牌、公交，或者社会化媒体等广告形式，只不过要取决于特定时期的特定需求。比如对于新开业和早有宜家的城市，就会有相异的市场营销策略，进而会选择不同的广告形式。为新开业的宜家进行宣传，就要侧重告诉市民宜家即将开业的时间和地理位置，而对于早有宜家的城市，则是要侧重于宣传宜家的新产品和新活动。

资料来源：王竹君．宜家：为大众创造美好的生活[J].国际公关，2015(5).

一、公共关系调查的内容

社会组织通过公共关系调查找出自身的差距和存在的问题，为社会组织策划公共关系活动提供依据。公共关系调查的内容主要有以下四个方面。

（一）社会组织基本情况调查

社会组织基本情况是社会公众评价的主要对象。全面了解社会组织的历史与现状，才能正确评价社会公众意见。这是每位公共关系人员必须具备的资料，开展各项公共关系活动都可能用到这些资料。社会组织基本情况调查的主要内容包括：社会组织的经营状况和社会组织的内部关系状况。

（二）社会组织的社会公众舆论调查

公共舆论调查是公共关系调查的重要内容。主要是调查社会公众对社会组织的认识、态度与印象，包括知名度、信誉度和社会公众评价的调查，通过征求社会公众和同行业有关专家的意见，确定社会组织形象在社会公众心目中的地位。

另外，还要调查社会公众的动机，探明形成某种印象和评价的原因；调查社会组织在公共关系工作中内外传播活动的效果。调查内部公众的意见。及时、准确地把握社会公众的意见和社会公众的变化动向，对社会组织开展公共关系活动具有重要意义。

（三）社会组织所处的社会环境调查

社会组织进行社会环境调查的目的是使其适应社会环境的变化，以求获得较好的社会生存环境和发展环境。社会环境调查的主要内容如下。

1. 基本社会环境调查

基本社会环境一般是指社会组织所处的一个国家或地区的政治、经济、文化等因素构成的宏观社会环境系统。基本社会环境状况调查的主要内容如下。

1）人口环境状况

人口环境状况包括现有人口的总量、增长速度、年龄结构、性别比例、地理分布、婚姻状况、教育状况、就业状况、流动状况、国家的人口控制政策与人口管理措施等方面的情况。

2）政治环境状况

政治环境状况包括国家或地区的政治体制及其改革情况，国家或地区的法律法规、方针和政策的提出、制定、颁布、实施等方面的情况，以及其他方面的政治性因素存在与变化等方面的情况。

3）经济环境状况

经济环境状况包括国家或地区的经济体制及其政策情况，国家或地区的产业结构、分配结构、交换结构、消费结构、技术结构及其高速变化的情况，国家或地区的经济发展情况及相应的战略与策略等方面的情况。

4）文化环境状况

文化环境状况包括国家或地区的民族特征、文化传统、宗教信仰、教育水平、社会结构、风俗习惯、价值观念、生活方式、社会道德规范与精神文明建设等方面的情况。

2. 具体市场环境状况调查

具体市场环境是指与社会组织的公共关系活动相关联的市场因素组成的社会环境系统。在现代市场经济条件下，对具体市场环境状况进行调查，是社会组织特别是企业组织环境状况调查的一项重要课题。具体市场环境状况调查的主要内容如下。

1）市场需求状况

市场需求状况包括市场容量，社会的购买力，居民的消费结构与消费水平，现有的和潜在的购买人数，近期需求和长远需求及其需求变化的趋势，国家是否鼓励某类消费，银行是否贷款支持某类消费等方面的情况。

2）消费者状况

消费者状况包括消费者的总体数量，消费者的构成情况，消费者的消费欲望与购买动机，消费者的偏好及造成消费者偏好的原因等方面的情况。

3）市场竞争状况

市场竞争状况包括市场是否形成竞争态势，竞争对手的生产能力、产品特色、销售政策、服务措施、在消费者心目中的印象、与中间商和消费者的关系、广告宣传的力度、公共关系促销的措施等方面的情况。

3. 所属行业环境状况调查

所属行业环境是指由社会组织所在特定行业中各种组织构成的微观社会环境系统。开展所属行业环境状况调查，可以搜集同行组织的信息，把握本行业的发展动向。所属行业环境状况调查主要有如下内容。

1）所属行业基本状况

所属行业基本状况包括所属行业各种组织的数量，所属行业的整体发展水平，所属行业在国民经济和人民生活中的地位与作用等方面的情况。

2）所属行业特定组织状况

所属行业特定组织状况包括所属行业特定组织的经营方针、人员素质、技术力量、资金占有、经营管理水平、产品与服务方面的情况、在社会公众心目中的形象、在同行业中的地位等方面的情况。

3）所属行业横向协作状况

所属行业横向协作状况包括所属行业各种组织之间的协作意向、协作项目、协作类型、协作可以取得的效果，有无同行组织愿与本组织开展协作等方面的情况。

4）所属行业竞争对手状况

所属行业竞争对手状况包括竞争对手的历史，竞争对手的优势，竞争对手的横向联系情况，竞争对手的公共关系状态，竞争对手的关键技术和关键人物，竞争对手原本已有的竞争对手或合作伙伴等方面的情况。

（四）社会组织的形象调查

1. 社会组织自我期望形象的调查

自我期望形象是指一个社会组织自己所期望建立的形象，它是一个社会组织公共关系工作的内在动力、基本方向和目标。自我期望形象的确立应注意主观愿望和实际可能相结合。作为动力和方向，对自我期望形象的要求越高，社会组织在公共关系工作中自觉做出努力的可能性就越大；作为目标，对自我期望形象的要求越高，实际成功率也可能越低。科学的自我期望形象的调查主要包括以下三方面的内容。

1）社会组织领导层的公共关系目标和要求

公共关系活动的目标必须围绕着社会组织的总目标，支持社会组织总目标的实现。社会组织的公共关系计划实质上始于领导层。作为社会组织的决策者和领导者，他们对于自己组织形象的期望水平，对于组织目标和组织信念的形成，对于组织形象的选择和建立，具有决定性的意义。他们对社会组织形象的期望水平和具体要求，是设计社会组织形象的重要依据。

2）社会组织中员工的要求和评价

社会组织要经常了解内部广大干部和员工对自己组织的看法和评价。因为一个社会组织的目标和政策必须得到广大员工的认同和支持，才可能有效地转化为该组织的实际行动。所以，需要通过调查研究，了解广大员工对社会组织的要求、看法及各种批评建议，了解他们对领导层提出的总目标的信心和支持程度，发动全体员工寻找社会组织的薄弱环节并提出改进措施。

3）组织的实际状态和基本条件

社会组织对自我形象的要求不能脱离客观的实际状态和条件。公共关系工作者必须完整地掌握本组织各方面的基本资料，包括经营方针和管理政策、生产状况、财务状况、技术开发状况、市场销售状况、人事组织状况等，并以此作为设计社会组织形象的客观依据。

2. 社会组织实际形象的调查

由于社会组织的实际形象往往与其自身的期望形象有一定的差距，因此必须通过公共关系调查来了解社会组织自身形象的准确定位。衡量社会组织实际形象的主要标准是社会组织在社会公众中的知名度和美誉度，通过对社会公众的数量和层面的调查、了解社会组织知名度的高低，通过对社会公众舆论和态度的调查、了解社会组织的美誉度情况；并且从这些调查中找到自身形象的差距与不足。

调查社会组织在经营方针策略、服务水平和产品质量等方面的计划方案，积极改进社会组织各方面的工作，使社会组织自身期望形象与实际形象相一致。

二、公共关系调查的程序

公共关系调查是对社会组织的公共关系状况进行的科学考察，它必须根据人的认识过程和认识规律，科学地安排调查的运作程序。公共关系调查的程序是指对社会组织客观存在的公共关系状况进行科学调查的基本过程，应当具有严密的逻辑性和良好的运作效率。公共关系调查程序，如图 5-1 所示。

（一）确定调查目标

公共关系调查的第一步，是要策划好明确的调查目标和调查对象。因为公共关系调查的内容和范围十分广泛，在公共关系工作中需要掌握的信息也是千头万绪，任何一次公共关系调查都不可能做到包罗万象。应该选择与社会组织密切相关的实用、急需解决并且针对性强的题。

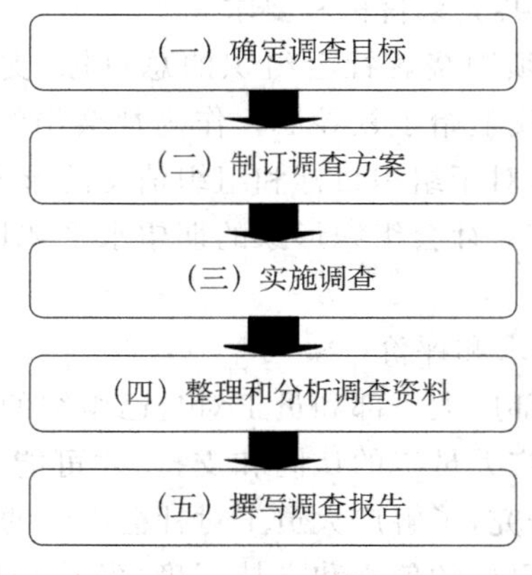

图 5-1 公关关系调查程序

(二) 制订调查方案

公共关系调查成败的关键就是看调查方案制定得好坏。制订科学、正确的调查方案，可以使公共关系调查紧扣主题，有明确的目的性；公共关系调查人员对调查的内容要进行通盘考虑，从而使调查结论更显效果。制订切实可行的调查方案可以确保调查工作有条不紊地展开。制订调查方案可分三步进行。

1. 设计调查指标

设计调查指标是调查方案的主题部分，调查指标是公共关系调查的目的和科学假设的集中体现。因而，必须注意指标的可行性，在科学理论的指导下，进行综合分析，形成一套完整的调查指标体系。

2. 设计调查的具体方案

这一步涉及的内容相当广泛，一般包括调查的对象、工具、时间、地区范围和调查的方法等。在调查中每个环节都必须仔细考虑，不可疏漏，这样才能开展卓有成效的调查，获得理想的调查效果。

3. 设计调查问卷

一份好的问卷应做到：内容简明扼要，信息包含要全；问卷问题安排合理，合乎逻辑，通俗易懂；便于对资料分析处理。一份正式的调查问卷一般包括以下四个组成部分：标题、导语（前言）、正文和结束语。

 **案例**

公关调查问卷示例

"可口可乐"企业形象调查问卷

女士/先生：

您好！

感谢您在百忙之中替我们做这次的问卷调查，为了更好地提高可口可乐品牌的品质、更全面地了解可口可乐在您心目中的形象，我们特设计了此调查问卷表。感谢您的参与，谢谢！

1. 您是否经常喝可乐？

□是 □不太喝 □从不喝

2. 您为什么不喝可口可乐？

□口感不好 □会发胖 □不喝碳酸饮料 □气太足，胃受不了

3. 喜欢可口可乐的理由？

□包装时尚 □口感好 □价格公道 □品牌知名度高

4. 您通常在什么情况下最可能喝可口可乐？

□聚会时 □游玩时 □看球赛时 □口渴时

□思考时 □无聊时 □身心疲惫时

5. 您是从什么地方知道可口可乐的？

□电视广告 □报纸 □听别人介绍 □其他方式

6. 您了解可口可乐的哪些品牌？

□可口可乐 □健怡可乐 □零度可乐 □酷儿

□雪碧 □芬达 □醒目

7. 您一般最多会在哪两种场合购买到可口可乐？

□大型百货商场 □超市和不同零售店 □网吧

□娱乐场所、流动的饮料摊位

8. 您喝的可乐大多是由谁来提供/购买的？

□自己 □父母 □朋友 □亲戚

□配偶 □其他

9. 如果让您来为可口可乐挑选代言人，您会最偏向于谁？

□潘玮柏 □S. H. E □ 刘翔 □罗纳尔多

□平民百姓 □虚拟人物(如魔兽世界里的魔兽等)

10. 您对可口可乐的宣传或广告有什么意见？请说明你的理由。

____

11. 请您填写对可口可乐公司形象的评价。

项　目	非常不满意 1	部分不满意 2	一般 3	较满意 4	非常满意 5
总体印象					
信誉形象					
业绩形象					
时代形象					
社会形象					
经营者的形象					
员工的形象					

续表

项　目	非常不满意 1	部分不满意 2	一般 3	较满意 4	非常满意 5
商品的形象					
技术形象					
国际形象					
服务形象					
文化形象					
公司宣传形象					
公司视觉传达形象					
公司发展形象					
公司规模形象					
公益环保形象					
安全形象					

请您简单描述一下，在您心目中可口可乐公司的形象。

____

为了表达我们对您的诚挚谢意，我们在问卷调查中进行抽奖活动，请您仔细填写以下信息，以便与您联系。

B1 您的姓名：　　　　　　　　B2 性别：

B3 联系电话：　　　　　　　　B4 公司名称：

B5 所在部门：　　　　　　　　B6 您的职业是：

B7 您现在的教育程度是：(1) 博士　　(2) 硕士　　(3) 本科　　(4) 大专　其他__________

B8 您的年龄：(1) <25 岁　　(2) 25～35 岁　　(3) 35～45 岁　　(4) 45～60 岁　(5) >60 岁

衷心地感谢您的配合，谢谢！

（三）实施调查

市场调查的各项准备工作完成后，开始进行问卷的实地调查工作，组织实地调查要做好两方面工作。

1. 做好实地调查的组织领导工作

实地调查是一项较为复杂烦琐的工作。要按照事先划定的调查区域确定每个区域调查样本的数量，访问员的人数，每位访问员应访问样本的数量及访问路线，每个调查区域配备一名督导人员；明确调查人员及访问人员的工作任务和工作职责，做到工作任务落实到位，工作目标，责任明确。

2. 做好实地调查的协调、控制工作

调查组织人员要及时掌握实地调查的工作进度完成情况，协调好各个访问员间的工作进度；要及时了解访问员在访问中遇到的问题，帮助解决，对于调查中遇到的共性问题，提出统一的解决办法。

要做到每天访问调查结束后，访问员首先对填写的问卷进行自查，然后由督导员对问卷进行检查，找出存在的问题，以便在后面的调查中及时改进。

（四）整理和分析资料

搜集调查资料的过程，是应用科学的方法和手段的过程。公共关系调查人员采取科学的收集方法，如调查统计表、统计图和调查问卷等，及时、真实和全面地反映与调查内容相关的各种资料。

然后，对各种资料进行系统整理和统计分析。应用统计学知识，对调查资料进行更深层面的发掘，厘清头绪，抓住问题的要害，得出正确的调查结论。

（五）撰写调查报告

公共关系的调查结果一般都是领导层的决策参考依据，因此调查结果若想得到了认可和应用，就需要把整个公关调查结果以报告的形式呈现出来。

这是公共关系调查过程的最后一个环节，经过对调查资料的汇总、统计和分析，得出公共关系调查的结果。将这一结果与第一阶段课题确定时拟定的目标进行比较研究，如果两者一致，说明公共关系调查取得了成功。反之，则是失败的。

第三节 公共关系调查方法

公共关系调查的方法对于公共关系调查任务的顺利完成具有重要的作用，它包括用以保证公共关系调查目的能够顺利实现的调查途径、方式、手段和措施等。公共关系调查的方法多种多样，形式各异。

科学正确的调查方法是能够保证调查取得良好效果的关键环节，公共关系调查最常使用的方法有文献资料研究法、民意测验法、公共关系审查法和公共关系预测法，下面分别予以说明。

一、文献资料研究法

文献资料研究法是公共关系调查中运用比较普通的一种方法。它是一种收集、整理、保存、检索和分析文献资料的方法，目的是为了积累整理资料，以便于在急需使用时迅速查出有关资料，分析事实与观点，及时发现问题，为公共关系活动服务。其主要步骤如下。

1. 收集资料

社会组织中的公共关系部门必须购置常用的工具书，如各种辞书和各类年鉴，从中了解国内外重大事件，以及各行业新的进展和新的成就。从辞书中引用典故、丰富词汇，使各种传播材料制作得更加精彩纷呈。

此外，必须了解本组织的历史和现状，以及基本的经营状况，这些情况和资料要从各种内部刊物、公众档案、企业报表、市场情报资料等方面进行深入的了解和收集。

2. 检索资料

对收集到的资料进行分类整理，建立检索系统。可以按汉语拼音或偏旁部首进行排序，也可以按英文字母顺序进行分类目录检索。

3. 保存资料

随着时代的发展，现代保存资料的方法不再局限于剪贴、复印、装订、登记、编目和归档等工序，许多社会组织都已采用电脑储存来管理资料。建立电脑资料库，扩大了检索的范围，提高了检索的速度。当然，这就需要既精通管理又精通电脑技术和训练有素的专门人才，才能使电脑管理取得理想的经济效益。

4. 分析资料

采用纵向和横向分析的方法，检索出有关资料，进行详细分析，提出报告建议，为决策者提供参考咨询。公共关系人员在分析资料时必须保证观点的准确和可靠，广泛征询专家意见，在综合分析了丰富翔实的资料和各方意见之后，再提出最终可行的建议与方案。

二、民意测验法

民意测验法是公共关系调查中应用最为广泛的方法。最早在美国，出现了许多专业性的民意测验机构，如非常有名的盖洛普民意测验组织、哈里斯组织、杨科洛维奇组织等。民意测验包括以下步骤。

（一）确定调查目的

确定调查目的，首先要了解社会组织领导者的真实想法，使民意测验顺利进行。其次是了解社会组织领导者进行民意测验的具体目标。一次民意测验具体目标不宜过多，设计的提问一般不要超过30个，否则会让人生厌，降低质量。

（二）确定人口总体

确定人口总体就是确定调查对象的标准，明确在所调查的区域范围之内，哪些层次的人属于这次民意测验的对象，如调查总体是全国的还是全省的顾客，是青年、妇女还是儿童，根据人口统计或其他人事基础资料，尽量求出总体的确切数字。

（三）拟定问卷

问卷设计具有很强的专业性、科学性和艺术性。要围绕调查目标设计、拟定问卷，探测调查对象的情况、认识和态度。

1. 问卷的提问方式

一般提问方式有两项或多项选择提问和开放式提问。

两项或多项选择提问属于封闭式提问。列出所有的备选答案，内容规范，便于定量分析。但该方法容易忽略可能的备选答案，会产生偏差。开放式提问也称自由式提问，一般用于深度调查，让调查对象自由解答，答案十分灵活、广泛，给整理资料带来一定难度，不易统一标准，误差也较大。除这三种方式外，还有多种问卷方式，如组句法、填空法或采用图表测量等方式方法。

2. 组织问题、斟酌措辞和试测

组织问题，是在一份问卷前，一般要有简短的说明，解释调查的目的，言辞委婉恳切，尊重对方；在提问顺序上，要适应调查对象的心理，先易后难；把同类问题归纳在一起，按逻辑顺序提出。

斟酌措辞，是在提问时要明白易懂，避免使用带有倾向性的措辞。问卷拟好后，在小范围内具有代表性的调查对象中进行测试，检验问卷设计中的科学性和可行性。如发现问题要及时修正，最后确定问卷内容和形式。

（四）确定访问方式

访问有深度访问和问卷访问两种方式。

1. 深度访问

深度访问是指可以进行个别访问，也可进行小组座谈会。这种访问不用问卷，事先准备好访问重点。调查对象不受问题限制，可以畅所欲言，双方互相启发，共同探讨，使调查更加深入。

2. 问卷访问

问卷访问，可分为当面访问、通信访问和电话访问。采用精心设计的问卷，其结果可以编码统计，进行定量分析。三种访问方式各有利弊，采用何种方式，取决于调查目的、人口总体、调查对象的分布和问卷长短等。还要考虑问卷复杂程度，以及经费和时间等因素。

（五）进行抽样

社会调查有普查和抽样调查两种方式。

普查是对全部社会公众进行的、内容尽可能多的调查，使社会组织获得丰富、全面的资料。该方式虽然比较准确可靠，但是需要大量的人力、物力、财力和时间，如全国人口普查就是如此。

抽样调查，需要有一份反映人口总体自然特征的基础材料，如姓名、地址或电话簿等，从中抽选一部分人进行调查，根据其结果推论整体情况。它所产生的误差，可以用统计方法进行计算和控制。一般社会组织机构和公共关系公司通常采用抽样调查的方法。抽样调查一般分为随机抽样和非随机抽样两种。其中随机抽样又分为简单随机抽样、分层随机抽样、分层同比和异比抽样、多阶段分地区抽样等多种方式。

1. 随机抽样

在随机抽样方法中，简单随机抽样是用纯粹偶然的方法在总体中随机抽取若干个个体作为样本，总体中每一个个体被抽取的机会是相等的，抽样者不能作任何有目的的选择。分层随机抽样，先将总体按特征分类，即按个体的特性，如行业、年龄、教育程度等分层次,然后在每一层次中选取部分作为样本。

分层随机抽样包括同比和异比两种方法。即对各层次按同一比例或对各层次采用不同比例进行抽样调查。多阶段分地区抽样是对广大地理区域的社会公众进行访问时需采用的方法,是建立在分层随机抽样方法的基础上的。

2. 非随机抽样

非随机抽样是按照调查的目的和要求,依据一定的标准选取样本。总体中每一个个体可能被抽取的机会是不相等的。一般有任意抽样、判断抽样和配额抽样等形式。任意抽样是调查人员从方便的角度出发选择样本,因为方法比较简单而且节约经费,所以常被广泛采用。

判断抽样是根据专家或调查人员的主观判断来选取样本,能适应调查人员的某种特殊需要。配额抽样是将总体先按调查特征分层,并规定各层次的样本配额,再由调查人员按每一层的配额依判断抽样的原则进行抽样。这种方法比较省时、省力、省钱,只要在调查中认真执行规定,就能获得准确的结果。

(六) 撰写调查报告

调查报告就是根据调查研究的成果而写成的文字性(包括数据)的书面报告,以文字图表的形式将调查的过程、方法和结果表现出来。调查报告的主要格式包括:题目、导言、主体和最后结尾。

题目,要求生动明确,符合报告内容;导言,讲清楚调查的内容、目的和方法;主体,详尽有序地说明调查的过程、问题的发现以及各项调查论证等内容;最后结尾,对调查结果进行分析并提出建议,简明扼要,观点明确,必要时可附上参考资料加以佐证。

三、公共关系审查法

公共关系审查法是用来对社会组织机构的公共关系现状进行全面审查,调查各类公众对该社会组织机构的印象,分析社会组织机构运转中出现的问题或存在的隐患,从而提出公共关系工作的目标和实施公共关系活动的步骤。

进行公共关系审查时,主要是通过广泛访问、舆论调查和仔细分析的方法调查社会公众的意见,然后有针对性地提出今后的公共关系计划。最后检测公共关系的传播效果,检测时主要采用受众调查法和内容分析法。

受众调查的基本方法有日记法、机械记录法、面访法和有助或无助回忆法等。内容分析法的研究对象是传播内容,其基本步骤是:首先确定分类,依据研究目的,对传播内容加以分类;其次进行定量分析,对各类传播内容所占的篇幅或时间加以统计;最后进行定性分析,请专家或传播媒介等有关人员共同研究、评价报道是否达到理想效果。

四、公共关系预测法

采用公共关系预测法,可以从诸多的社会问题中,预测社会组织机构可能遇到的公共关系问题。主要步骤如下。

(1) 识别问题,通过查阅资料、民意测验等方法,收集并罗列出各种正在出现或可能出现的问题。

(2) 排列问题等级,按主次轻重缓急等划分问题等级。一般分为对社会组织机构的生存有决定作用的"战略性问题"和没有决定作用的"公共政策问题"。

(3) 联系问题,把问题与本组织机构的总体目标、经营理念等联系起来。

(4) 行动方案问题,制定可供选择的行动方案,确定目标,划分具体指标,进而寻找到走向成功的最佳途径,列出几种方案供决策层选择。

以上介绍了公共关系调查的四种方法,其中民意测验的方法使用最多,可在实践中单独分开运用,通过公共关系调查获得对有关社会组织的某些方面的认识或结论,为开展下一步的公共关系工作服务。

课堂实践

1. 实践内容:以小组为单位对某社会组织形象的定位进行调查、分析。

2. 实践目的:通过对社会组织在社会中的实际形象调查,分析其现有形象对社会组织发展的影响,运用公共关系调查手段和方法,提高组织的形象地位,使得组织追求更高的形象目标。

3. 实践环节:为社会组织设计调查问卷,制订具体的调查方案,并有针对性地对组织进行调查研究,以数据和事实为依据,逐一分析该组织的形象弱点,提出合理化建议,采取有效公关手段,实施形象设计计划,效果检测,进行总结。

4. 技能要求:熟练掌握组织形象地位分析法,设计问卷合理化,调查组织现状真实化,把公关理论运用到公关实践当中去。

拓展阅读

新思想 进无止境

——长安福特 2014(第九届)高校汽车联盟校园行

执行时间:2014 年 7 月—2014 年 12 月

企业名称:长安福特汽车有限公司

品牌名称:福特

代理公司:趋势纵横(北京)文化传播有限公司

参评方向:企业社会责任、品牌传播

一、项目背景

项目简介:由长安福特汽车有限公司、汽车族杂志社、中国高校汽车联盟共同主办的"长安福特杯——中国高校汽车辩论赛"自 2006 年创办以来已经成功举办了八届。长安福特通过此活动,向全国大学生推广汽车文化、汽车社会责任、安全驾驶的交通意识,履行了企业的社会责任,同时在全国高校大学生群体中扩大了企业的品牌影响力。

长安福特作为一个具有强烈社会责任感的企业公民,长期以来不仅在汽车技术发展与改进人类汽车生活方面发挥作用,同样持续担当汽车安全节能驾驶、环境保护、汽车人才培养等方面责任。长安福特2014(第九届)高校汽车联盟校园行即是一个旨在在青年群体中推广汽车文化、强化安全节能驾驶意识及技巧、发现并培养人才的综合性公益项目。项目包含高校汽车辩论赛、长安福特安全驾驶训练营(DSFL)、汽车嘉年华三个线下项目,以及围绕三个主体项目展开系列网上互动推广项目。项目涵盖东北、华北、华东、华南、华中、西南六大区域,设计包括清华大学、北京大学、复旦大学、同济大学、哈尔滨工业大学、武汉大学等20所"211"院校。

本案面临三大难题:第一,如何将长安福特的品牌文化、社会责任与青年群体的关注点相结合,形成品牌效应与社会效应的统一;第二,如何综合运用线下活动与线上传播形式,来适应青年群体的接受习惯,提升执行效果;第三,项目本身涉及院校较多,时间、地点组织都比较复杂,如何协调活动各相关方,保障活动的顺利开展形成对公关公司统筹与执行能力的挑战。

项目调研:项目调研分内部调研和外部调研两部分,最终确认该项目的可行性。

1. 内部调研:重点针对长安福特相关资源支持情况展开:企业高层项目执行意愿、人员支持情况、资金支持情况、汽车安全驾驶训练讲师资源、安全驾驶训练营及汽车嘉年华用车准备、高层领导近期活动参与可行性等情况进行调查研究。基本结论是:长安福特对该项目格外重视,并希望能将该项目做成长安福特社会责任品牌项目,形成对全社会的有益影响,同时在人力上可将长安福特安全节能驾驶训练营讲师及车辆资源调入校园行活动。公司总裁可参与启动仪式、收官仪式并发表讲话,企业另有高层可参与全程性站点活动。

2. 外部调研:外部调研分校方、媒体方和第三方支持三个方面。通过调研了解到活动涉及的20所高校从学校官方到学生会组织、学生个体都有积极参与的意愿,在调研中还特别对希望参与的内容及方式做了调研,为后续有效执行做准备;媒体调研部分,选择本次活动涉及的大众媒体和汽车行业媒体展开,媒体对活动的社会公益性、新闻传播性进行评估后,认为在学生中推动安全节能驾驶意识和技巧是具有前瞻眼光的事件;同时活动对第三方支持情况做了调查,并在后续执行中引入了汽车族杂志作为活动的资源提供方,该杂志长期致力高校汽车文化的推广,可以提升活动执行的效率。

二、项目策划

项目的目标如下。

1. 汽车文化传递:促进汽车文化在校园中的推广,特别是激发青年人对汽车与环境、汽车与社会、汽车安全、汽车未来趋势等行业热点话题的讨论,以激发认识和兴趣;

2. 安全节能推广:增强绿色安全主题推广,提升青年群体节能安全驾驶的意识与技巧,为建设更和谐的汽车交通环境做出贡献;

3. 人才发现与培养:激发学生汽车兴趣,发现人才并跟进后续的培养计划;

4. 企业品牌提升:增强长安福特在学生群体中的影响力和品牌高感度,为长安福特积累未来主流消费市场认同。

项目策略:以人为本,建立品牌格局。

人是项目的核心,该项目通过关注人的理想、情感、立场、价值判断、实际需求来建立对长安福特的价值认同和情感共鸣。以此为指导,活动设立以价值沟通为重点的"高校汽车辩论赛”项目；以实际需求为导向的“安全节能驾驶训练营”项目；以调动情感与品牌认同为目标的“汽车嘉年华”项目。

目标公众如下。

第一层级：以高校学生为核心的青年群体；

第二层级：社会公众及长安福特经销商群体。

传播策略：高举低打 虚实并进。

高举：以战略视角对项目进行统筹规划。从社会层面看，该项目承载未来建设更和谐汽车社会的使命同时以人才培养为中国汽车业持续发展奠定基础。从企业层面看，该项目是企业未来消费者影响工程，关乎企业未来持续竞争力。

低打：放低身段，贴近目标群体兴趣点和接受习惯。在活动环节设置上、传播内容方面，更多考虑青年群体的接受习惯，活动增强参与性、传播增强社会化媒体应用、传播形式更多借助病毒视频、漫画，提升传播效果。

虚实并进：在加强将企业实力、安全节能技巧等硬性内容传播同时，注重企业“进无止境”的品牌理念与青年人梦想对接，长安福特建设“更美好的社会”的企业目标与青年人对未来责任对接，建立价值认同和情感共鸣。

主要信息包括以下三点。

1. 传递汽车文化，履行社会责任。

2. 提升安全意识，传播安全知识。

3. 推动活动创新，丰富体验平台。

媒介选择：兼顾广度、高度和深度的大纵深传播。

广度：大范围媒体邀请和扩展报道来增强活动的影响面。

高度：选择少部分有行业影响力和社会影响力的领袖媒体，做深入的公益价值解读

深度：特别利用新媒体来强化线上与线下联动，增强媒体和受众的参与积极性、实现良好的传播体验。

三、项目执行

(1) 项目实施细节

主题阐释：在启动仪式上，以“梦想，进无止境”为主题，以长安福特总裁马瑞麟视角，解读长安福特梦想，并与青年群体探讨梦想实现。该讲话内容已经作为传播素材做扩散传播。在收官仪式上，通过视频形式展现整个校园行活动，青年群体如何一步一步向梦想迈进。

直通底特律：策划该跨国沟通项目，高校汽车辩论赛选手将受邀赴美国底特律福特汽车总部参观考察，将汽车梦想深化，体现长安福特对人才培养的重视。

群体互动：策划“我宣誓”线上线下互动参与项目，引导学生建立文明的驾驶习惯；“越Young越优行”主题视频征集活动；“安全课堂”以四大名著人物漫画形式，引导学生避免不安全驾驶行为；开发安全节能驾驶网上训练营APP，吸引更多用户参与。

(2) 项目进度

采用总分总项目执行节奏，即启动站、8进4统一、总决赛统一，大区决赛分站并行展开，以在较短时间内完成横框6大区的项目。

(3) 控制与管理

以时间节点为依据，协调高校资源、长安福特领导，确保活动的效果；活动中采用可重复利用材料，降低成本增强活动环保。

四、项目评估

该项目涉及全国20所重点高校，辐射东北、华北、华东、华南、华中、华西6大重点区域，直接参与人群超过10万人次，通过网络互动影响人群超过50万人次，是长安福特众多CSR项目中最具影响力的项目。通过活动执行，切实增强了目标群体对绿色、安全驾驶的重视，以及对长安福特品牌认同。传达了长安福特进无止境的品牌精神、建设美好社会的企业发展理念。

高校辩论赛单场参与人数超过3000人；安全节能驾驶训练营单场参与人群超过1000人次；汽车嘉年华单场参与人数超过5000人次。

通过线上线下传播，项目在全社会范围产生积极影响。参与者普遍认为，校园行活动是一个有社会高度同时有很贴近实际的活动。这体现了长安福特将远大的想象和脚踏实地行动相结合的务实态度。

该项目也在长安福特销售终端引发很好的回应：经销商认为长安福特的品牌建设和社会责任项目可以增强市场信赖和好感，这是与产品力同样重要的事情。

该项目也收到媒体的热切关注，包括中国日报、新浪网在内的大众媒体，包括中国汽车报、易车网在内的汽车行业媒体，对活动进行了深度报道。媒体直接报道超过2500频次，点击量超过1000万次。新媒体互动参与超过1500万次。

资料来源：公共关系网．金旗奖候选案例：新思想 进无止境——长安福特2014(第九届)高校汽车联盟校园行[EB/OL]．(2014-10-23)．http://www.17pr.com/news/detail/136857.html.

第六章

公共关系策划

学习目标

1. 了解公关关系策划的知识；
2. 理解公共关系策划的作用；
3. 掌握公共关系策划的原则和程序。

技能要求

1. 掌握公共关系策划的原则和程序；
2. 认识公共关系策划在公共关系中的重要作用；
3. 能够根据实际需要进行公共关系策划，帮助组织提升社会形象。

引导案例

阿里巴巴鲜为人知的公关秘史

马云有一位同乡，名叫樊馨蔓，时任央视《东方时空》的纪录片导演。这是马云一生中的“贵人”，也是马云战略思维的某个重要拐点。

马云后来一直保持与央视的密切关系，2004 年获得年度十大经济人物，2006 年，马云成为《赢在中国》总评委，不仅成功推广了阿里巴巴平台，而且一举登上顶级企业家俱乐部。知情人士称，实际上阿里巴巴内部早就在策划此事，马云为此投入巨大。

砸钱进行媒体公关，是马云相当认可的一招。迄今为止，阿里巴巴的公关能力令等闲之辈胆寒。内部人士透露，阿里巴巴目前几乎能动用全国所有主流媒体，中型活动请媒体通常上百家，大型活动譬如网商大会通常达到 300 家规模。阿里巴巴跟全国主要媒体保持密切的公关合作，一些合作项目动辄 2000 万。

这仅仅是马云公关术的小儿科，真正的精华在他的颠覆性事件公关之中。

2000 年，马云策划了名动天下的《西湖论剑》，在互联网冬天激起一片鸥鹭。

“从那时候开始，马云基本形成了强势营销＋逆向营销的公关模式，这两板斧挥舞起来很要人命，第一个倒下的就是易趣 eBay。”有公关公司高层研究了几乎所有阿里巴巴的营销案例后说。

当时马云秘密研发淘宝，本身就是一种逆向营销，以牵制易趣从 C2C 抢占马云的 B2B 市场。淘宝 PK 易趣这一战役中，最经典的甚至不是免费撒手锏，而是以舆论战率先抢占制高点。

马云亲自主政。他将还很弱小的淘宝直接定义为 eBay 的挑战者，在 eBay 易趣办公楼对面树起了淘宝的广告牌，声称“鲨鱼在长江里是打不过鳄鱼的”。刚开始，易趣并不以为然。

公关界的人士称，当时在淘宝公关部的精心策划下，eBay 的种种缺陷在媒体和论坛上以加速度放大，作为配合，马云不失时机地出面点评，甚至为自己安排采访计划，并且与《福布斯》这样的国外主流媒体互动。而马云制造的疯狂语言，比如“淘宝给 eBay 最后通牒”之类，极大煽动了用户情绪，直至易趣崩溃。

值得注意的是，马云在这一战就建立起了一套网络舆论监控机制，随时应对各大论坛、社区、门户网站的信息。这一屡建奇功的团队保留至今，内部称“病毒营销组”。阿里巴巴内部各大社区，稍有负面的帖子会被迅速删除，甚至有些词汇也是被屏蔽的譬如“假货”。此外，一些卖家证实，淘宝的一些活动在给卖家资格的时候会要求卖家事后组织正面宣传帖子。

这一年，阿里巴巴集团公关部力压市场部、研发部门等，获得了 CEO 特别贡献奖，这是阿里巴巴年度最高荣誉。

随后被挑下马的是奇虎的周鸿祎。当年周鸿祎不满雅虎单飞做了奇虎，随着一系列商业利益纠纷而爆发冲突。彼时的雅虎出人意料地贴出“大字报”，指责雅虎中国前总裁周鸿祎缺德，缺乏职业道德。此后一系列媒体跟进对周鸿祎口诛笔伐，交战所使用的语言已经为业内不忍卒听。

当当网总裁李国庆认为这就是一场攻心之战，是阿里巴巴最擅长的策略——从心理上打垮对手。

攻心战后来又被用到了攻击 B2B 的直接竞争对手郭凡生的慧聪网和孙德良的网盛，尤其是前者。马云以著名的“打着望远镜也找不到竞争对手”挑起骂战，在高潮中回应：“尽管有多种渠道通过各种方式，几次提出要求阿里巴巴公司收购慧聪国际的意向，但在此我们再次声明……对于一家业绩一年比一年差，亏损不断扩大，缺乏创新，崇尚抄袭，不求诚信的企业，我们对这样的企业没有一点收购的兴趣”，郭凡生认为这纯属谣言散布。

反客为主、制造新闻的能力淋漓尽致体现为阿里巴巴与腾讯的一战。

2006 年年中，淘宝网因违反“三年不收费”承诺，推出“招财进宝”而遭到用户一致抵制。而腾讯的拍拍正好黄雀在后。这一幕，已经具备了当年淘宝颠覆 eBay 的条件。而淘宝采取的策略，至今令人回味。6 月 5 日，一个声称腾讯拍拍雇某公关公司对淘宝网进行攻击的帖子突然流传于网上，在这个匿名的帖子中贴出了腾讯与该公关公司的合同内容。

随后，淘宝网迅速展开道德谴责，从而引出一场混沌的舆论争议。在这片混战之中，马云顺利地“出面向用户致歉”。

资料来源：中国公关网 .“公关第一天团”阿里公关部鲜为人知的内幕[EB/OL].(2015-08-25). http://www.chinapr.com.cn/templates/T_Second/index.aspx?nodeid=3&page=ContentPage&categoryid=0&contentid=10684.

第一节 公共关系策划的作用和原则

通过公共关系状态调查，掌握了大量的信息与资料，并进行综合分析之后，公共关系人员就应根据公共关系存在的主要问题确定公共关系活动目标，制订公共关系关系的计划方案，寻求解决问题的方法和途径。

一、公共关系策划的作用

公共关系策划在公共关系工作中是处于核心地位的重要环节，也是最富有创意的部分，体现了公共关系理论与实践的精华，在公共关系实务中发挥着承上启下的作用。在现代公共关系活动中，公共关系策划对于实现公共关系目标起着极为重要的作用，是公共关系人员必须掌握和能够灵活运用的技能公共关系策划。

从公共关系工作的特性来看，公共关系策划的作用可以概括为以下几个方面。

1. 理清思路

公共关系策划是一种对公共关系工作进行布局的思维创作过程，通过公共关系策划，可以使公共关系工作变得条理清晰、层次分明。促使公共关系工作人员有更加严密的思维逻辑和思维结果，避免公共关系工作的盲目性、无序性和随意性。

2. 创意创新

公共关系活动不是公共关系理论的照本宣科，更不是生搬硬套。由于每一个社会组织，都有其自身行业的特征和环境的差异，也有着不同的公共关系目标。因此，在公共关系策划中，创新创意，通过不断进取，力求做到“人无我有，人有我优”的资源最佳运用与组合，追求完美创意的美好反响。

小贴士

做创意需要记住的6个关键点

做公关策划大家通常会想如果没有一个“BIG IDEA”是不行的，现在不论是乙方给甲方提案，还是我们在执行一个项目，创意往往都变得很重要，有没有创意用户在看到时就会有反应，这种反应会形成转发、评论、赞赏、购买等有效行为。

那么用户喜欢的创意是什么样的呢?

(1) 意外：震惊到用户

“哇!”这样的叫声是对创意人最高的赞赏。

很多时候我们在创意的表现上，会考虑如何设置意外，反常规是一种表现形式，不按常理出牌，就比如你看一部电视剧，故事情节好似你能有所预知，但是跌宕起伏间，又有意想不到，这样的剧自然会火起来。

我们做创意也会考虑其意外性。

比如有一个广告，一个大汉在吃比萨，上面涂了很多辣椒酱，一只蚊子飞来，吸了很多血之后飞走了，大汉没有打蚊子，而是看着微笑，之后画面一转，蚊子爆掉。

显然这是一个夸张的表现手法，如此冲击是表现产品的特点。

(2) 简约：参与到用户

复杂的想法就称不上好创意，有时候一张图片就可以疯传，一个口号就引发热门参与，比如当时“贾君鹏，你妈喊你回家吃饭！”还有“杜甫很忙”引发PS热潮。

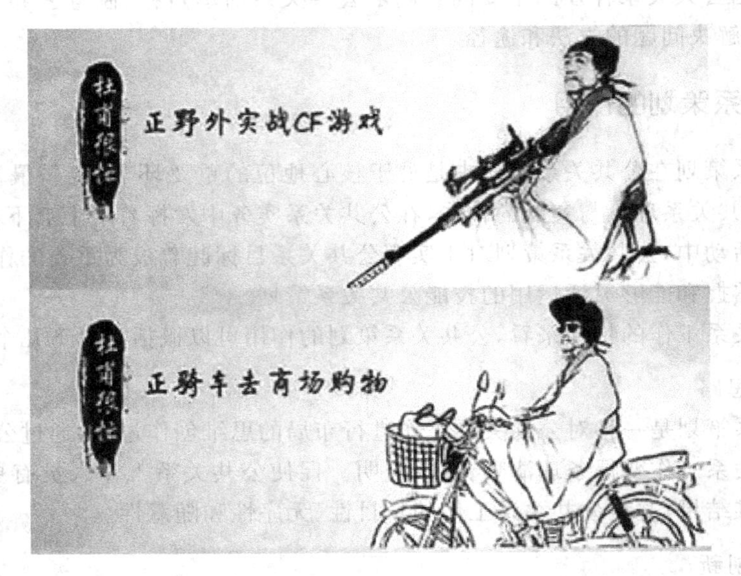

2014年有一个“微笑挑战”很火，它不是一句话，不是一幅画，而是一个参与行为，熟人关系圈之间晒照片，很病毒的一种玩法。（相关文章：《“微笑挑战”疯传朋友圈的秘密》）

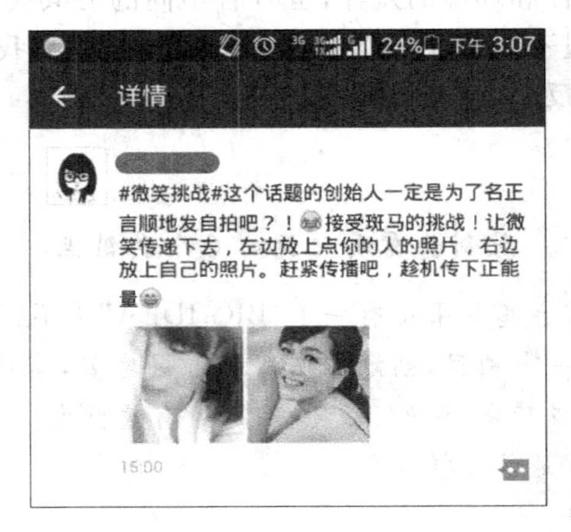

(3) 突发：震撼到用户

一般时候，在大阵仗面前，用户被震撼到是极有可能的，比如一次快闪，2015年9月3日大阅兵期间，上海虹桥机场就玩了一次红歌快闪活动，引发很多人关注，在机场大厅里，突然就跳起了舞，效果也就从“一个线下地点的引爆+特殊节日的呼应+周围群众社会化媒体分享+活动后制作精良并统一规划的传播”，就这样成就了一次不错的活动创意。（相关文章：《虹桥机场发生的感人一幕，阅兵之外你不得不看》）

类似这样的案例有很多，比如“斯巴达300勇士送沙拉”(相关文章:《事件营销:论斯巴达300勇士为何倒掉?》)、“上海车模扮乞丐”(相关文章:《车模扮乞丐的营销炒作，到底好不好?》)等。有时候震撼到了，但也会出现骚动，影响秩序，前者“斯巴达”的影响好在没有给品牌带去负面，反而品位后边还获得不少借势，而另一个“车模扮乞丐”的品牌植入虽然刻意性很强，但是很少人看得到。事件本身的效果引发全媒体报道，对品牌影响弱了很多。

突发事件的策划，会把事儿放大，也要会把话题转移，这样的营销创意才有价值。

(4) 八卦:娱乐到用户

八卦之心人人有之，娱乐八卦的内容也容易在网络上传播，比如什么小道消息，或者明星绯闻，文章出轨、××明星吸毒等都是社会化媒体的引爆点。还有比如刘强东与奶茶的故事更是成为京东另类营销的重要元素，八卦真是可以激发人们的好奇心，窥探的欲望让很多人欲罢不能。2015年的“6·18”，正值京东生日大促，但就在此时，有一个重磅的娱乐绯闻爆料，6月17日晚上众多娱乐大号齐发力互动，爆料一个跑男出轨，矛头直指邓超，爆料者说要等到6月18日上午10点公布。

好奇心害死猫，很多人都在刷屏，等待。

结果可想而知，在邓超工作室的声明以及邓超的回应之下，这个爆料就不了了之了。可是那天是“6·18”，很多人不得不多想。(相关文章:《邓超出轨门，这是有预谋的营销事件吗?》)

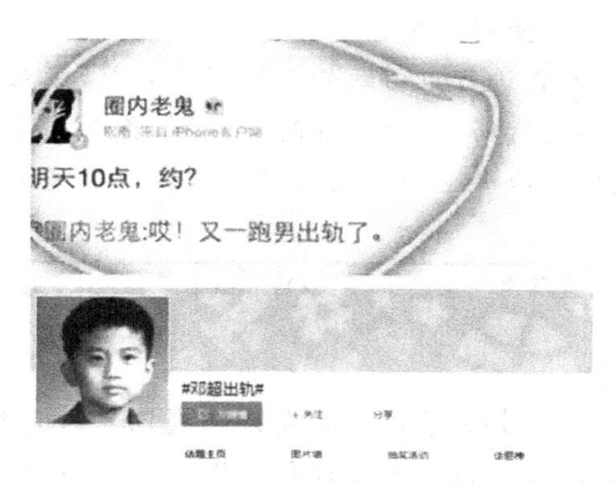

(5) 情感:感动到用户

在创意里用情感元素去感动用户，这个是需要点功力的，在当下很多人都喜欢娱乐八卦，感动这件事儿反而比较难在一个创意里快速蓄积情绪，并能达到感动之后再分享、行动的效果。

比如西捷航空圣诞节的一个创意，就透过浓浓的情感，向用户传递了“圣诞老人”的爱，我们看着那段视频甚至都会感动，设想一下如果自己当时在现场会是何等的受宠若惊。

(6) 有趣:兴奋到用户

我们喜欢的创意中，有趣是很重要的一点，再好的创意仅仅是干涩的说教，或者品牌宣读，都不让它有趣，因为这样不仅仅可以引发用户的参与，甚至也可以塑造出突发事件，一样可以震撼。

我们总结一下用户喜欢什么样的创意，它“意外、简约、突发、八卦、情感、有趣”，当你了解这些点之后，我们该如何做创意呢？相信你已经有了方向。

创意，并非创意人专享，很多人都有创意的天赋，只是需要激发出来，另外人人也都可以去学习创意，即便你从事创意工作，做一个有创意的人，生活会更有趣。

创意是有方法可循，这些年一直在一线从事创意工作，从早期广告公司做广告创意文案，再到公关公司、数字营销公司等，好创意会成为任何内容创播的重点。

创意的6个关键点，不知道你记住了吗？

资料来源：魏家东．策划创意人必读：做创意需要记住的6个关键点[EB/OL]．(2015-11-03)．http://www.chinapr.com.cn/templates/T_Second/index.aspx?nodeid=3&page=ContentPage&categoryid=0&contentid=11174.

案例

苹果故事之创意点子

圣诞之夜，某高校俱乐部前，一老妇守着两筐大苹果叫卖，因为天寒，问者寥寥，生意非常冷淡。一教授见此情形，上前与老妇商量几句，然后走到附近商店买来节日织花用的红彩带，并与老妇一起将苹果两两一扎，接着高叫道：“情侣苹果哟！两元一对！”经过的情侣们甚觉新鲜，用红彩带扎在一起的一对苹果看起来很有情趣，因而买者甚众。不一会儿就全部卖光。老妇感激不尽，赚得颇丰。

教授对俱乐部前来往人群进行市场细分可谓别出心裁，成双成对的情侣给了他灵感，其对产品定位更是心迹奇巧，用红彩带两个一扎，唤为“情侣”苹果，对情侣非常具有吸引力，即使苹果不好销的大冷天也高价畅销了。这就是创意创新的结果。也是艺术性创意的功效与作用。

资料来源：瞧这网．苹果故事之创意点子[EB/OL]．http://www.795.com.cn/wz/44756.html.

3. 指导公共关系行为

公共关系策划是对未来公共关系行为的设计和规划。为能够达到预期的策划目的，公共关系策划必须做到精心设计每一个步骤和细节，对公共关系的行为方向、方法、尺度、效果做出统一的规定与要求。

4. 促进竞争力的提升

现代公共关系本来就是市场竞争的产物，从社会组织整体的竞争战略看，公共关系策划势必会促进社会组织在树立形象、传播沟通和协调关系等各个方面的竞争力。在今天的市场竞争中，各类社会组织为了其自身的生存与发展，已经从有形资产的竞争逐步发展到了无形资产的竞争，即形象和关系的竞争，而这些取决于公共关系策划水平的高低。

公共关系策划是公关人员为实现组织的公共关系目标，在充分调查分析的基础上，运用科学和艺术的手法，对公关活动进行设计和制作的过程。它作为公关活动的一个步骤，是公关的基础和核心，也是顺利实现公关目标的前提。一个良好的公共关系策划，就意味着良好的市场效应，因此形象设计专家、点子大王才能一语千金。因此，公关策划在整个公关活动中起着关键性的作用。

二、公共关系策划的原则

公共关系策划的原则是指导公共关系策划的行为准则。由于公共关系策划不是公共关系策划人员的随心所欲，而是科学的、艺术的思维创造。因此，公共关系策划必须遵循客观规律，避免脱离实际的为策划而策划。为做到这点，在公共关系策划中应遵循以下各项基本原则。

1. 公众利益优先的原则

公众利益优先的原则，是公共关系策划的首要原则。社会组织只有坚持社会公众的利益为先，才能够赢得社会公众的好评，才能提高社会组织的认知度和美誉度，从而获得社会各方面的支持，使社会组织自身获得更大更长远的利益。

2. 尊重客观事实的原则

公共关系人员在策划过程中，要坚持以客观事实为依据，尊重事实、尊重实践、尊重科学。为此，首先应该做到先通过大量的调查，全面掌握各方面的信息资料，经过科学的分析和研究后，再如实的将信息反映到策划决策中。

其次，公共关系策划要根据社会组织环境的实际状况和自身的资源状况，设计出符合社会公众真实需求和社会组织自身利益的形象，将社会组织形象向社会公众进行有效的传播。

最后，在社会组织形象传播过程中，要根据环境状况的变化，不断地修正、补充、完善策划方案和调整实践行为。

3. 灵活创新原则

公共关系策划人员在进行公共关系活动的策划过程中，应力求以动态的眼光看世界，使策划思路适应环境的变化。力求策划出最新的方案，达到最佳的效果，力求别出心裁、独辟蹊径。在公共关系策划中，创意是策划的灵魂。公共关系策划者不仅要在公共关系策划的全过程中，从整体上使用创造性思维方法，而且要在公共关系行为的每一步骤，每一细节的设计策划中，都采用创造性思维方法。

4. 合理可行的原则

公共关系策划虽然是一种创造性的思维活动，但是，它必须以尊重客观事实为前提，不能脱离实际情况而存在。公共关系策划既然是事前对公共关系行为的通盘谋划，那么就必须充分考虑到其策划在未来的实施中是否合理可行。遵循公共关系策划合理可行的原则，在策划中应当注意到风险性、经济性、合法性与可操作性。

风险性是指任何行为的事前策划都不能说有百分之百的成功把握，总是成功与失败的结果同时存在。作为公共关系策划者，既不能因畏惧风险而裹足不前，故步自封，也不能盲目自信，漠视风险而粗心大意。策划者应力求以准确的信息、合理的方式、周全的设计加之艰苦的劳动，将风险降到最低限度。

经济性是要求公共关系策划者必须依自己的资源实力，合理地策划公共关系活动，必须充分考虑社会组织自身的经济承受力，以最少的投入创造最佳的结果，力求以有限的条件多办事、办好事、办成事。

合法性是要求策划公共关系活动必须考虑到法律合同的要求，考虑到公共关系活动可能涉及的宗教信仰、民族意识、文化传统、风俗习惯约束，决不允许不服从法律与其他约束，有悖于国情民意的策划。

可操作性是要求公共关系策划者，在策划公共关系活动时，必须充分考虑在实施中的运作性。公共关系策划本身就是为公共关系行为的实施提供依据，其可操作性表现在公共关系行为中每一个环节之间的衔接呼应是否切合实际，不使操作者在运作过程中出现理解的偏差。以保护策划方案的顺利完成和落实。公共关系策划不能是一厢情愿，更不能是空中楼阁。

第二节　公共关系策划的程序和技巧

一、公共关系具体策划程序

公共关系的具体策划程序可以分为七个工作步骤。策划的前一个阶段为准备阶段，分为形象现状及原因的材料分析和确定策划目标要求两个步骤；策划的后一个阶段为实际策划阶段，分为提炼设计主题、分析确定目标公众、选择传播媒介、编制预算、选择合适的方案实施时机五个步骤，如图 6-1 所示。

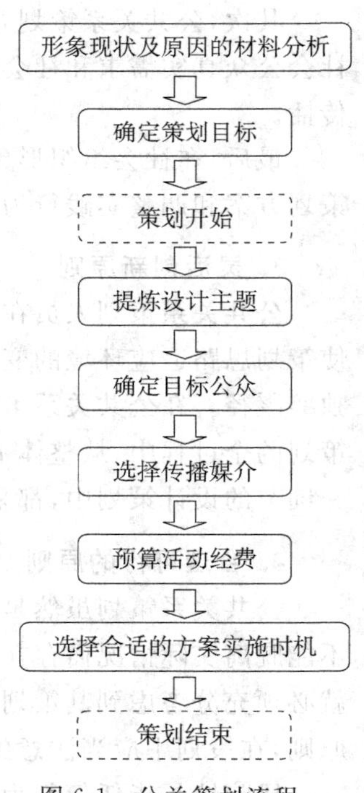

图 6-1　公关策划流程

（一）确定策划目标

确定策划目标是公共关系策划的前提，没有明确的目标，公共关系策划就无从谈起。公共关系策划既然是有目的的思维活动，就应该在进行公共关系策划之前，确立策划的主题和目标。在一般情况下，公共关系策划应具有以下几个方面的目的：

（1）提升社会组织的形象与知名度和美誉度；
（2）增强社会组织内部员工的向心力和凝聚力；
（3）增进社会公众对社会组织的认知度；
（4）扩大社会组织在社会上的影响；
（5）消除社会公众对社会组织的认识误区；
（6）服务社会和倡导良好的社会风尚；
（7）推广新产品与新的生活理念。

除此之外，还可以根据社会组织的特殊需要而确定目标。在确定目标的时候，公共关系策划人员应尽量使目标可以用数据量化和衡量，具体可以采用如增加多少百分点等公共关系的目标，实际上是社会组织通过策划并实施所希望达到的状态和标准，是指导和协调公共关系工作的依据，也是公共关系工作实施效果的标准。

确定公共关系目标时，应当注意所策划的目标要明确、具体并具有可行性。

所谓目标明确，是指目标的含义必须十分清楚，不能使人产生多种理解；具体是指目标是可以直接操作的，具有明确的内容和任务要求，而不是空泛的、抽象的口号。如："将本公司在本市的知名度从现在的10%提高到30%的任务目标，要比'提高本公司认知度'的目标明确，具体得多。"

目标的提出要具有可行性是指确定的目标要切实可行，既不能高不可攀，也不能随手即得。应该是经过一定的辛勤努力可以实现的目标。

小贴士

公关活动确定策划目标要点，你掌握了吗？

确定你的目标：意味着了解如何选择最近和最稳妥的道路。

判断一：采取何种方式；

判断二：在活动中体现什么内容；

判断三：抛弃一切非目标必需的华丽想法；

判断四：不做无法改变事实的努力。

（二）提炼设计主题

确定策划目标后，公共关系策划的重要内容就是为公共关系活动提炼设计一个响亮的主题。公共关系活动和主题是对公共关系活动内容的高度概括，起着提纲挈领性的指导作用，主题设计是否精彩、恰当，对公共关系活动能否获得良好的效果影响很大。活动是展示企业品牌形象的平台，要确定活动的卖点（主题），并以卖点作为策划的依据和主线。很多活动，花了不少钱，却没有给目标客户留下很深的印象，最后策划者本人都不知是什么活动了。

只有提炼一个鲜明的卖点，创造活动的"眼"并传播，才能把有关资源整合起来，从而完成活动目标。这里的卖点是活动流程设计中最精彩、最传神的地方，是活动事隔多年，情节大多被人淡忘，但仍能让人记起的一个情节。活动策划需要创造这样一个非常精彩的高潮，要把这个高潮环节设计得更有唯一性、相关性、易于传播性。

公共关系活动主题的表现方式是多种多样的，它可以是一个口号也可以是一句陈述或表白。如日本精工计时公司，为使精工表走向世界，利用在东京举办奥运会的机会，进行了以"让世界的人都了解：精工计时是世界第一流技术与产品"为目标的公关活动，活动的主题是："世界的计时——精工表"。

在策划设计公共关系活动的主题时，看似简单，实非易事。要注意做到与公共关系目标相一致，充分表现公共关系目标。在使用一句话直接点出主题的同时，注意尽可能做到独特新颖，有鲜明个性。既区别于其他社会组织的活动，又要突出自身活动的特色。

公共关系活动主题的策划设计应该注意适应社会公众的心理需求。既要富有激情，又要恰当朴素，在反映社会组织公共关系的目标时，不要脱离实际生活，不要脱离社会公众,必须给人以充分的可亲可信感。

公共关系活动主题的策划设计要注意其词句的生动性、形象性,词句力求能打动人心,使之具有强烈的感召力。同时还要注意简明扼要,便于记忆、寓意明确,不能让人产生理解上的差异,更不能让人感到俗气,使人厌烦。

(三)确定目标公众

公共关系活动形式多种多样。在策划公共关系活动时,要根据目标公众的不同,对公众进行分析研究,选择不同的活动方式,它也是公共关系策划中最具科学性和挑战性的工作环节。例如:新闻发布会、演唱会、赞助活动、庆典活动等,以各种不同的、与目标公众相适应的方式去影响社会组织所希望影响的目标公众。而不是像广告那样通过媒介把各种信息传播给大众。

任何一个社会组织都有其特定的公众,公共关系工作是以不同的方式针对不同的公众展开的,确立与社会组织有关的公众是公共关系策划的重要任务之一,只有确定了目标公众,才能选定哪些活动方案最为有效。不同的目标客户群体有着不同的特点(经济条件、文化修养、生活习惯、价值观念、利益要求)。总之,对目标客户群体的了解越彻底,公关目标就越有针对性,这样才能使公共关系活动有的放矢、重点突出,使公共关系活动更具有科学性,从而才能顺利地达到公共关系的目标。

小贴士

为了协调社会组织内部的组织关系,可以将公共关系活动的目标确定为企业内部的员工及员工家属;为了提高在社会公众中的美誉度,社会组织可以在更大的范围内向社会公众展示自己。例如策划捐款活动、赞助活动等。

社会组织在公共关系活动中,要确定目标公众,寻找目标公众的共同需求,了解目标公众的特殊需要,分出轻重缓急,区别对待,从而谋求社会组织与社会公众利益的共同发展。

(四)选择传播媒介

在实践中,不同的传播媒介各有长短。公共关系人员在策划公共关系活动时,如果需要传播媒介,则必须认真对待,充分了解各种传播媒介的优缺点,选择最符合自身活动要求的传播媒介,只有选择适当,才能收到事半功倍的良好效果。

选择传播媒介的基本原则如下。

1. 根据公共关系工作的目标和要求选择传播媒介

如果社会组织的目标是提高知名度,则可选择大众传播媒介;如果社会组织的目标是缓和内部紧张关系,则可以通过人际传播与群体传播,通过会谈、对话等方式加以解决。

2. 根据不同的对象选择传播媒介

不同的对象适用于不同的传播媒介,要想将信息有效地传达给目标公众,就必须考虑到他们的经济状况、受教育程度、职业习惯、生活方式以及通常接受信息的习惯等。比如对经常流动的出租汽车司机最好采用广播；要引起儿童的注意最好是制作电视节目与动画片；对喜欢阅读思考的知识分子应多采用报纸、杂志等媒介。

3. 根据传播的内容选择传播媒介

各种传播媒介都有鲜明的特点和一定的适用范围。选择媒介时应将信息内容的特点和各种传播媒介的优缺点结合起来综合考虑。比如：内容简单的快讯可选择广播，它覆盖面广，传播速度快；对比较复杂、需要反复思索的内容，最好选择报纸、图书、杂志等，可以从容研读，慢慢品味；对大型专题公共关系活动的盛况，采用电视则效果最佳，生动、逼真，能引人入胜。

此外，还需要注意的是，只对本地区有意义的信息不要选用全国性的媒介；只对一小部分特定公众有意义的信息不要采用大众传播媒介；对个别消费者的投诉，只需面约商谈或书信往来。

4. 根据经济条件选择传播媒介

俗话说"量体裁衣"。因为社会组织中的公共关系活动经费一般都很有限，而传播媒介的现代化程度越高，费用越高。所以，成功的公共关系策划，应选择适当的媒介与方式，争取以较少的开支得到最好的效果。

（五）预算活动经费

策划公共关系活动要注意到自身的经济实力，以最少的投入，获得最大的效果。一般情况下，公共关系活动所需要的经费主要包括以下几项。

1. 日常行政经费

日常行政经费主要包括：房租、水电费、取暖费、通信费、办公室文具用品费、报刊费、交通费、差旅费、保险费、交际费以及资料购置费、印制费等。

2. 器材设计费

器材设计费主要包括：购置、租借各种视听器材、通信、摄影（像）器材、交通工具，维护维修上述器材、制作各种纪念品、印刷品、音像制品和各种传播宣传行为所需要的实物以及相关用品的费用。

3. 劳务报酬费

劳务报酬费主要包括：社会组织内部公共关系人员的工资与奖金，各种福利、补贴，外聘专家、顾问以及其他人员的工时报酬。

4. 具体公共关系活动项目经费

具体公共关系活动项目经费的多少应根据公共关系活动项目的大小来确定。主要包括：广告宣传费、调查费、人员培训费、场地租金、各种名目的赞助费和办公、展览会场布置、接待等费用。此类费用在作预算是要注意考虑一些机动部分，以备意外突发事情的需要。

公共关系经费预算是一件非常复杂的工作，在进行预算时，应本着勤俭节约、精打细算的原则，力求少花钱，多办事。制订的预算计划应有详细的费用清单，要确保每一项开支的必要性、准确性和可检测性。

具体活动的经费预算也是公共关系策划的重要内容之一，是对实施公共关系行为所需经费的控制，策划中的精打细算既是实施公共关系活动的保证，也是使决策者认可策划方案的重要依据。

（六）选择合适的方案实施时机

时机，简而言之，就是随着时间的变化所带来的机会。公共关系策划工作是以实际情况为基础的谋划设计工作，不是凭空的想象。公共关系活动不能随时随地举行，必须选择一个最佳的时机或巧用机缘。

公关策划时机的选择，直接关系到公共关系活动的效果。时机选得好，公关活动将会收到事半功倍的效果，时机不对，再好的策划方案也不会取得应有的效果。需要结合社会大气候、大环境和社会组织的小气候、小环境，适时举行，才可以顺理成章，收到最佳的效果。

李道平先生等编著的《公共关系学》中所介绍的时机选择具有非常重要的参考价值。

1. 可预先选定利用的时机

（1）社会组织创办开业之时；

（2）社会组织更名或与其他组织合作、兼并、重组之时；

（3）社会组织内部设组、转型、品牌延伸之时；

（4）社会组织迁址之时；

（5）社会组织推出新产品、新技术、新服务之时；

（6）社会组织的周年庆典或周期的纪念活动之时；

（7）社会组织的股票上市之时；

（8）国际国内各种节日和纪念日。

2. 需要即时捕捉稍纵即逝的机会

（1）重大社会活动和社会事件出现之时；

（2）社会组织形象出现危机之时；

（3）社会组织或社会突发性灾害暴发之时；

（4）国家或地方政府新政策出台或新领导人上台之时；

（5）社会公众观念和需求发生转变之时；

（6）社会组织经营出现困难之时；

（7）国际国内政治经济大环境、大气候转变之时；

（8）社会组织内部、外部资源条件发生变化之时。

案例

可口可乐是改革开放以后第一个进入中国内地的国际消费品牌。多年来，该公司一直利用各种手段，要把可口可乐建成一个真正的中国本土化公司。2001 年我国申奥成功，7 月 13 日，萨马兰奇一宣布："Beijing!"可口可乐工厂的机器就立即开足马力生产奥运金罐可乐，并连夜通宵往各地的超市、商铺运货。第二天，当人们一走进商场，便看到了纪念奥运的金罐：可口可乐与你一同喝彩，见证中国申奥成功。仅仅两三天时间，这种包装的可口可乐便销售一空。

资料来源：百度文库．可口可乐企业文化[EB/OL]．(2012-12-23)．http://wenku.baidu.com/link?url = Bzu0BlD_GdnFTrV7jmhfHdsFWJ_Hdp1bmA0LGS99VRxjDSVnQPgMY1k1CnrJ1CnNR_W6-EEdRhWc0P3nfmQD7DTkYREAxyH9ACR1Jw0qTva.

二、公共关系策划方案

公共关系计划在经过充分的策划论证后，最终是以策划方案的形式表现出来的，是条理化、系统化的书面材料。公共关系策划人员的构思与创意，都在策划方案中被具体化，成为可供具体实施的方法和步骤，并将公共关系活动的最后结果，预先在策划方案中展示出来。

公共关系策划方案是策划人员思维水平的具体体现，也是公共关系活动的说明书和实施指南，它将最终在实践中检验策划人员创造性劳动的结果。公共关系策划方案应包括以下内容。

1. 封面

封面应注明策划的形式与名称；策划的主体（策划者及所在公司或部门）；策划日期；文件编号。此外，还可考虑在封面上简洁地附加兼有说明的内容简介。

2. 序文

序文是指把策划书所讲的要点加以提炼概括，内容简明扼要，使人一目了然，一般在400字左右即可。

3. 目录

目录要对内容提纲挈领，务求让人读过后能了解策划的全貌，目标与标题应该协调统一。

4. 宗旨

宗旨是策划的大纲。应该将策划的重要性、公共关系的目标、社会意义、操作实施的可能性等问题加以具体说明，展示策划的合理性和重要性。

5. 内容

内容是策划书的主体和最重要的部分。内容因策划种类不同而有所变化，内容必须以让第三者能一目了然为原则，要层次分明、逻辑性强，切忌过分详尽冗长。

6. 预算

预算是按照策划确定的目标（包括总目标与分目标），每项列出细目，计算出所需经费。在预算经费时，最好绘出表格，列出总目和细目的支出内容，既方便核算，又便于以后查对。

7. 策划进度表

策划进度表是把策划活动的全部过程拟成时间表，何月何日要做什么，指示清楚，作为策划进程的指导。进度表最好在一张纸上拟出,以作一览表之用。

8. 有关人员目标责任分配表

有关人员目标责任分配表是根据目标管理原则,明确各项目标,各项任务由何人负责和所有相关人员的责、权、利等,避免由于责任不清、权力交叉而造成的混乱。

9. 策划所需物品和活动场地安排

对活动中所需要的各种物品、设施、场地的布置规模,停车场地等也要做出细致的安排。

10. 与策划相关的资料

与策划相关的资料一般是指有关的背景材料、前期调查结果、类似项目及竞争对手的情况等。给策划的参与者和审查者提供决策参考。该部分资料不能太多,不能喧宾夺主,应择其要点而附之。

策划书的写作应注意扼要地说明背景,引人入胜地描绘策划主题,详细地描述整体形象,严谨科学地说明预算。如果可能,应尽量用图表给读者以直观形象。如果是对外招商的公共关系策划书,还应注意保密。

三、公共关系策划的技巧

公关活动策划与实施是企业企划部在工作中常用的技术手段。成功的公关活动能够提升企业品牌形象,持续提高品牌的美誉度、知名度、认知度、忠诚度、客户满意度,改变目标公众对企业的认知,并能从不同程度上促进产品销售。

很多公司都组织过公关活动,但是目标不明确、缺乏重点、虎头蛇尾、不够严谨的公关活动屡见不鲜。有的公关活动由于策划欠周全或危机处理不力,导致活动失败,带来较大损失,甚至酿成事故,造成人员伤亡,受到法律制裁。

(一) 活动本就是一个媒体

随着传播新工具、新技术的不断涌现,微信、微博等新兴的电子、网络媒体被广泛应用于公关活动,公关媒体继“网刊互动”后仍在不断发生着革命。殊不知,活动本身就是一个传播媒体,它具备媒体的很多特点,其作用和大众传媒相比,只是公关活动实施前不发生传播作用,一旦活动开展起来,它就能产生良好的传播效应。

(二) 目标一定要量化

公关活动特别是大型公关活动往往耗费很多人力、物力、财力资源。一个新产品在中心城市的上市传播费用,一般都在百万元以上。为什么要进行这样大的公关投入?为了企业的传播需要,为了建立品牌的知名度、认知度、美誉度,为了更多的目标消费者去购买它的产品,这就是新产品上市公关活动的目标。没有目标而耗费巨资做活动是不可取的,目标不明确是不值得的。目标一定要量化,只有量化目标,公关活动策划与实施才能够明确方向,才会少走弯路。

（三）集中传播一个卖点

公关活动是展示企业品牌形象的平台，不是一般的促销活动，要确定活动的卖点（主题），并以卖点作为策划的依据和主线。很多公关活动，花了不少钱，却没有给目标客户留下很深的印象，最后策划者本人都不知是什么活动了。只有提炼一个鲜明的卖点，创造公关活动的“眼”并传播，才能把有关资源整合起来，从而完成活动目标。

这里的卖点是公关活动流程设计中最精彩、最具传神的地方，是活动事隔多年，情节大多被人淡忘，但仍能让人记起的一个情节。公关活动策划需要创造这样一个非常精彩的高潮，要把这个高潮环节设计得更有唯一性、相关性、易于传播性。

案例

Are You OK 肩负传播重任，小米的又一次经典公关

4 月 23 日，小米手机 4i 发布会在印度新德里召开，小米 CEO 雷军别开生面地秀了一把英文。他以中国人最熟悉的“How are you?”开场，紧接着归属地定位发生错误（I'm very happy to be in China），现场一度欢乐非常。随后，雷军公布小米为到场粉丝带来的惊喜——免费的小米手环以及多彩腕带，并一声声询问大家对此是否满意“Are you OK?”，一句“Are you OK”让雷军再次成为话题焦点。

该视频传回国内后，在微博上引起热议。连雷军自己都没想到，简单的几句英文秀，让全国人民都笑了。有网友感叹雷军的勇气，称这种方式能拉近与印度网友的好感。“国民老公”王思聪也吐槽其英文太烂。而雷军当天也连发两条微博调侃自己，称要好好学习学习英文。

此后，有网友还将发布会视频重新剪辑，编制了一首英文单曲 *are you ok*，变成符合现代人传播的“呆萌贱”，其魔性的旋律引得其他网友在网络上疯传。这段恶搞视频也上升到神曲地位被广泛传播。

有人说，雷军是故意用“雷氏英语”赚足眼球，这是小米的宣传策略，是集自黑、卖萌、娱乐、站队于一身的“长线营销”。的确，雷军是个公关能力超强的人，和他有关的热点层出不穷。众所周知，小米海外战略重中之重就是印度，在这么重要的场合下，他怎么可能出此大“错”？

当网友们还在嘲笑“雷式英语”的时候，小米已经和印度最大的电信运营商之一达成了全面合作。

【公关人有话说】

迪思公关客户总监江忠锋：没有话题和争议，就没有雷军和小米。雷军作为小米教父，最善于把握用户心理和操纵人性。在印度小米新品发布会上，雷军秀出的蹩脚英语，又是一次精心策划的新媒体时代经典事件公关。他把握住了人性弱点中的大多数，通过类似小丑般的表演，挑起众人的起哄和嘲弄心理，又用自己的真性情，展现了名人也是常人的可爱一面，激发情感共鸣，快速拉近了和用户的距离。

资料来源：中国公关网．Are You OK 肩负传播重任，小米的又一次经典营销[EB/OL]．(2015-10-13)．http://www.chinapr.com.cn/templates/T_Second/index.aspx?nodeid=69&page=ContentPage&categoryid=0&contentid=10995.

（四）没有调查就没有发言权

国内不少公关公司做公关活动，因缺乏公众研究意识或公众研究水平有限、代理费少、时间紧等原因，省略公众调查这一重要工作环节已是司空见惯的事情。想一个点子，找一个适当的时间就可以搞公关活动，这是某些所谓“策划大师”的通病。

“没有调查就没有发言权。”“知己知彼，百战不殆。”只有摸清自己的优劣势，洞悉公众心理与需求，掌握竞争对手的市场动态，进行综合分析与预测，才能扬长避短，调整自身公关策略，赢得公关活动的成功。

 **案例**

用心聆听宾客需求，凯悦推出全新市场活动

——更多倾情，更多融合，“享悦自由天地”

凯悦酒店集团旗下“凯悦品牌”(Hyatt Regency)在全球范围内推出了一系列以“享悦自由天地”为主题的市场推广活动。

“本次市场推广活动主要在中国、日本、美国、英国和印度市场重点投入。为适应各个地区不同的语言习惯和人文构成，我们的活动也根据不同的文化背景做出了相应调整。”凯悦酒店集团亚太区品牌及商业策略资深副总裁曹嘉玲女士介绍道，“对于我们的很多宾客，英语并非他们的母语。因此，我们在此次推广中，在全球统一主题的基础上，根据各地特点又进行了一定的‘再创作’。在亚太地区，我们的员工将会积极鼓励入住或者前来用餐的客人参与到酒店内举办的各式活动中，为大家提供一个更多相互交流和融合的平台。”

曹嘉玲女士继续说道：“虽然在家里的时间都是很温馨，但有的时候，也希望能从一成不变的生活规律中释放出来，这也恰恰是我们推出‘享悦自由天地’的初衷。我们了解客人心声，并诚挚地欢迎大家参与到活动当中。在凯悦酒店，客人可以品尝到健康美味的菜品，感受周到热情的服务，各色设施服务应有尽有。同时，我们也希望客人在与家人朋友紧密联系的同时，能够结交更多不同的朋友，收获更多的友谊。并且通过社交媒体平台与我们分享缤纷的旅途生活，一起感受美好的旅途体验。”

此次凯悦品牌的全球市场活动是由凯悦与 Pereira & O'Dell 广告公司共同策划，受众包括个人旅客和会议策划人。在亚太地区的整合营销中采用了传统平面媒体、网络、社交媒体、数字以及户外等多个平台，并加入酒店内惊喜活动、酒店员工启动竞赛和会议承接活动等多种方式。

“最佳的创意作品往往是一拍即合的灵感迸发。我们相信凯悦酒店集团旗下凯悦品牌的这次‘享悦自由天地’市场活动，不仅能够引起客人的共鸣，更可以使其在众多市场同类活动中脱颖而出。”Pereira & O'Dell 创意工作室的创始人兼总监 PJ Pereira 先生说道：“凯悦为此次的企划，做了大量的市场调研，推陈出新，以更好提升客人体验。我们很高兴能与凯悦合作，一同讲述品牌故事。”

资料来源：中国公关网．用心聆听宾客需求，凯悦推出市场活动[EB/OL].(2015-11-11).http://www.chinapr.com.cn/templates/T_Second/index.aspx?nodeid=4&page=ContentPage&contentid=11266.

（五）策划要周全，操作要严密

公关活动给我们的成功或失败的机会只有一次。公关活动不是拍电影、拍电视，不能重来，每一次都是现场直播，一旦出现失误无法弥补，绝不能掉以轻心。

例如：操作某人力资源公关活动时，有一个活动环节是新闻发布会后请出席活动的领导人题词，这个信息早已向媒体发布。由于分工负责器材、物品的某工作人员的疏忽，忘记携带题词用的毛笔，再回去取为时已晚，只好临时取消了这项活动内容。这个问题一发生，就受到了媒介的关注，他们中的一部分人认为是领导人对活动的支持程度发生了变化，从而影响了活动的发稿率。

（六）化危机为机遇

大型公关活动有一定的不可确定性，为了杜绝意外事件发生，公关人员在实施的过程中要抱有强烈的危机意识，充分预测到有可能发生的各种风险，并制定出相应的对策。只有排除了所有风险，制订出的策划方案才有实现的保障。发生紧急事件时，要随机应变，不要手忙脚乱，不要抱怨，应保持头脑清醒，迅速查明原因并确认事实的真相。

已造成负面影响的，一种方法是及时向公众谢罪，防止再发生，不同媒体建立对立关系，避免负面报道，策略性处理媒介关系，否则修复较难；另一方法是，化危机为机遇，借助突发事件扩大传播范围，借助舆论传播诚意，争取公众的支持，反被动为主动。

（七）全方位评估

在对公关活动进行评估时，往往是只评估实施效果，评估不够全面。如能在评估时，除实施效果外再评估活动目标是否正确、卖点是否到位、经费投入是否合理、投入与产出是否成正比、客户资料搜集是否全面、媒体组合是否科学、公众与媒体关系是否更加巩固、社会资源是否增加、各方满意度是否量化等，则公关活动的整体效果才能体现出来。

这种全方位评估有利于活动绩效考核、责任到人，更能增加操作经验，为下一次公关活动的策划与实施打好基础。

（八）用公关手段解决公关问题

社会上对于公关活动的认识在不同时期存在不同误区，加之部分媒体的错误引导，更加深了这种错误认知的蔓延。近年来，对公关的认识又有了新的误区，把公关活动等同于促销活动。实际上两者的目的、重心、手段不同。公关活动的目标是提高美誉度，提升亲和力；促销活动的目标是提高销售额、市场占有率。

公关活动的重心是公众、媒体、政府，促销活动的重心是消费者。公关活动关注公众，促销活动关注消费者，公关与市场区别较大，营销的手段不适用于解决公关问题。公关活动的公众非常多，消费者只是公众的一种。不同的公众，使用的公关手段也不一样。所以，要走出“公关活动就是促销”的误区，用公关手段解决公关问题。

案例

“鸽子事件”

美国联合碳化钙公司一幢52层高的、新造的总部大楼竣工了，一大群鸽子竟全部飞进了一间房间，并把这个房间当作了它们栖息之处。不多久，鸽子粪、羽毛就把这个房间弄得很脏。有的管理人员建议将这个房间所有的窗户打开，把这一大群鸽子赶走算了。这件“奇怪”的事件传到了公司的公关顾问那里，公关顾问立刻敏锐地意识到：扩大公司影响的机会来了。

他认为，举行一次记者招待会，设计一次专题性活动，散发介绍性的小册子等，都可以把公司总部大楼竣工的信息传播给公众，这些自然也算是好方法，但仍是一般常规的做法。最佳的公关做法应该是能够全面唤起公众的浓厚兴趣，以致迫切地想听、想看。现在一大群的鸽子飞进了52层高的大楼房间内，这本身就是一件很吸引人的新奇事，如果再能够巧妙地在这个事件上做点文章，则一定能产生更大的轰动效应。于是，在征得公司领导同意后，他立即下令关闭了这个房间的所有窗户，不能让一只鸽子飞走。接着，他设计并导演了一场妙趣横生的“制造新闻”活动。

首先，这位公关顾问别出心裁地与动物保护组织联系，告诉了他们这里发生的“鸽子事件”，并且说，为了保护好这些鸽子免受伤害，使它们能够更好地生栖，希望动物保护组织能够迅速派人前来处理这件有关保护动物的“大事”。动物保护组织接到电话后很是重视，他们还郑重其事地带着所有工具来到了公司新落成的公司总部大楼，仔细、认真地来料理“鸽子事件”。

公关顾问紧接着联系到了多家当地的新闻机构，不仅告诉他们了一个很有新闻价值的一大群鸽子飞进大楼的“鸽子事件”，而且还告诉他们在联合碳化钙公司新落成的总部大楼里，将发生一件既有趣又有意义的动物保护组织来捕捉鸽子的“事件”。

当地新闻界被这些消息惊动了。他们认为，如此多的鸽子飞进同一幢大楼里是很少见的，又加上动物保护组织还将采取的“保护”措施，这确是一条有价值的新闻，他们都急于跟踪和尽快地播报这个轰动的“鸽子事件”。于是，电视台、电台、报社等新闻媒体都纷纷派出记者进入了这个新落成的总部大楼里，进行现场采访和跟踪报道。

动物保护组织出于保护动物的目的，在捕捉鸽子的时候又十分的认真和仔细。从捕捉第一只鸽子到最后一只鸽子的落网，前后用了近3天的时间。在这3天中，各新闻媒介都对捕捉鸽子的“事件”进行了连续的报道，使社会公众对此新闻事件产生了浓厚的兴趣，很想更多地了解全过程，而且消息、特写、评论等题材交替使用，新落成的总部大楼照片更是不断见诸报章，结果，联合碳化钙公司总部大楼名声大振，公司首脑充分利用了荧屏亮相的机会，不断地向公众介绍公司的宗旨和情况，更进一步的加深了公众对公司的印象，从而大大提高了公司的知名度和美誉度。同时，借此机会，将联合碳化钙公司总部大楼竣工的消息巧妙地、顺利地告诉了社会，使公众全盘地接受了这一消息。

公司成功地利用了一群鸽子，采取了主动型的公关技巧，主动去制造新闻，并充分地调动起了媒介及公众的浓厚兴趣，潜移默化地传播了公司想要对外传播的信息。这起“事件"中,首先公关顾问具有敏锐的公关意识在先,其次又充分地抓住了新闻所需的新、奇、好三原则,成功地制造出了一起新闻事件。这种公关意识及公关技巧,很值得我们中国的企业家学习和借鉴。

资料来源:搜狐博客."鸽子事件"——企业公关的经典案例[EB/OL].(2011-02-21).http://blog.sohu.com/people/dianziliu2010/167495382.html.

课堂实践

1. 实践内容:以小组为单位为你所在的学校、单位设计一个提升形象地位的策划。

2. 实践目的:通过对学校(单位)在社会中的自身形象分析,了解现有形象对本学校(单位)发展的影响,运用公共关系策划工作的方法和程序进行公共关系策划,提高学校(单位)的形象地位,使得公众增加对学校(单位)的认识,实现学校(单位)更高的形象目标。

3. 实践环节:进行社会组织形象提升的公共关系策划设计,有针对性地对组织形象进行提升,提出合理化构思,进行巧妙设计,采取有效公关手段,实施形象提升策划计划,并进行总结。

4. 技能要求:熟练掌握公共关系策划的技能和程序能够根据实际需要进行相关设计,并突出创新和技巧相结合,吸引公众眼球,把公关理论运用到公关实践当中去。

拓展阅读

美国葵花油营销推广

——凯旋-先驱公关公司整合营销传播案例

凯旋-先驱公关公司受美国向日葵协会的委托,为教育台湾公众,提高他们对美国葵花油有益健康的认识,增加产品的试用消费量,于1998年12月—1999年9月策划和实施了一项基于该协会对台湾市场的调查的推广美国葵花油的整合传播活动。

台湾人喜欢在家做饭,又极其关注健康,蔬菜油在烹调过程中就成为一种不可或缺的原料,而在选择食用油时,人们最重要的标准是:有益健康;油烟少;价格便宜。在活动开展之前,葵花油在台湾市场的知名度一般,使用率仅为30%。台湾公众认为葵花油是一种较少或无油烟、较少或不含胆固醇的健康蔬菜油。但在试用度方面,葵花油仍次于豆油,虽然豆油被认为是一种品质较低的油品,但它更经济实惠,市场占有率较高。

凯旋-先驱公关公司根据有关的市场信息和台湾的市场行情,进行一系列的项目调查和策划,确定了公关目标是增强美国葵花油的形象,即是人们的首选食用油且价格合理。其他需要传递的重要信息还有:葵花油油烟少或无油烟,可以保持厨房的清洁,它是台湾消费者的最健康的选择。

另外还要强调的是,使用葵花油来烧菜是一种快乐的体验。本项目旨在台湾全岛范围内的以下受众中提高葵花油有益健康的知名度。目标公众包括30~49岁关注健康的消费者;关注健康的家庭主妇;消费品、健康、食品类专业媒体和综合类大众媒体;食用油方面的专业人士和营养学方面的意见专家。基于台湾消费者购物谨慎这一事实,充分利用对美国葵花油优点的科学研究发现,并结合市场调查所揭示的公众对葵花油的认识,以引起媒体的兴趣,这是教育台湾公众的最有效途径之一。

接下来凯旋-先驱公关公司展开了一系列公关活动,首先和台北医科大学营养学系教授合作为美国向日葵协会编纂了一篇科学评论文章。并通过电视烹调节目主持人和食品评论家这样的专业人士宣传产品,其做法是在台湾三大城市台北、台中、高雄三个商店举办“美国葵花油周”,在每个城市,由一位名厨师用葵花油烹饪特别的菜肴,旁边有一位主持人做现场讲解。现场总共发放了1500份美国向日葵协会的宣传小册子和700本食谱。

为了进一步扩大台湾公众对产品品牌的认知度,凯旋-先驱公司组织了一个媒体午餐会,以将美国向日葵协会正式介绍给台湾媒体和一般大众。为进一步建立与媒体的良好关系,午餐会上我们向媒体发放了特别设计的葵花油礼品包,其中包括新闻稿、一本由《美食天下》杂志设计的有创意的葵花油食谱和一瓶试用油。1万本食谱随同《美食天下》月刊发放给订户,另外3000本在其他公关活动的现场发放。

产品试用的机会使得台湾的消费者可以直接领略美国葵花油的超级品质及其特有的性能,如显著减少油烟。在增进与台湾各地食用油进口商的关系和收集当地市场信息的努力方面,凯旋—先驱公司陪同美国向日葵协会的官员拜访了全岛的食用油供应商和进口商。其他一些树立品牌形象的行为包括:赞助电视烹饪节目,在主要的消费品报纸和烹饪杂志上安排中文广告,他们还在*Yummy*杂志上以插页广告的形式刊登了用葵花油特别设计的四种食谱,一些主要报刊上还刊发了专门的评论文章,

凯旋-先驱公司还与发行量达110万份的《中国时报》合作,举办了一个用葵花油做食用油的食谱创作大赛。比赛规则、截止日期、换领美国葵花油食谱的印花由凯旋-先驱公司和赞助商统一企业、标准食品企业共同制定,并开通了一条免费热线。裁判为两位名厨和一位营养学家,20位获奖者的名单公布在一个半页报纸的彩色广告中并被逐个通知领奖。

资料来源:郭惠民.中国优秀公关案例选评-四[M].上海:复旦大学出版社,2001.

第七章

专题公关活动

学习目标

1. 理解赞助活动、新闻发布会、公关广告的特点、策划、组织原则、活动流程；
2. 能正确区分公共关系广告与商业广告的区别；
3. 了解其他形式的专题公关活动，掌握危机沟通技巧。

技能要求

1. 掌握常见的公共关系专题活动；
2. 能够进行相关活动的组织和策划。

引导案例

昆仑山借势中国网球公开赛打造高端水第一品牌

2015年10月11日，随着世界排名前位的两名顶尖网球明星进行的巅峰对决，2015届中国网球公开赛完美收官。中网白金赞助商昆仑山雪山矿泉水作为中国网球公开赛唯一指定饮用水和中国高端矿泉水第一品牌，继续鼎力支持中网打造顶级赛事，并将高端体育营销公关作为系统化和持续化的长期战略，显示了其独到的体育公关战略眼光。昆仑山今年的中网营销主题为“珍贵荣耀 · 巅峰中网”，旨在将昆仑山与中网有效结合，进一步突出昆仑山中网MVP的巅峰荣耀，树立高端品牌形象，体现昆仑山的品牌主张。

随着中网开幕日的接近，昆仑山开启了“挑战6000用汗水成就属于自己的MVP”活动，引爆了全民运动风潮。看似简单的活动，却完美地将昆仑山健康生活的品牌理念囊括其中。期间,《北京青年报》还与昆仑山合作在9月28日进行了线下挑战活动,由李婷等四位明星带领100名幸运儿进行团结湖6000米畅跑,各处设立的水站点与每位参与者手拿的昆仑山雪上矿泉水也将线下传播进行到了极致。活动与事件的结合在网络上引起了不小的风潮。

赛事期间,昆仑山特地打造的昆仑山品牌体验馆占据了网球中心的最佳位置。其专门设置的互动游戏与精美礼品吸引了不少球迷。而其专门在体验馆举办的两次中网主题日活动,更引来了大批球迷参与。两次活动分别请到了科贝尔与伯蒂奇两名世界球星,与球迷进行互动,签名,并对光瓶行动进行了号召倡议。媒体自然不会放过这种热门事件的报道。数十家媒体的主动转载也证明了昆仑山此次活动举办的是如此成功。

以世界金奖好水全力支持中网打造世界一流网球赛事五年之久的昆仑山,当然不仅仅只是作为中网唯一指定饮用水那么简单。专门为中网打造设置的昆仑山中网MVP一直是每届中网中的热门话题之一。从去年开始,昆仑山就将"昆仑山中网最有价值中国球员奖"升级为了"昆仑山中网最有价值球员奖"。旨在激励球员们突破升级、挑战巅峰。赢得中网MVP的球员,将获得由昆仑玉打造的MVP奖盘和一万美元奖金作为荣耀奖励。本届赛事期间,昆仑山除了连续制作了4张球星荣誉海报作为重大赛事的热点传播,更策划了#神测算谁是中网MVP#微博竞猜游戏话题。通过引导球迷们主动支持自己心仪的球星,成功换来了上百万的话题点击率。

10月10日,当昆仑山中网MVP颁奖典礼开始的一刻,昆仑山还给了所有球迷、媒体一个大大的惊喜——特别邀请了首届中网MVP获得者郑洁,作为神秘颁奖嘉宾为当日的MVP获得者德约科维奇颁发了奖盘。首届MVP与本届MVP,这两种身份令今年的颁奖典礼格外好看。郑洁在随后接受采访中,更坦率感谢了昆仑山,昆仑山这一手话题营销玩的可算一绝。媒体也没让其失望,不仅爱奇艺等视频大户竞相播放颁奖仪式视频,就连CCTV都自发播放,将昆仑山的品牌露出做到了极致。

在昆仑山今年的中网营销中,以"巅峰荣耀"的设立为核心,将线上线下活动、中网体验馆、昆仑山中网MVP等内容串联了起来,不仅将昆仑山的高端形象做出了阐释,同时通过国际球星将昆仑山的品质感表现了出来,与中网追求卓越、勇攀高峰的理念和精神相结合,达到了对其品牌曝光度和影响力的提升,以及品牌价值的清晰表达。

资料来源:中国公关网. 昆仑山借势中国网球公开赛打造高端水第一品牌[EB/OL]. (2015-10-16). http://www.chinapr.com.cn/templates/T_Second/index.aspx?nodeid=3&page=ContentPage&categoryid=0&contentid=11024.

公共关系专题活动又称为公共关系特殊事件或特殊项目,它是以一个明确的主题为中心,经过精心策划,有计划、有步骤地开展的各种专项公关活动,与公众某一方面的交流。它有别于一般日常的公共关系活动,具有操作性强、应用面广等特点,其目的是引起社会各界的广泛兴趣和关注,扩大组织的知名度、美誉度,协调与公众之间的关系。公共关系专项活动的种类很多,下面主要介绍赞助活动、新闻发布会、庆典活动、展览活动等。

第一节 赞助活动

一、赞助活动的概念及作用

赞助活动也叫捐赠或资助，是社会组织无偿提供人力、物力、财力、资助某一项事业，赞助兴办文化、体育、社会福利事业和市政建设等向社会表示其承担的责任和义务，以取得某一定的形象传播效果的社会活动。它的目的是培养公众对本组织的感情，争取社会对本组织的支持，树立本组织的美好形象。

公关赞助的主要作用如下。

(1) 通过赞助社会公益事业，能够表明组织作为社会成员愿意为社会的发展做出相应的贡献，乐于在承担企业社会责任的同时追求企业的社会效益。

(2) 通过赞助社会公益事业，能够证明组织的经济实力，赢得社会公众的信任。

(3) 通过赞助社会公益事业，能够提高社会资源的利用效率。

(4) 通过赞助社会公益事业，能够大大提高组织的社会知名度和提升组织的整体社会地位。

(5) 通过赞助社会公益事业，能够增强企业宣传的说服力和影响力。

(6) 赞助有助于产品的销售。

二、常见的赞助形式

1. 社区赞助

社区赞助是对企业或公司总部所在地事业的赞助。这些赞助可能是广稀薄收，也可能是颇有成效的，杭州娃哈哈集团在当地组织了儿童艺术团，出版了娃哈哈画报，筹建娃哈哈大厦，从事儿童艺术教育，这样，进一步提高了企业的市场竞争力。扩大了影响范围。

2. 慈善赞助

慈善赞助往往与企业的营销目标无明显联系。但具有社会价值和社会需要。上海大伟力鞋业有限公司，向上海福利院捐款，助养一名孤儿，企业内部员工热情高涨，在社会公众中也引起了很大的反响。

3. 市场开发赞助

市场开发赞助与市场营销战略和企业整体国标有关，它通常以一种限定时间、指定具体项目的方式制订出周密计划，或是一个长期的企业发展战略的一部分。如国外某家电脑公司，在几年中向全国的学校系统赠送了一大批计算机，经过这段时间的赞助，公司为其产品开拓了迄今为止最大的学校市场，同时还为将来的产品奠定了消费基础。

4. 文化赞助

文化赞助主要是利用文艺界、体育界的名人效应，提高企业的声望。文化赞助的成功诀窍是，企业应把握社会倾向和公众心理，支持和赞助具有充分公众基础的艺术形式和体育项目，立意创新，体现了企业对发展文化、体育事业的赤诚之心和社会责任感，在公众心目中树立起良好的形象，企业的经济效益也会大大提高。

三、公关赞助的基本原则

赞助是一种技术性和政策性很强的公共关系宣传活动，开展赞助活动必须遵循以下基本原则。

1. 社会效益原则

企业开展赞助活动的目的是树立企业的社会形象，表明企业积极承担社会责任和义务，并且应争取有积极、广泛的社会影响，选择的赞助项目要能够较为有效地获得社会各界的好评。一般局限于公益事业、福利事业、救灾抗祸、教育事业和公共设施建设等方面。被赞助的对象必须有可靠的社会背景和良好的社会声誉。

2. 合法原则

合法原则是开展赞助活动的基本要求。企业开展赞助活动时必须遵守党和国家的政策法律。违背政府的经济政策法规，利用赞助活动搞不正之风，这会削弱赞助活动的宣传效果。

3. 实力原则

一般地说，企业赞助的活动应当量力而行，根据企业利润额、经济实力和市场发展战略，支出合理的赞助经费。赞助经费的数额，必须在企业能够承受的范围之内，注意适当留存以备不时之需，同时又要达到一定的额度，以形成较大的影响规模。

4. 相关原则

企业赞助的活动对象应当与公众生活或自己的经营内容相关联。例如运动饮料厂赞助体育事业，这样的赞助活动自然和谐，既可赞助经费，又可提供饮料，实惠方便，容易取得公共关系宣传的良好效果，强化企业的品牌形象。

四、赞助活动的策划

公关赞助的目的总的来说就是促进理解，提高声誉，树立形象。但是每一次赞助活动往往还要选定一个具体的目标。

1. 组织参加赞助

对于组织参加的赞助应从以下方面着手进行筹划。

(1) 要考虑所赞助的活动与本组织能否很和谐自然地使公众联想在一起，能否对本组织产生有利的影响。

(2) 要考虑所赞助的活动的社会影响，如媒介报道的可能性、报道频率和报道的广泛性，受益人是谁，受影响的公众的分布情况，影响的持久程度，活动本身能否引起人们的注意，能否产生“轰动效应”等。

(3) 要考虑本组织在活动中与公众见面和直接沟通的机会有多少，以及赞助费用的多少和赞助的形式。

(4) 要考虑赞助的监督情况，如通过何种方式对赞助活动予以控制？赞助活动是否合法？发起单位的社会信誉如何？赞助费用如何落实到受益人等。

(5) 应考察赞助活动对本单位的产品销售有无赞助价值。如果发现值得赞助，便可着手落实赞助。在具体落实赞助时应有专人负责，落实过程中要主动了解活动的筹备与进展情况，争取把握有利机会。

(6) 赞助活动结束后，还应对参加赞助的效果进行评价。一方面依据媒介报道和广告传播的情况测定；另一方面要对参加赞助的全过程进行回顾和总结。

2. 组织发起赞助

对于组织发起的赞助应该从以下方面着手去争取赞助。

(1) 主办单位要有良好的形象。在举办赞助时通常有发起者(或倡议者)、主办者、协办者之分，这仅仅是角色和所起作用不同而已，无论哪种角色都应有良好的组织形象，使公众感到企业确实是在参与社会公共事务。

(2) 赞助活动本身要有吸引力和周密的计划。赞助的目的是什么？赞助的时间是怎样安排的？主协办单位名称是什么？赞助的性质和方式以及活动方案的设计等都必须有一整套的策划。一般来说可用发邀请信或公开募捐两种形式争取赞助。无论哪种形式，让对方了解活动本身是很重要的。

(3) 应争取得到媒介及各种权威性公众的支持。媒介和权威性公众通常会成为很好的舆论领袖，左右着其他人的思想行为。

(4) 赞助活动的具体负责人(直接与赞助人打交道)应该有良好的个人形象，以期在具体的游说、解释、沟通和宣传过程中得到公众的接受，并能在最大程度上影响公众的支持程度。

(5) 赞助活动必须给赞助人(单位和个人)可以看得见的"实惠"。如果是无偿赞助，应发给捐助纪念证书；如果是有奖赞助，应发给对号券，使之有中奖机会等。这样，赞助就会成为互益性的活动，这是争取赞助的重要手段。

3. 赞助活动策划注意事项

赞助各种有益的社会事业，在推动社会公益活动发展的同时可使本组织同步成名，这是一种行之有效的公共关系手段。任何组织为使公关赞助取得成功都要遵循一定的规则，进行赞助活动须注意以下原则。

1) 传播目标明确

所赞助的项目须适合本组织的特点和需要，有利于提高本组织的社会影响，或有利于扩大业务领域。为企业创造一个鲜明、突出、慷慨大方的形象，这种机会能发展企业与消费者之间互利互惠的双边关系。

2) 受资助者的声誉和影响

要认真研究和确认被赞助的组织、个人或社会活动本身是否具有良好的社会声誉，是否有积极、广泛的社会影响，保证赞助活动取得良好的社会效益。

3) 本组织的经济承受力

要考虑赞助额是否合理、适当，本组织能否承担，不要做超出本组织承担能力的赞助活动。确定赞助规模以及一致性和连续性;预测公关活动对创造企业形象、提高知名度的影响程度。

4）别具一格的赞助方式

一般来说,凡是符合社会及公众利益的赞助活动,都会引起社会各界特别是新闻界的关注。但是,如果能够以新鲜、别致的方式来实现赞助,才能取得更好的效果。所以赞助方式切忌雷同。

5）跟踪媒介动态及消费者的反响

随时跟踪新闻媒介的动态,消费者的反响,及时将有关情况反馈给企业决策者。因为公关赞助活动将对企业的基本方针产生积极的影响。同时搜集赞助反馈,为一次活动积累基础。

6）利用宣传和营销手段支持赞助活动

利用企业现有的宣传和营销手段支持赞助活动,如利用广告、小册子,企业出版物、新闻等进行宣传。

五、公关赞助活动流程

一次完整、成功的赞助活动,需要做好以下几个步骤,活动流程如图 7-1 所示。

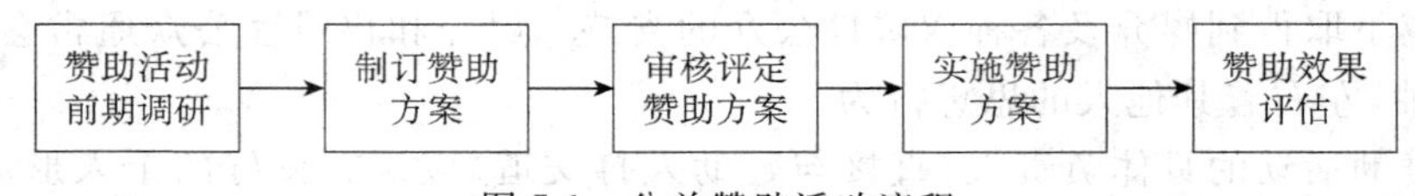

图 7-1　公关赞助活动流程

1. 赞助前期调研

组织要开展赞助活动,进行赞助研究是非常重要的一步。组织应从经营活动政策入手,分析组织公共关系目标,确定赞助目的,并据此考核需要赞助的项目是否对社会、对公众有益,是否能对本组织产生有利影响,还应进行成本核算和效益分析,保证社会和组织都能获益。

2. 制订赞助方案

组织要在赞助调研基础上制订赞助方案。赞助方案的内容应该具体、翔实,对赞助的目的、赞助的对象、赞助的形式、赞助的费用预算、赞助的具体实施方案等都有所计划,并控制范围,防止赞助规模超过组织的承受能力,得不偿失。

3. 审核评定赞助方案

组织每进行一次具体赞助活动,都应由组织的高层领导或赞助委员会对其提案和计划进行逐项的审核评定,确定其可行性、具体赞助方式、款额和时机。

4. 实施赞助方案

组织要派出专门的公共关系人员,去实施赞助方案。在实施过程中,公关人员要充分利用有效的公共关系技巧,尽可能扩大赞助活动的社会影响;同时,应采用广告和新闻传播等手段,辅助赞助活动,使赞助活动的效益达到最佳峰值。此外,公关人员的形象应与组织形象一体化、谋求公众的好感，争取赞助的成功。

5. 赞助效果评估

赞助活动结束后，组织应该对照计划，评测赞助活动实际效果。跟踪和搜集各个方面（如公众、新闻媒介、受赞助组织）对此次赞助的反馈、看法、评论，看是否达到预定目的，还有哪些差距，原因是什么，并写成书面报告，为以后的赞助活动提供参考。

第二节 新闻发布会

案例

李娜退役新闻发布会

2014年9月19日，通过微博《我的退役告别信》，李娜宣布正式退役。消息一出，震惊了世界体坛，引起了媒体的极大关注，各大媒体纷纷报道。

9月21日13时，李娜在北京国家网球中心召开退役新闻发布会，虽然很平静地带着微笑走进发布会现场，但是当亲口说出"再见"这两个字时，李娜却没能忍住泪水，随后，在有记者含泪两度提问时，李娜也忍不住又两次落泪。

发布会开始前，座无虚席的现场就弥漫着悲伤的氛围，所有记者都安静地等待着李娜的到来。13时整发布会正式开始，主持人介绍了到场嘉宾之后，李娜微笑着走进场内就座。就座后的李娜首先致谢到场的记者，但一说感谢有这样一个机会让我说出"再见"，李娜便开始有些哽咽，泪水随即夺眶而出。整个发布会前半段过程，李娜虽有情绪波动，但还是平静地一一回答记者的提问。

当跟随李娜多年的新浪体育记者哽咽着准备提问时，情绪失控的他甚至无法说出问题，坐在前排的记者也拍了拍他的肩进行安慰，而见到这样的情景，一直眼含泪水的李娜也没能控制自己的情绪，再度泪洒现场。主持人随即先让其他记者提问，几分钟后，他再次哽咽着表态"这个问题我一定要问出去"，然后带着哭腔问完了问题，触景伤情的李娜也第三度落泪。

整场发布会，除了落泪，李娜也展现了自己的娜式幽默，经常忘记问题的她自己也忍不住笑，让发布会的气氛时而欢乐时而悲伤，就像她自己在发布会上说的那样，本想在一个轻松的气氛中来开这个发布会，没想到最后会有这么多的情绪。

最后，这是一个故事的结束，也是另一个故事的开始，谢谢李娜带给我们的那些精彩。

资料来源：新华网．李娜召开退役发布会　三度落泪　与记者对哭[EB/OL].（2014-09-21）. http://news.xinhuanet.com/sports/2014-09/21/c_127011592.htm.

一、新闻发布会概述

新闻发布会又称记者招待会，是指特定的社会组织或个人把有关新闻单位的记者邀请到一起，宣布有关消息或介绍情况，让记者就此提问，由专人回答问题的一种特殊会议形式。它是传播信息、谋求新闻界对某一事件客观报道的行之有效的手段,也是社会组织搞好与新闻界关系的最重要方式之一。

(一)新闻发布会的特点

新闻发布会是组织与新闻界保持联系的一种重要的活动方式,也是组织向公众广泛传播各类信息的重要工具之一。一个组织在发展过程中难免会遇到许多错综复杂的问题,会发生许多重大的事件,如受到了公众的批评,同其他社会组织发生了不可澄清的法律纠纷,组织做出了一项重要决策,等等。这就需要通过新闻发布会来与公众沟通信息,以取得公众的谅解与支持。

一般来说,新闻发布会的主体可以是任何社会组织或个人;新闻发布会的客体,主要是代表公众舆论的报纸、杂志、电台、电视台、通讯社等新闻媒介和代表公众采访新闻的记者们,不排除也可以就某种特殊原因聘请一些对公众具有重要影响力的民意领袖或舆论先导;传播形式是利用新闻发布会使新闻记者了解组织信息,并产生兴趣,通过新闻媒介,以新闻报道、新闻特写等形式将这些重要信息传播出去。

新闻发布会是规格高、形式正规、成本高、隆重并且深度广的公关活动,对发言人和主持人的要求也较高,因此,举行一场新闻发布会必须经过充分的酝酿准备,认真考虑其必要性和可靠性。

举行新闻发布会必须有恰当的新闻由头,即该信息是否具有专门召集记者前来予以报道的新闻价值,并选择好举行新闻发布会的最佳时机。重要人物的来访,发生重大事件,新发明、新产品试制成功,新的重大发展规划,新工厂建成投产,企业开张、合并转产,出现先进典型人物,重大庆祝日或纪念日等,都可能是促成新闻记者进行报道的恰当由来。

举办新闻发布会的目的是迅速及时地把组织重要信息传播给社会公众,因而,新闻发布会具有以下特点。

(1) 宣传性。即新闻发布会是组织的一项重要信息传播和宣传活动。

(2) 正式性。即采用新闻发布会来传递信息,形式正规、隆重,而且能增加信息传递的深度和广度。

(3) 耗费较高。即召开新闻发布会要占用记者和组织者较多的时间,需要动用一定的人、财、物,有较高的成本。

(二)新闻发布会的策划

社会组织是否能通过新闻发布会将组织的有关信息成功地传递出去,并借此树立自己的形象,提高自身的知名度、美誉度,关键在于新闻发布会的策划。具体来讲,新闻发布会的策划应注意以下几方面。

1. 确保新闻发布会的必要性

举行新闻发布会必须有充分的理由和明确的目的。也就是说,在新闻发布会举行前,社会组织必须对所发布的消息是否重要、是否具有广泛传播的新闻价值以及新闻发布的紧迫性和最佳时机进行研究和分析。只有在确认举办新闻发布会的必要性和可能性后,方可决定举办新闻发布会。

2. 活动要严密、规范、富有新意

新闻发布会的举办要涉及组织者、公众，尤其是媒体等多方面人士，因而活动的策划要严密、规范，并富有新意。既要有规矩可循，又要不拘于以往的形式，在活动的设计安排上要适当创新，以增强活动的效果。

3. 把握时机，提高组织形象

举办新闻发布会是组织向社会公众展示自身实力、提高组织形象的最佳时机，会议的工作人员要注重个体形象，充分利用自己的人格力量增强信息的可信度，支配公众的顺向心理，使公众对组织产生较好的整体印象。

二、新闻发布会策划流程

（一）会前的筹备

1. 确定新闻发布会的主题

主题是新闻发布会的中心议题。组织要从新闻媒介和社会公众的角度出发，确定会议的主题和信息发布的最佳时机。再进一步考虑这个主题是否非常重要，是否具有新闻价值，能否对公众产生重大影响，此时召开新闻发布会是否适宜等。

2. 确定新闻发布会的时间和地点

举办新闻发布会，在地点选择上主要考虑要给记者创造各种方便采访的条件。可安排在某一饭店或会议室、公关俱乐部机构等，会场要具备必要的照明设备、视听设备和通信设备等，并且要安静，不受电话干扰，交通要方便，要有舒适的座椅以便记录就座。

会议的时间要尽量避免节假日、重大社会活动和其他重大新闻发布的日子，以免记者不便参加。会议时间一般宜控制在一小时以内，对无关或过长的提问应有礼貌地予以制止，会议应有正式结尾。

3. 确定会议主持人和发言人

由于记者的职业习惯，提问大都尖锐深刻，有时甚至很棘手，这对主持人和发言人提出了很高的要求。主持人和发言人必须对提问头脑清醒，反应机敏，有较高的文化修养和口头表达能力。

在组织中，会议的主持人一般由有较高专业技巧的公关人员担任，会议的发言人由组织或部门的高级领导担任，因为他们清楚组织的整体情况、方针、政策和计划等问题，又具有权威性。

4. 准备发言稿和报道提纲

公关人员在会议召开前，应在组织内部统一口径，组织专门小组负责起草发言稿，全面认真收集有关资料，写出准确、生动的发言稿。并写出新闻报道提纲，在会上发给记者作为采访报道的参考。

5. 准备宣传辅助材料

宣传辅助材料要围绕主题准备，尽量做到全面、详细、具体和形象。形式应多样，有口头的、文字的、实物的、照片和模型等。这些材料的准备要根据会议主题和内容的具体要求而定，在会议举行时现场摆放或分发，以增强发言人的讲话效果。

6. 择定邀请记者的范围

邀请的记者覆盖面要广，各方新闻机构都要照顾到，不仅要有报纸杂志记者，还要有电台、电视台的记者，不仅要有文字记者，还应有摄影记者。特别注意对记者要一视同仁，不能厚此薄彼。

发邀请信时，认识的记者可以发给本人，不认识的可以发到新闻机构，并且在会议举行前要及时用电话联系落实记者出席情况。

7. 组织参观和宴请的准备

发布会前后，可配合主题组织记者进行参观活动，请记者作进一步的深入来访，这样常常会产生具有重大价值的新闻报道。有关参观活动事宜应在会前就安排好，并派专人接待，介绍情况。会后，如有必要可邀请记者共进工作餐，利用非正式交谈，相互沟通，增进与新闻界的关系，解决有关发布会没有解决的问题。

8. 制作会议费用预算

应根据所举行新闻发布会的规格和规模制定费用预算，并留有余地，以备急用。费用项目一般有场租费、会议布置费、印刷品费、邮电费、交通费、住宿费、音像器材费、相片费、茶点或餐费、礼品费、文具用品费等。

9. 做好接待工作

组织人员要提前布置好会场，横标、发言人席、记者座位，周围环境要精心设计、安排，营造一种轻松、自然、和谐的会场气氛。培训接待人员和服务人员，要求他们穿戴整洁、适宜，精神饱满、愉快，体现出组织的风格；安排会议的记录、摄影、摄像工作，以备将来的宣传和纪念之用。

（二）会议程序

举办新闻发布会，会议程序要安排得详细、紧凑，避免出现冷场和混乱局面。一般来说，新闻发布会应包括以下程序。

1. 签到

应安排足够的工作人员，设立签到处，并派专人引导记者前往会场。参加会议的人要在签到簿上签上自己的姓名、单位、职业、联系电话等。

2. 发资料

会议工作人员应将写有姓名和新闻机构名称的标牌发给与会记者，并将会前准备的资料，有礼貌地发给到会的每一位。

3. 介绍会议内容

会议开始时要由会议主持人说明举办新闻发布会的原因，所要公布的信息或事件发生的简单经过。

4. 主持人讲话

主持人要充分发挥主持和组织作用，以庄重的言谈和感染力，活跃整个会场气氛，并引导记者踊跃提问。当记者的提问离会议主题太远时，要善于巧妙地将话题引向主题。会议出现紧张空气时，能够及时调节缓和，不要随便延长预定会议时间。

5. 回答记者提问

要准确、流利、自如地回答记者提出的各种问题，不要随便打断记者的提问，也不要以各种动作、表情和语言对记者表示不满。对于保密的东西或不好回答的东西不要回避，而要婉转、幽默地进行反问或回答，确保所发布的消息必须准确无误。

6. 参观和其他安排

会议结束后还应由专人陪同记者参观考察，给记者创造实地采访、摄影、录像等机会，增加记者对会议主题的感性认识。如果有条件，社会组织还可举行茶会和酒会，以便个别记者能够单独提问，并能增进和新闻界的关系。

案例

两会上的新闻发言人

随着李克强总理2015年3月15日新闻发布会的结束，一年一度的开年“大戏”两会也正式闭幕。两会自3月3日始至3月15日止，历时12天，期间召开新闻发布会共计15场。分别是政协新闻发布会、人大新闻发布会、国家发改委记者会、财政部记者会、农业部、商务部、环保部、外交部、工商总局记者会、国务院总理记者会等。

主讲《危机管理与媒体应对》课程的笔者用一周时间对实录和视频进行研究，得出了一连串相关数字，同时对发布会状况进行解读，希望与“在岗”和即将“上岗”的新闻发言人做一个分享。

第一，会议时长。15场发布会共用时1852分钟，平均用时123分钟，即两小时左右。其中最经济的两场发布会分别是农业部和安监总局，分别用时74分钟和73分钟。记者会“蛮拼”的当属科技部，用时222分钟，最大时差为149分钟。

第二，回答记者的数量。15场发布会共回答194位记者提出的问题，平均每场提问记者人数13人。其中农业部和安监总局回答提问记者均为8人，而回答提问记者最多的两场发布会分别是李克强总理的和外交部的，达到17人。

第三，回答问题的效率。科技部部长回答一个问题最长用时43分钟，用字827个。安监总局局长回答一个问题最多用字2845个，用时23分钟；两个部门分列用时和用字最多。而财政部部长回答一个问题最短仅用77个字，成为两会最精练的回答。

第四，开场白。在政协和人大例行新闻发布转入记者会之外，其他13场记者会的开场白以商务部最为突出，即部长没有开场白，直接进入答记者问状态。科技部部长则以540个字的开场白拔得头筹，立法法修改与立法工作记者会以507个字的开场白紧随其后。

第五，口头语。在立法法修改与立法工作记者会上，其中一名发言人在历时3分

47秒(回放视频)的回答中共说了16次“那么”、15次“这个”。同样在其他场次中也出现某些发言人不“啊”不说话、不“嗯”不发声的状况。

第六,参加次数最多与最少。中国人民银行行长周小川连续9次参加人大会议记者会,可谓是驾轻就熟,经验丰富。国家工商行政管理总局则是第一次参加两会记者会,其首秀也是可圈可点。

新闻发布会是以新闻发布和回答记者提问,并通过媒体向公众传递信息的重要形式,同时也是展现一个国家或者行政部门形象和工作状况的重要载体。两会的新闻发布会属于政府主导的例行新闻发布会。其主体一般是由指定的新闻发言人或者能代表相应级别、身居要职的官员担当。

如何能把握住全球媒体云集的契机,在公众乃至世界范围内树立良好的国之形象、部门形象,是需要引起有关部门高度重视的。

外交部作为中国最早建制新闻发言人的部门,自1982年制度创立之初,至今已经培养了27位新闻发言人。新闻发布会也从仅发布消息记者不提问,到既发布消息又回答记者提问;从“坐”答发布会到“站”答发布会。相信以后两会的发布会也将发生更新的改变,那样对新闻发言人就会提出更高的要求。

如何才能成长为优秀的新闻发言人,从外交部的体制变化可以得到启发。2011年8月至今,外交部例行记者会从每周2次增至每周5次,其常态化的实战势必能积累丰富的经验。熟能生巧、巧能生精是新闻发言人得体表现的重要保证。那种平时不练,把重要“露脸”机会当作第一次“演练”并奢望成功的想法只能是空中楼阁。

资料来源:曹志新．两会上的新闻发言人[J]. 国际公关,2015(2).

(三)新闻发布会后的工作

新闻发布会结束后,社会组织要检验会议的效果是否达到了预期目的。要求做好以下工作。

1. 整理会议记录

会后应及时整理会议的记录材料,总结会议的组织、布置、提问、回答问题和宴请等方面的工作,并将总结材料归档备查,对发现的问题要认真吸取教训。

2. 分析发稿情况

收集整理出席的各个媒体的发稿情况,并对发稿的数量、发稿的单位、发稿单位的级别、发稿内容等进行归类分析,检查举办新闻发布会是否达到了预期目标,对于检查出的问题,应分析原因采取补救措施。

3. 了解与会者反映

了解与会者对会议的反映,检查组织在举办发布会中的欠妥之处,为以后的类似活动积累经验。

第三节 公共关系广告

案例

万箱农夫山泉送往重庆干旱灾区解民渴

——重庆旱灾不结束，农夫山泉的资助活动就不停止

2006年农夫山泉推出了公关活动“饮水思源，爱心恒远”，其中，有一个系列活动，内容是为当时重庆旱灾灾区送上生命之源。

8月19日，农夫山泉公司向重庆干旱重灾区捐赠饮用天然水1万箱。农夫山泉公司表示“重庆旱灾不结束，农夫山泉的资助活动就不停止”。

当日上午10时，在重庆梨树湾火车站举行完简短的捐赠仪式后，这批援助物资就立即发至北碚，永川，壁山，大足，荣昌等五地。一个半小时后，车队就抵达了北碚区澄江镇。这里已经两个多月没下雨了，现在全镇80%的居民严重缺水，别说庄稼绝收，连日常饮用水都难也保证。“老百姓都知道农夫山泉有点甜的广告，大家都没有想到这次是真的甜到心里了。”刘镇长兴奋地说。67岁孤身一人居住的胡大爷激动地说：“一个人住在山上，井水早没了，现在连吃菜都很困难了，农夫山泉真是做了大好事！”

农夫山泉公司在重庆还启动“送水送清凉”的活动——旱灾酷暑期间将向身处服务第一线的公交司机、交警人员以及特殊困难人群免费发放1.5升装农夫山泉。当日就在重庆市区两路口等三个公交中转站点免费发放超过2000瓶农夫山泉，整个活动将持续进行。

农夫山泉中国区总经理何维说：“入夏以来，农夫山泉公司产品各地销售大好，很多地区出现断货现象。为了重庆抗灾，公司已召集工厂、储运和销售等各部门，全力确保重庆市场的供应。并在旱灾期间，农夫山泉在重庆各大超市让利20%。”

在“饮水思源，爱心恒源”的公关活动的同时，农夫山泉推出了这样的广告宣传“农夫山泉——天然弱碱性水”。广告中介绍道：农夫山泉选取天然的优质水源，仅对原水做最小限度的、必要的处理，保存了原水中钾、钠、钙、镁、偏硅酸等对人体有益的矿物元素，pH值为7.3±0.5，呈天然弱碱性，适于人体长期饮用。收到了各界人士的好评与追捧。

农夫山泉这一举动达到了多层次，多角度宣传，覆盖各种媒体，有利于使消费者全面地了信息解企业及产品，达到更大的覆盖面积，更有利于培养消费者对企业的信赖，认为农夫山泉是一家有良知有爱心的企业，从而促进产品广告的宣传与推广。

资料来源：百度文库．农夫山泉 公关案例 广告案例[EB/OL]．(2012-10-23)．http://wenku.baidu.com/link?url=rMi7FUy472z482rMHJS6rRJx5R4aK3hwY_ANNlNFkwjcufn-lHrc2NVdAyhHCYz1GOnfJdA3QAPsC12mvoRSM-3CN65dscaOv9HvRJzwZLq.

一、公共关系广告的概述

（一）公共关系广告的概念

公共关系广告，又称社会组织性广告或声誉广告，是指由社会组织承担费用，自己或委托广告代理商策划、设计、制作，利用可控制的媒体传播组织信息、树立组织形象，协调社会组织同所处环境关系的一种广告形式。

（二）公共关系广告的类型

公共关系广告的具体形式多种多样，并且还在不断发展。从公共关系广告的内容来看，大体上可以把公共关系广告划分为以下四种基本类型，即形象广告、公益广告、观念广告和响应广告。

1. 形象广告

形象广告是指以提高组织知名度，树立组织形象为目的的公共关系信息传播活动。形象广告的设计要注重表现组织的独特的整体形象，而不是表现某个局部的或个体的具体形象。形象广告是树立组织良好的独特的社会形象，提高组织知名度、美誉度和和谐度的重要手段。

2. 公益广告

公益广告是指组织关心社会公益事业，为社会公益活动贡献力量的公共关系信息传播活动。组织通过公益广告活动，既可扩大其知名度，赢得公众的好感，又可为提升组织的社会影响力，树立组织形象起到促进作用。

3. 观念广告

观念广告是指通过提倡或者灌输某种观念或意识，从而影响公众的态度和行为的公共关系信息传播活动。观念广告的内容主要是组织的宗旨、理念、文化或者某项具体的政策等，也可以是某种社会潮流或公众关心的热点。观念广告主要运用暗示的方法来引导、触发公众的联想，在潜移默化中影响公众的观念，改变公众的态度和行为。

4. 响应广告

响应广告是指组织宣传自己与社会各界的关联性和共同性的公共关系信息的活动。响应广告的内容主要有两个方面：一是具有联络感情的性质，如表达对其他组织的祝贺、支持、赞许等。二是具有社会性，如响应和支持公众生活中某一重大活动或主题。响应广告是组织向社会显示自己对生活、对公众和对公共事务的关心。

二、公共关系广告的特点

公共关系广告作为从广告家族中分衍出来的一种特殊广告，既属于公共关系活动的一部分，又属于广告范畴。因此，它有其自身的特殊性，又兼具广告与公共关系的综合优势。公共关系广告的特殊性表现在以下方面。

（1）目的的特殊性："推销"组织机构的形象；

（2）手段的特殊性：采用科学引导和教育的方式，使公众了解认识组织或熟悉组织的产品及服务；

（3）观念的特殊性：在选择目标上具有长期性和系统性。

其中，综合优势表现在树立组织品牌形象、拥有双向沟通的方式、具有战略的长期性以及与企业公共关系活动相整合这四方面。使组织更好地塑造形象,建立并维系与公众的情感联系,培养公众的忠诚度,提高其声誉及知名度。

三、公共关系广告与商业广告的区别

1. 性质不同

商业广告具有直接的商业目的。商业广告具有以营利为直接目的,以推销自己的产品附带宣传品牌形象和企业形象的活动。公共关系广告不以营利为直接目的,而是通过宣传组织信息,树立组织形象,协调组织与环境的关系,对企业的运营起到促进的作用。

2. 内容不同

商业广告主要使消费者了解、认识、喜爱产品,以至购买该产品。而公共关系广告则主要是介绍企业的总体特征,如企业的理念、宗旨、追求等,施工中从总体上了解、从而最终促进企业目标的实现。

3. 表达方式不同

商业广告的表达大多直截了当,具有浓厚的商业气息。而公共关系广告较为含蓄,不具有明显的商业气息。

4. 效果不同

商业广告的宣传效果,主要体现在短期内经济效益最大化。而公共关系广告的效果主要体现在社会效益上。虽然社会效益在短期内难以测量,但从长远来看,良好的社会形象必然会带动经济效益的提升。

5. 责任不同

商业广告具有其浓厚的商业性。而公共关系广告由于一般不具有商业性,形式灵活,内容广泛,表达随和,一般不直接承担经济责任,但其社会责任却很大。

案例

《华尔街日报》的广告——公共关系广告

1986年6月间,在美国最重要的商业报纸《华尔街日报》上,反复出现了一则广告——一张占据整版篇幅的中国领导人邓小平的特写照片。不过,出钱登广告的人,并非中国的任何组织,而是美国太平洋电话公司。细看之下,广告上有几行文字,其内容也确实紧扣画面,主要是宣传邓小平业绩。

它写道:“邓小平是一位成功的改革家,他的主要法宝就是鼓励分权,实行多种经营。在农村,搞承包责任制和包产到户,在城市则给企业下放自主权。”它还别出心裁地给邓小平一个新头衔:中国分散化经营总公司董事长。真令人忍俊不禁。只是在最后,该广告才寥寥数语地提到自己的主人,说:“美国太平洋电话公司是从美国电报电话公司独立出来的新公司,望各位新老顾主给予充分的信任和合作。”其弦外之音是:本公司的成立及经营的宗旨,与邓小平的改革方针是如出一辙的,而邓小平的巨大成功,可以说就是本公司具有光辉前景的有力证明。

以邓小平这一显赫的人物，突出地宣传了美国太平洋电话公司多样化的经营方针。这则典型的公关广告，其构思角度卓尔不群，匠心独运，给人们留下了深刻的印象。

资料来源：好汉网.《华尔街日报》的广告——公共关系广告[EB/OL].(2008-06-28).http://www.heyunfeng.com/greatman/management/?type=detail&id=248.

四、公共关系广告的作用

公共关系广告是公共关系宣传活动的重要内容之一，对于实现公共关系的总目标具有重要意义，其作用主要表现在以下三个方面。

1. 树立形象、提高声誉

组织通过公共关系广告可以及时、连续地向社会公众宣传组织的成绩，以及对社会的贡献等，对树立组织良好的社会形象，提高组织的声誉、知名度、美誉度和好感度都起到了促进的作用。便于扩大组织在社会公众中的影响，提高组织的社会地位。

2. 体现宗旨、提高士气

组织通过公共关系广告大力宣传自身的理念、组织文化等，不仅可体现出自身价值追求和宗旨，还可增强组织成员的自信心和荣誉感，增强凝聚力，提高士气。

3. 消除隔阂、治理环境

公共关系广告可以有效地消除组织与社会公众之间、组织与合作伙伴之间的疑虑和沟通障碍，增强彼此之间的信任感。尤其在处理危机事件时公共关系广告的作用更是十分明显。

第四节 其他专题公关活动

公共关系专题活动除了赞助活动、新闻发布会、广告以外，还有一些常见的专题活动。如庆典活动、展览活动、开放参观等。

一、庆典活动

（一）庆典活动的含义和目的

庆典活动是组织在重大节日、配合社会的重大事件或围绕组织自身重要的值得纪念的时间所举办的活动。组织通过庆典活动，可以向公众展示自身的良好形象，扩大知名度，提高美誉度，获得公众的支持与认可，从而实现组织更大的经济效益与社会效益。

庆典活动种类很多，包括节日庆典、开业典礼、奠基仪式、剪彩仪式、颁奖仪式、周年庆典等。活动的形式也可以有座谈、联欢、宴会、舞会等多种。

案例

马爹利名士庆祝“新优雅”风潮在华迈入第四年

保乐力加旗下品牌——马爹利名士庆祝“新优雅”风潮在中国迈入第四年。

“新优雅”风潮旨在激励现代中国男士启程自我探索之旅，引领他们挖掘超越金钱和名利以外的成功，一同跃升“新优雅”境界。这个社会风潮由TBWA\上海于2010年为马爹利名士打造并推动。

中国社会中强有力的影响者为这个风潮的推动核心。每年，马爹利名士与这些“当代名士”携手来扩大社会影响力，以汇聚更多精英男士加入“新优雅”风潮。

2014年五月，马爹利名士在北京举办了一场盛大庆典致意新优雅运动四周年。当代名士齐聚优雅之夜，共同见证马爹利名士的新优雅里程碑。

马爹利名士“当代名士之境”暨《当代名士·黄金时代》微电影于当晚同时揭幕。这是马爹利名士与电影《黄金时代》的合作，由金马奖最佳导演许鞍华携手著名监制李檣共同完成。微电影人物来自《黄金时代》电影中的众多主演，包括有冯绍锋、郝蕾、王千源、田原、黄轩、朱亚文，以及著名音乐人张亚东和时尚先锋设计师张弛。八位名士所展示出的当代精英精神以及对于个人黄金时代的陈述理解，与当代中国新名士精神产生极大共鸣。保乐力加中国马爹利品牌总监 Liya Zhang 表示：“对于品牌而言这是非常有影响力的长期社会运动。马爹利名士已然跃升成为一个具有启发性的品牌，代表着一种精神。”

TBWA\上海品牌业务总监 Muriel Lechaczynski 表示：“‘新优雅’平台是此次整合传播活动成功的精髓。此风潮借由盛典、在线社区互动和系列短片和电视广告、户外及平面广告一系列整合传播活动拥有大量曝光并且持续引发热议。保乐力加愿意对于这样的品牌创意长期投资，我们感到很荣幸。”

保乐力加中国马爹利品牌总监 Liya 补充：“通过和颠覆性媒体合作来宣传与目标消费者之间情感联系，这是马爹利名士超越其他竞争对手的巨大优势。”

资料来源：中国公关网．马爹利名士庆祝“新优雅”风潮在华迈入第四年[EB/OL].(2014-07-16). http://www.chinapr.com.cn/templates/T_Second/index.aspx?nodeid=4&page=ContentPage&categoryid=0&contentid=7901.

（二）庆典活动的准备工作及操作程序

1. 准备工作

准备工作包括：①明确活动主题与形式；②安排活动时间；③选择并布置场地；④策划活动程序；⑤邀请嘉宾；⑥准备接待工作；⑦人员安排；⑧准备嘉宾留言册；⑨准备馈赠礼品；⑩事先检查活动所用设备；⑪ 联系媒体；⑫经费预算。

2. 操作程序

操作程序包括：①主持人宣布典礼开始；②宣读重要嘉宾名单；③致辞；④剪彩、奠基、签字、颁奖等；⑤礼成后可安排节目、参观组织或宴请招待；⑥摄影留念；⑦赠送纪念品；⑧送客。

二、展览、展销会

（一）展览、展销会的含义和目的

展览会是一种综合运用实物、文字、图像、音像资料或操作演示等形式，在一定时间和地点集中向公众展示组织的成果、风貌、特征、梳理组织形象的公共关系专题活动。由于其具有形象、生动、直观性、知识性、趣味性等特点，往往对公众有较强的吸引力。

组织举办展览、展销会主要是为了达到以下目的：①通过举办展览、展销会，达到拓展渠道、促进销售、传播品牌、开拓新市场的目的；②通过举办展览、展销会展示产品和技术，向公众显示自身实力，使公众对组织留下良好的印象；③组织可以通过举办展览、展销会向公众征询意见，密切组织与公众的关系，更好地进行自我完善。

（二）展览、展销会的特点

展览、展销会的特点：①传播方式的多样性；②传播效果的直观性；③与公众沟通的双向性；④沟通方式的高度集中性；⑤活动的新闻性。

（三）展览会的组织

1. 展览会的组织

展览会的组织：①分析展览会的必要性和可行性；②明确展览会的主题和目的；③确定参展项目和参展单位；④确定参观者类型；⑤选择展览的时间、地点；⑥培训展览会的工作人员；⑦准备展览会的辅助设施和相关服务；⑧做好新闻媒体的传播报道；⑨准备好各种辅助性的宣传资料；⑩构思展览会结构；⑪预算展览会的费用开支；⑫测定展览效果。

2. 展览会的注意事项

①展览会举办者的信誉；②展览会举办者的经验；③参加展览会的费用。

案例

茅台酒的出名之道——展览会

茅台酒本来并没有什么名气。有一次，厂家代表带它去参加在印度新德里举办的世界酒类饮料博览会。该博览会汇集了世界各国著名的各种饮料。而世界著名的酒类品牌也决不肯放弃这样的极好机会。茅台酒是首次参展。光租这次的展位，就是很大一笔开销。但厂家认为，只要能够提高知名度，还是值得的。然而，面对法国的香槟等西方传统的酒类饮料，人们对来自中国的茅台酒展位，根本不屑一顾。展览的第一天，茅台酒基本无人问津。面对这样的尴尬局面，茅台展览工作人员急得团团转，他们决心要扭转这种受冷落的状况。

于是，第二天的展览开始之后，面对人流最高峰的时候，工作人员急中生智地拿着一瓶茅台酒走到展厅中央，装着在人流中不小心将它“打翻”在地。顿时，整个大厅完全充满了茅台的酒香。参观展览的人们立即被这从来没有闻到过的香味所吸引，好奇地相互打听这是什么牌子的酒香味。茅台展览人员抓住这一机会，向参观者介绍茅台酒。很快，茅台酒站台就吸引了大批参观者。当天引起整个展览会的轰动，新闻媒介也闻风而动，纷纷予以报道。结果，茅台酒在本次展览会上获得金牌。从此，它身价百倍。

案例点评：

茅台酒的“雕虫小技”，给我们一个重要的启示：那就是注意利用展览会来提高组织的知名度。事实上，在当今社会，展示文化已经成为十分重要的社会生活内容。如果不善于利用这一活动形式，无疑会错过许多公关契机。展览会既是一种宣传形式，又是一种传播媒介，属于群体传播的一种。它是通过实物、文字和图表来固定或巡回地公开展示出组织的产品或其他方面的情况，供公众参观和了解，其目的在于扩大组织的知名度和增强影响力。

资料来源：好汉网．茅台酒的出名之道——展览会[EB/OL]．(2008-06-28)．http://www.heyunfeng.com/greatman/management/?type=detail&id=237.

三、开放参观活动

社会组织开展公共关系活动，一方面要深入了解公众；另一方面还要积极创造条件以使公众了解社会组织的有关情况。让公众了解社会组织的一个行之有效的方法就是社会组织有计划地安排对外开放参观活动。大量事实表明，社会组织向公众开放，组织公众参观本组织，是增进与公众之间的联系和了解的手段之一。

例如，日本丰田汽车公司就常组织一些对外开放参观活动，展示组织的实力和良好形象，实现和公众的有效沟通，达到了理想的公关效果。

1. 开放参观的含义与目的

开放参观，是指社会组织邀请内外公众参观本组织的工作条件、环境设施、成就展览等。请公众代表参观本组织，可以争取公众对组织的了解和支持，扩大组织的影响，在社会公众中树立良好形象。

开放参观活动的目的包括以下几点：第一，对于公众误会事件，开放参观能让公众亲眼看见组织的运作，让外界了解组织的实际状况，往往较强的说服力，从而达到澄清事实、获得公众理解的目的。第二，表示出组织对社会各界人士的善意和诚意，促进组织搞好同外部公众的关系，维护和扩展良好声誉。第三，吸引更多的潜在消费者，扩大组织知名度，促进业务拓展。第四，安排员工家属参观公司的工作环境，了解公司的成就，能增强员工和家属的自豪感。

案例

伊利启动开放工厂之旅活动

“眼见为实，伊利的生产工艺真的可以让老百姓放心。而将普通消费者请进家门，也让我们感觉到企业的亲切，相信这能够为伊利赢得更多的信任和尊重。”在2013年“伊利工厂开放之旅”的活动首日，一名参观过伊利车间的消费者这样讲。

2013年4月6日，“伊利工厂开放之旅”活动全面启动。中国乳制品行业的领军品牌表示，将以务实获得信任，靠开放寻求发展——也正是两会上国家领导人对中国经济提出的新时期要求。“伊利诚邀消费者走进工厂，让消费者深入了解乳制品生产工艺，接受来自社会各界的审视和监督。作为企业，我们会充分保证消费者的知情权和监督权。”活动相关负责人表示，“在伊利工厂，天天都是开放日，人人都是监督员。”

全国各地的消费者只需上网搜索“参观伊利”，或登录伊利官网按照页面提示，选择距离最近的伊利工厂，简单几步即可完成预约。伊利公司将在工厂所在城市或临近城市，提供免费专车接送，并全程配备专业的讲解员，一一解答消费者对于伊利产品的各种提问。

“务实和开放，是伊利成就品质的态度，更是伊利成就梦想的基石。这不仅仅是伊利人肩负的使命，更是千千万万伊利的消费者，甚至是所有的中国老百姓对安享‘放心食品’的期待。”伊利相关负责人坚定地说。

资料来源：王娅莉．伊利启动开放工厂之旅活动[EB/OL]．(2013-04-22)．http://www.cqn.com.cn/news/zgzlb/diqi/701099.html.

2. 开放参观的类型

根据社会组织邀请的公众对象的不同，常见的参观活动一般可划分为三种类型。

1）员工家属的参观活动

邀请员工家属参观，可以让他们认识到自己亲人所从事的工作的重要性，既能增进对亲人的理解和支持，又能激发员工的荣誉感，提高其积极性。

2）逆意公众的参观活动

逆意公众是对社会组织的决策和经营方式持怀疑和抵触情绪的公众，如企业邻近受污染居民、对产品质量有意见的顾客等。邀请这些公众参观企业，可以改变他们对企业的看法，不仅可能消除其不合作、不支持的言行，而且可以利用他们在公众中的特殊地位，扩大公关信誉效果。

3）新闻媒介的参观活动

社会组织如果取得了新成绩或者重大事件时，需要向公众澄清事实真相，或者向公众宣传组织的发展规划，可以邀请记者、编辑、节目主持人等前去参观组织，以便借助媒体及时扩大社会组织的影响，消除不利的影响。

3. 开放参观的注意事项

首先，要明确开放参观的目的。组织举办开放参观活动，都有特定的目标，因此要围绕其目的进行策划组织。其次，要注意策划、组织、实施的各个环节，对每一个细节都要进行周密考虑，不能因为一些不显眼的小事影响到整个参观活动。最后，是保密工作。

组织要处理好公开与保密的关系，选好参观地点，设计合适的参观路线，既要让公众感受到组织的真诚，又要注意组织的商业或技术秘密的保密工作。

课堂实践

1. 实践内容：6月5日是世界环境日，请设计一则公共关系广告（公益广告），促进提高全球环境保护意识，呼吁人类共同携手保护环境。

2. 实践目的：通过公共关系广告以达到组织宣传自己并向社会公众和其他组织显示自己对社会生活、对公众和公共事务的关心、参与和支持，向公众和其他组织表示善意和好感。也可借助社会活动和重大主题的机会来扩大自己的影响。

3. 实践环节：设计一则公益广告，宣传环保理念、倡导低碳生活、弘扬生态文明、促进绿色发展，保护和改善人类生存的环境，支持、赞许中国环境保护协会及相关单位，及时曝光环境违法行为和破坏生态环境等典型案件。根据公共关系广告的原则，进行巧妙的策划构思，切忌商业广告的味道。

4. 技能要求：熟练掌握公共关系广告与商业广告的区别，熟练掌握公益广告的设计原则和策划技巧。

拓展阅读

西安幼儿园喂食儿童处方药病毒灵事件

2014 年 3 月 10 日，有家长通过微博反映陕西省宋庆龄基金会枫韵幼儿园给孩子服用不明药物，白色药片上面写着“ABOB”字样，查询后才知道这是一种俗称“病毒灵”的抗病毒药物，引起众多家长的关注和不满。服药事件不断发酵。

3 月 11 日下午，西安市政府副秘书长黄晓华来到幼儿园，与家长沟通，并表示幼儿园违规还涉嫌违法，冻结枫韵幼儿园的资产，并协商后续赔偿问题，进行法律程序。

3 月 12 日，部分入园幼儿家长将西安市科技路与丈八路十字封堵。西安市委书记魏民洲赶到现场紧急处置，在现场积极调解和劝说，事态得以控制。同日，陕西省委书记赵正永、省长娄勤俭分别做出批示，要求西安市政府要彻查并迅速向社会公布，对服药儿童全部免费治疗检查，做好家长工作。

3 月 13 日，涉案两所幼儿园的法人孙某及枫韵幼儿园执行院长赵某、枫韵幼儿园保健医生黄某、鸿基新城幼儿园园长梅某、副园长赵某某等 5 人，被公安部门以涉嫌非法行医罪刑事拘留。

3 月 18 日，教育部、国家卫计委发布《关于陕西、吉林两地个别幼儿园违规开展群体性服药事件的通报》称，陕西省西安市宋庆龄基金会枫韵幼儿园和鸿基祥园幼儿园、吉林省吉林市高新区芳林幼儿园违规给幼儿集体服用处方药品“病毒灵”，严重违反有关管理要求，造成严重的社会影响，有关部门正在依法依规进行查处。通报要求，任何单位或个人不得擅自或越权组织幼儿及中小学生群体服药。通报指出，将立即组织力量开展幼儿园及中小学校健康服务管理的拉网式排查。重点检查行政区域内幼儿园是否有违规组织幼儿群体服药的行为，并于 4 月 10 日前完成全部排查工作。

3 月 19 日，中国政府网消息称，中共中央政治局常委、国务院总理李克强近日对个别地区发生幼儿园违规给幼儿集体服用处方药事件做出批示，要求依法查处，严格管理，严防类似事件发生。教育部、卫生计生委通知做好处置工作，部署立即开展幼儿园及中小学健康服务管理排查，对发现的问题及时整改、严肃追责。

在喂药事件发生的这一个月里，为了确认自己的孩子是否存在健康异常，鸿基新城和枫韵幼儿园的数百名家长分别带着孩子在西安，甚至外地的医院自行进行了体检。据对枫韵幼儿园一个班的孩子体检报告的统计，从统计结果中可以看到，30 个孩子当中，4 项检查全部正常的仅有 5 人。剩余的孩子均存在体检指标异常情况，问题主要集中在心肌酶偏高和隐尿，也就是俗称的尿血。

从家长们掌握的材料来看，发现身体异常的孩子数量已经远远超过当初官方公布的65人，且症状也不仅仅局限于当地政府通报的“出汗”“食欲不振”，因此官方此前通报“未发现共性指标异常”的结论自然遭受到质疑。

家长们的质疑并不仅仅依据自己的体检结果，同时他们也质疑事发之后当地政府部门对服药儿童组织的体检是否负责，体检结果是否准确。

在一些家长提供当时孩子的B超报告中，有6份报告引起了注意。这6份报告分属6个不同的儿童，但奇怪的是报告内容却是一模一样。无论是B超的片子还是检查数据和检查结论。尤其值得注意的是，这6份报告的检测时间居然也完全一样，一秒都不差。

案例点评：

根据著名危机公关专家、华中科技大学公共传播研究所常务副所长游昌乔先生首创的危机公关5S原则，对案例做如下点评。

承担责任原则(SHOULDER THE MATTER)

事件被曝光后，陕西省委、省政府高度重视，省委领导迅速做出批示，要求西安市彻查并迅速向社会公布，对服药儿童全部免费检查治疗，严肃处理责任人，并组织儿童到指定医院进行体检。

然而，在随后进行的体检中，家长却发现，在不同医院的体检结果大相径庭，且出现一模一样的体检报告，以及体检未做体检报告却先出等情况，导致官方通报的“未发现共性指标异常”的结果备受质疑，政府部门的公信力以及承担责任的形象大打折扣。

真诚沟通原则(SINCERITY)

事件被曝光后，陕西省政府领导做出重要指示，要求西安市政府要彻查并迅速向社会公布，对服药儿童全部免费治疗检查，做好家长工作。相关领导亲赴幼儿园以及家长聚集现场与家长进行沟通。然而，官方通报的“未发现共性指标异常”的结果，与家长拿到的体检结果出现诸多不符，这一结果让此前政府部门的努力以及与公众沟通的诚意化为泡影。

速度第一原则(SPEED)

事件被曝光后，当地政府部门立即做出批示，并展开行动，这点符合速度第一原则。

然而，在后来家长自发进行的体检中，发现结果与官方最初通报的并不一致，引发家长及舆论质疑，这也抵消了此前快速反应所取得的效果，致使危机持续发酵。

系统运行原则(SYSTEM)

事件被曝光后，当地政府部门一方面开始对服药儿童的检查治疗，一方面问责相关责任人。同时，中央部委部署开展幼儿园及中小学健康服务管理排查，杜绝后患。符合系统运行原则。

权威证实原则(STANDARD)

事件被曝光后，当地政府部门组织服药儿童到指定医院进行体检，然而，医院出具的检查结果与家长在其他医院的结果不符，甚至出现多份检查报告完全雷同、检查未做报告先出的怪象，不仅没有起到权威证实的效果，反而极大损害了政府部门的公信力。

资料来源：中国公关网．关键点传播发布2014十大公共危机公关案例研究报告[EB/OL].(2015-01-27).http://www.chinapr.com.cn/templates/T_Second/index.aspx?nodeid=97&page=ContentPage&categoryid=0&contentid=9029.

第八章

危 机 公 关

学习目标

1. 理解危机公关的含义、类型、意义、预测和预防；
2. 掌握处理危机公关的5S原则和处理流程和对策；
3. 了解危机公关的处理方法，树立危机公关的意识。

技能要求

1. 理解危机公关的含义、类型、意义、预测和预防等相关知识点；
2. 能够迅速识别危机公关，掌握处理危机公关的5S原则和处理流程；
3. 培养危机公关意识，灵活合理的应对公关危机。

引导案例

携程"泄密门"风波

2014年3月22日晚间，国内漏洞研究机构乌云平台曝光称，携程系统开启了用户支付服务接口的调试功能，使所有向银行验证持卡所有者接口传输的数据包均直接保存在本地服务器，包括信用卡用户的身份证、卡号、CVV码等信息均可能被黑客任意窃取。

正处于央行对于第三方支付表示质疑的关口，加上安全漏洞关乎携程数以亿计的用户财产安全，舆论对于这一消息表示了极大的关注，用户由此引发的恐慌和担忧亦如野火一般蔓延开来。根据中国上市公司舆情中心监测数据显示，从"泄密门"事发至截稿时止，以"携程+安全漏洞"为关键词的新闻及转载量高达120万篇之多，按照危机事件衡量维度，达到"橙色"高度预警级别。

3月22日晚23时22分，携程官方微博对此予以回应，称漏洞系该公司技术调试中的短时漏洞，并已在两小时内修复，仅对3月21日、22日的部分客户存在危险，"目前没有用户受到该漏洞的影响造成相应财产损失的情况发现"，并表示将持续对此事件进行通报。

这一说法引发了用户的重重回击。认证为"广西北部湾在线投资有限公司总裁"的严茂军声称，携程"官方信息完全在瞎扯"，并附上信用卡记录为证。作为携程的钻石卡会员，他早于2月25日就曾致电携程，他的几张绑定携程的信用卡被盗刷了十几笔外币，但当时携程居然回复"系统安全正常"。他以强烈的语气提出，携程应该加强安全内测，"尽快重视和处理用户问题，水能载舟，亦能覆舟"。这一微博得到了网友将近900次转发，评论为 150 条,大多对其表示支持。

3 月 23 日,携程官方微博再以长微博形式发表声明称,93 名潜在风险用户已被通知换卡,其余携程用户用卡安全不受影响。

不过,其微博公关并未收到很好的成效,不少网友在其微博下留言,以质问语气表达不信任的态度:怎么证明携程没有存储其他客户的 CVV 号?怎么才能确认用户的信用卡安全?……面对质问,携程客服视若无睹,仅以“关于您反馈的事宜,携程非常重视,希望今后提供更好的服务”等官方话语加以回应。

在舆论对其违规存储用户信用卡信息、并未能妥善保存的重重压力下,3 月 25 日,携程发出最新声明承认此前的操作流程中确有违规之处,今后携程将不再保存客户的 CVV 信息;以前保存的 CVV 信息将删除。

3 月 26 日,21 世纪网直指“携程保存客户信息属于违反银联的规定,携程不是第三方支付机构,无权保留银行卡信息。另外,PCI-DSS(第三方支付行业数据安全标准)规定了不允许存储 CVV,但携程支付页面称通过了 PCI 认证,同样令人费解”。

《21 世纪经济报道》更是简单明了地表示,在线旅游网站中,只有去哪儿已经引入该认证标准,“此前携程曾有意向接入该系统,但是公司工作人员去考察之后发现,携程系统要整改难度太大,业务种类多且交叉多,如果按照该系统接入而整改会使架构都会有所变化”。

针对上述质疑,携程一直保持着沉默,而不少业内人士已经忍不住跳出来指责其“闭着眼睛撒谎”。3 月 27 日,《中国青年报》更是发表题为《大数据时代个人隐私丢哪儿了》的署名文章,谴责企业“在用户不知情的情况下收集有限的数据,在一定程度上忽略了人的权利”。

案例分析:

“泄密门”被曝光后,携程坚称“网络支付是安全的”,并表示携程用户持卡人的所有支付信息,“均按照国际信用卡支付安全标准要求,经过加密处理”,并将“泄密门”原因归结于“个别技术开发人员”的疏忽。对于用户的质疑始终含糊其辞,最后在重重压力下承认此前的操作流程中确有违规之处。然而此时携程的品牌形象已经受损。

资料来源:中国公关网. 关键点传媒发布 2014 十大品牌危机公关案例研究报告[EB/OL].(2015-01-27). http://www.chinapr.com.cn/templates/T_Second/index.aspx?nodeid=97&page=ContentPage&categoryid=0&contentid=9030.

第一节 危机公关概述

一、危机公关的含义和类型

(一)危机公关的含义

人们一直试图全面而确切地对危机下个定义,但是实际上危机事件的发生却有着千变万化的现实场景,很难一言以蔽之。有人认为,危机就是“危险与机遇”,是组织命运“转机与恶化的分水岭”。也有人认为,只有中国的汉字能圆满地表达出危机的内涵。世界上许多学者也从不同角度对“危机”做了一些分析。

巴顿(Barton)认为:危机是一个会引起潜在负面影响的具有不确定性的事件,这种事件及其后果可能对组织及其员工、产品、资产和声誉造成巨大的伤害。

赫尔曼(Hermann)认为:危机是指一种情境状态,在这种形势中,其决策主体的根本目标受到威胁且做出决策的反应时间很有限,其发生也出乎决策主体的意料。

福斯特(Forster)认为:危机具有四个显著特征:急需快速做出决策、严重缺乏必要的训练有素的员工、相关物资资料紧缺、处理时间有限。

从不同的角度看,以上的定义或多或少都有些偏颇,我们可以把危机定义为危及组织形象乃至生存的突发性、灾难性的事故或事件。

危机公共关系,就是组织对危机的处理和管理。它包括,危机出现前的预测和管理;危机中的应急处理;危机后的善后工作。

每年都有企业遭受危机困扰,每年都有企业在重重危机中倒下,几乎所有的企业都惧怕危机,都在寻求可以预防危机和破解危机的办法。

凡事福中有祸,祸中有福。只要决策者能够正确地面对危机,在有限的时间限制下,作出关键性决策和具体的危机应对措施。我们就可以将危机带来的负面影响降到最低点,或者将企业的劣势变为优势。

组织的行为活动会牵涉众多的公众,有时候组织的行为可能会损害到公众利益从而使组织及其品牌形象受损,甚至使得组织难以生存下去。公共关系部门的重要职责之一就是防止这些危机事件的发生以及在发生后进行合理的处理,尽可能减少危机事件的负面影响。

(二)危机的类型

1. 非人为危机

非人为危机是自然力或物理因素导致的危机。如地震、水灾等自然灾害;断电、塌方等工程灾害。这种危机是不可预测和控制的。

2. 人为危机

人为危机是人的行为导致的危机。如企业管理不善,产品质量低劣,服务不到位,故意破坏等。这种危机是可以预测和控制的。本节讨论的就是人为危机公共关系。

案例

恒天然“肉毒杆菌”乌龙上演并引爆“索赔潮”

新西兰拥有得天独厚的自然优势,逐渐成为全球最知名的乳源地之一,尤其备受中国这样的奶粉消费大国时刻关注,而在2013年8月3日新西兰恒天然集团发布消息,旗下3批浓缩乳清蛋白肉毒杆菌受污染并波及包括3个中国客户在内的共8家客户。

自此,该事件的舆情弥漫着整个八月。8月5日该公司首席执行官专程赶赴北京向中国消费者道歉,之后开始了相关召回工作。与此同时,中国市场上的乳品企业纷纷避嫌,撇清与恒天然的关系。

面对在市场上造成的强烈震动,恒天然为了消除在中国的负面舆情进行了一系列的善后应对举措。在8月22日恒天然集团宣称:新西兰政府委托进行的后续独立检测确认,恒天然浓缩乳清蛋白原料以及包括婴幼儿奶粉在内的使用该原料的产品均不含肉毒杆菌,至此恒天然肉毒杆菌事件终于以虚惊一场落幕。随着被称为"最严生产许可标准"的新版婴幼儿配方乳粉生产许可审查细则12月25日发布,据不完全统计,这已是2013年以来国家相关部门第十二道针对奶粉质量安全的"紧箍咒"。

恒天然以及新西兰官方"宁可信其有"的主动披露机制,以及对该事件所表现出的高度负责态度与过硬的检测技术,可以说让国人"开了眼界"。整个过程透明发布,其严谨态度由此可见一斑。这正是中国乳品企业要学习的,面对食品安全问题,认真负责坦诚公开,短期有危机,却可能建立起长期的真正信任。

资料来源:键客网. 恒天然"肉毒杆菌"乌龙上演并引爆"索赔潮"[EB/OL]. (2014-07-17). http://www.jianke.com/xwpd/849335.html.

二、危机公关的特点

(一)必然性和普遍性

危机的必然性是指危机是不可避免的,只要有公共关系就会有公共关系危机。这是因为:首先,由于人们主观认识的局限性和客观规律的隐蔽性,人们认识规律、驾驭规律的能力必然会存在偏差,所以任何的错误都可能变为现实。

其次,公共关系是一个层次较多的大系统,包括了许多彼此联系的复杂的子系统,是一个多输入、多输出、多干扰的主控系统,不确定因素的复杂性增加了危机产生的必然性。信息传播也是公共关系不可或缺的因素,公共关系过程是一种信息传播过程,更是一种控制过程,从信息论的角度看,就是信源通过信道向信宿传递并引发反馈的过程。信息传递的过程中由于噪音的干扰势必产生失真现象,失真即有误差,误差导致错误,错误导致危机。

(二)突发性和渐进性

公共关系危机事件是一种突发性事件,它的发生常常是在意想不到、没有准备的情况下突然爆发,它是不可预见的或不可完全预见的。由于公共关系大系统是开放的,每时每刻都处在与外界的物质、能量、信息的交换和流动之中。其任何一个薄弱环节都可能因某种偶然因素而致失衡、崩溃,形成危机。它具有突发性特征,也具有不可预测性的特征。从本质上讲,公共关系危机的爆发是一个从量变到质变的过程。会经历前兆期、加剧期、处理期、消除期四个阶段的发展过程。

1. 前兆期

危机的隐患初露端倪,向组织发出警告。这时危机处在一个不稳定的状态,此时重要的是如何使这种状态向好的方面发展,扼制住它向坏方向发展的可能,化险为夷,转危为安。

2. 加剧期

危机的加剧期已经到来，就不会自行消失。这时，问题暴露，公众投诉，媒介追踪，声誉大大降低。这个时期，企业或社会公众已较清楚地了解到到底发生了什么事情。有关当事人介入行动，同时安排抢救工作。

3. 处理期

处理期是危机灾难发展到顶峰的时期，抢救工作进入关键阶段。在此时期，公关机构设立信息中心，按时把抢救工作的最新消息传送给媒介人士。

4. 消除期

消除期是指评估工作开始，抢救工作告一段落。在这一时期，要妥善处理危机后期工作，安抚人心。同时，依靠公关手段消除影响、矫正形象。

（三）严重性与建设性

危机事件作为一种公共事件，任何组织在危机中采取的行动和措施失当，都将使企业的品牌形象和企业信誉受到致命打击，甚至危及生存。所以必须尽力防范和阻止。但危机的爆发暴露了组织存在的问题，更是给组织提供了一个检视自我应对风险能力的机会，危机的恰当处理也会带给组织新的收获。

（四）紧迫性和关注性

危机公共关系总是在短时间内突然爆发，使组织立刻处于备战状态，要求公关人员第一时间全面掌握事情真相。组织的公共关系危机一旦出现，它就会像一颗突然爆炸的炸弹，在社会中迅速扩散开来，对社会造成严重的冲击；它就会像一根牵动社会的神经，迅速引起社会各界的不同反应，令社会各界密切注意。

三、危机公关的预测和意义

（一）危机的预测

(1) 对危机的预测，包括：本组织可能发生哪些危机，危机的性质和规模，能产生哪些影响。

(2) 制定应急措施，公关人员根据危机的可能性制订一整套危机管理计划和措施，并印制成册，发放到各部门。

(3) 搞好培训，公关人员应协助组织建立应急队伍，并对之培训。

(4) 随时准备，筹备物资、随时准备，以备不时之需。

（二）危机公关的意义

1. 减少物质损失

危机直接的后果就是物质损失。如果事先能预防、事中能妥善控制和处理，就会使损失减少到最低程度。

2. 维护组织形象

危机的间接损失是对本组织的形象的损害。而形象损害有可能是致命打击。例如，2002年“南京冠生园事件”(月饼去年的陈馅冒充新馅被中央电视台曝光，舆论大哗)，导致南京冠生园企业申请破产。因此任何组织都必须爱惜组织形象，维护组织形象。

四、公共关系部门的作用

很多企业的公关部都停留在发布企业新闻通稿、接待媒体采访等烦琐的事务性工作上。这样的公关部最终沦落为企业和媒体的金钱交易部门，没有策划能力、没有对企业的全局把握和洞察能力。所以当问题出来的时候，没有根本公关能力。

针对危机公关，预防是最有效的措施，为此，公关部每天要重复和认真做如下三件事。

1. 和媒体记者聊天

聊天永远可以收到比较好的效果。由于财经媒体的记者大多进行相互交流，如果有新的新闻动向，几乎任何一个在市场上活跃的媒体记者都会有所耳闻。如果有选择地和一些记者进行沟通交流，所有不利或者有利的公关素材必然就会摆在你的面前。

2. 关注企业内外的利益变化趋势

大多数危机的产生都是因为企业的变化使许多人受到了利益伤害，这种伤害很可能产生矛盾冲突而被媒体嗅到，而且这种冲突最容易被当事人告知媒体，甚至会写成文章被媒体采用。所以公关部门一定要盯紧企业的政策变化给哪些人带来了利益损失，然后与人力资源部门沟通，将内部矛盾尽可能减到最低。

3. 进行全员公关

在营销上有个全员营销，很多企业将此理念深入企业，收到了很好的效果。全员公关也是要求公司的全部员工都有公关概念，工作直接或者间接的要为公关的目标服务。

第二节 危机公关处理和对策

一、危机公关的5S原则

危机公关专家昌乔提出的危机公关5S原则，可以说是为企业进行危机处理提供了一套标准体系，5S原则包括承担责任原则(shoulder the matter)、真诚沟通原则(sincerity)、速度第一原则(speed)、系统运行原则(system)、权威证实原则(standard)。

(一) 承担责任原则

危机发生后，公众会关心两方面的问题：一方面是利益的问题，利益是公众关注的焦点，因此无论谁是谁非，企业应该承担责任。即使受害者在事故发生中有一定责任，企业也不应首先追究其责任，否则会各执己见，加深矛盾，引起公众的反感，不利于问题的解决。

另一方面是感情问题，公众很在意企业是否在意自己的感受，因此企业应该站在受害者的立场上表示同情和安慰，并通过新闻媒介向公众致歉，解决深层次的心理、情感关系问题，从而赢得公众的理解和信任。

实际上，公众和媒体往往在心目中已经有了一杆秤，即企业应该怎样处理，我才会感到满意。因此企业绝对不能选择对抗，态度至关重要。

（二）真诚沟通原则

企业处于危机漩涡中时，是公众和媒介的焦点。你的一举一动都将接受质疑，因此千万不要有侥幸心理，企图蒙混过关。而应该主动与新闻媒介联系，尽快与公众沟通，说明事实真相，促使双方互相理解，消除疑虑与不安。

真诚沟通是处理危机的基本原则之一。这里的真诚指“三诚”，即诚意、诚恳、诚实。如果做到了这“三诚”，则一切问题都可迎刃而解。

(1) 诚意。在事件发生后的第一时间，公司的高层应向公众说明情况，并致以歉意，从而体现企业勇于承担责任、对消费者负责的企业文化，赢得消费者的同情和理解。

(2) 诚恳。一切以消费者的利益为重，不回避问题和错误，及时与媒体和公众沟通，向消费者说明危机处理的进展情况，重拾消费者的信任和尊重。

(3) 诚实。诚实是危机处理最关键也最有效的解决办法。我们会原谅一个人的错误，但不会原谅一个人说谎。

（三）速度第一原则

好事不出门，坏事行千里。在危机出现的最初 12～24 小时内，消息会像病毒一样，以裂变方式高速传播。而这时候，可靠的消息往往不多，社会上充斥着谣言和猜测。公司的一举一动将是外界评判公司如何处理这次危机的主要根据。媒体、公众及政府都密切注视公司发出的第一份声明。对于公司在处理危机方面的做法和立场，舆论赞成与否往往都会立刻见于传媒报道。

因此公司必须当机立断，快速反应，果决行动，与媒体和公众进行沟通。从而迅速控制事态，否则会扩大突发危机的范围，甚至可能失去对全局的控制。危机发生后，能否首先控制住事态，使其不扩大、不升级、不蔓延，是处理危机的关键。

股神巴菲特说：“建立起良好信誉要用 20 年，而毁掉它只需要 5 分钟。”互联网的高速发展，一方面，能够帮助企业树立良好形象；另一方面，它也有绝对实力让一个品牌形象瞬间塌掉。对企业有利的是，如今信息渠道更加多元，传播速度更快，微博、微信等社交媒体开始左右社会舆论，为企业危机公关带来了更大转折。

（四）系统运行原则

在逃避一种危险时，不要忽视另一种危险。在进行危机管理时必须系统运作，绝不可顾此失彼。只有这样才能透过表面现象看本质，创造性地解决问题，化害为利。

（五）权威证实原则

自己称赞自己是没用的，没有权威的认可只会徒留笑柄，在危机发生后，企业不要自己整天拿着高音喇叭叫冤，而要曲线救国，请重量级的第三者在前台说话，使消费者解除对自己的警戒心理，重获信任。

二、危机公关流程

危机公关流程，如图 8-1 所示。

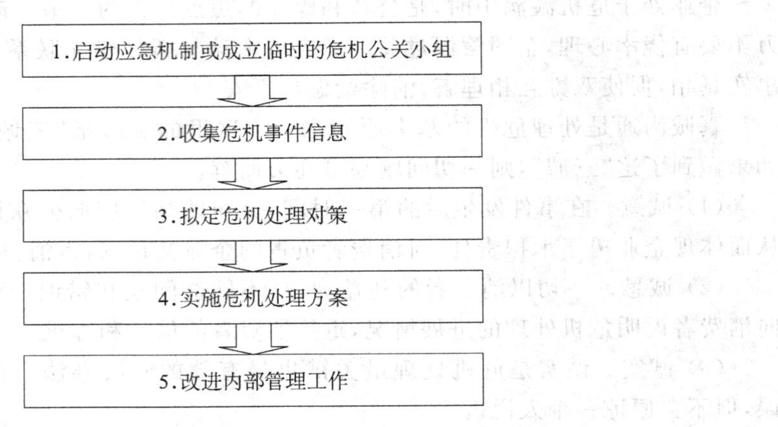

图 8-1 危机公关流程图

1. 启动应急机制或成立临时的危机公关小组

在危机爆发之初，往往是危机公关处理的最佳时刻，进一步恶化，就有可能进入漫漫无期的持续阶段，甚至可能进入危机剧烈阶段，最后导致组织破产。面对稍纵即逝的时机和刻不容缓的关头，组织的当务之急是在第一时间启动危机处理领导小组的工作，让它充当组织危机管理的核心，协调指挥，全盘把握。

如果组织从来没有建立这样的管理小组，那么应当迅速调动组织人力资源，组成由组织高层管理者、相关的职能部门乃至组织外部专家组成的危机公关处理小组，并视情况设置危机控制中心，明确规定危机公关处理小组成员之间的职责分工、相应权限和沟通渠道。危机发生后，立即组成由组织负责人带头的公共关系小组迅速赶到现场。集中动用所有资源、凝聚统一组织的思想和行动。

2. 收集危机事件信息

危机公关处理小组组建后，由相关负责人奔赴现场，通过收集信息了解危机的各个方面，进一步确认危机事件的性质和引起危机爆发的原因，了解危机发生的详细经过。了解危机的受害者及受害情况等等，以形成对危机的正确认识。

3. 拟定危机处理对策

一旦确认了危机，危机公关处理小组必须在最短的时间内对危机事件的发展趋势，对可能给组织带来的影响和后果，对组织能够和可以采取的应对措施以及对危机事件的处理方针，对人员、资源保障等重大事情作出初步的评估和决策。

组织危机公关处理的总指挥官，应发挥团队最高统合战力，从可行的方案中，选择较为合适的方案。若能根据危机管理期拟定各种解决危机的行动方案，从中择一，宣布实施，此乃最理想的状态。但是万一组织并没有事前危机管理的防范措施，这是一般资源不足的中小组织较常出现的问题，组织管理者则应亲率相关部门的负责人赴第一线指挥坐镇，当场讨论如何处理并立刻实践行动方案。

选定方案前的危机决策过程，应根据评估结果和诊断结果列举各项抉择方案，权衡各方案利弊，从中选定一个方案。方案的选定过程，以头脑风暴和决策树法较佳，因为这种逻辑判断法考虑到每一行动方案及其后果。值得注意的是，即便在紧急情况下，前述的评估、诊断、辩论、方案选定等过程也不应该放弃，但时间可以尽量缩短。

4. 实施危机处理方案

这是危机公共关系应对的中心环节，公众和舆论不仅要看组织的宣言，更要看组织的行动。由于危机反应的资源和时间是有限的。如果平均地使用力量，危机反应就可能出现顾此失彼的现象，或者是没有抓住危机中的主要矛盾而导致重大的损失。

因此危机反应行动应有主次之分，通过前面的危机评估和危机诊断环节，找出主要危机或者危机的重点，首先解决危害性较大、时间要求紧迫的问题，再着手解决其他问题，这样的危机公关处理才是有效的。当危机如暴风雨般降临到组织领导人面前时，必须立即行动起来，认真应对与处理。

在危机公关处理的过程中，组织如果能够遵循危机公关处理的一般原则，按照危机公关处理的方针措施步步为营，那么不仅使危机得到遏制、削减和恢复，组织甚至可以把危机看成一次发展的契机，抓住机会，实现新的跨越。

5. 改进内部管理机制

通常，导致组织危机的根源有外因和内因之分。危机外因是由经济萧条、政治动乱、自然灾害、传染病疫等外部危机对组织构成威胁的相关危害因素，其危害幅度广，危机根源比较直接，属组织不可控范畴。危机内因是因管理不善导致组织陷入经营窘况的相关危害因素，受人的主观能动影响，危机根源错综复杂，但属组织可调控范畴。

不管是哪种原因导致的危机，组织都需要在危机平息以后，针对内部管理存在的不足或者漏洞进行检查和改进，以避免类似的危机重复发生。

三、危机公关处理

（一）将危机扼杀在萌芽状态

一旦发现了危机发生的苗头，要采取合理的应对措施，将危机扼杀在萌芽状态。

1. 对面临的问题做一个全面、系统的把握

发现危机切忌手忙脚乱或者掉以轻心。应立即将危机扩散的范围进行调查估计。在确立了范围之后才可以发挥公关沟通的作用。

2. 在沟通的基础上找方法

作为公关基本功的沟通在处理危机中具有极为重要的作用。巧妙地运用沟通,公关活动往往会取得很好的效果。在全面的沟通的基础上寻找处理问题的方法,危机才能在发生的最初阶段被处理。

3. 快速三板斧

任何事情都有策略解决,兵来将挡、水来土掩,所有的策略都有招法解除,唯快无解。对所有危机的处理都应该采取尽可能快的解决方案,这是处理危机的最高宗旨。对于萌芽状态的危机大多可以采用以下步骤。

1) 找到危机源头

危机源头其实很好找,可以说只要是个有心人就立即可以找到。

2) 消灭危机源头

对危机源头的处理方法很多,但是目的只有一个,就是控制这个源头或者消灭这个源头。

3) 大面积消毒

大面积消毒是对已经造成的影响做观念性扭转,这个工作的重点是和大众沟通,影响大众的观念,从而改变大众的态度。

 **案例**

昆明火车站恐怖袭击事件

2014 年 3 月 1 日晚 9 时 20 分,昆明一伙歹徒持械冲进昆明火车站广场、售票厅,见人就砍,现场有人伤亡;歹徒手持刀具、统一着装;10 多辆警车赶赴现场抓捕嫌疑人。随后车站派出所的民警出警处置。随后特警赶到,当场击毙 4 名暴徒、抓获 1 人。

截至 3 月 2 日 18 时,已造成 29 人死亡、143 人受伤。截至 3 月 3 日,有 12 名伤员仍然处于危重状态,其余伤员病情平稳。

3 月 6 日,涉嫌作案的女暴徒已经被抓获与招供,她们如实交代了作案的动机和作案全过程。但有关该暴徒的作案动机,因涉及国家和社会稳定,并未公开。昆明市政府新闻办认定,这是一起由新疆分裂势力一手策划组织的严重暴力恐怖事件。

案件当晚,昆明警方就在现场拉起警戒线,从昆明火车站往外 150 米左右的主干道被封锁,对火车站内人员进行排查。公安、特警、消防、急救等多方力量到达现场,警车数十辆、大批警力协助处理。

案件发生后,国家领导高度重视并即刻做出指示,连夜赶赴云南处置工作,看望受伤群众和遇难人员亲属,国家卫生计生委紧急调集全国医疗专家赶赴云南对伤者实施救治。云南省政府领导也即刻赶往现场指挥工作,并承诺将承担所有伤者的医疗救治费用和家属陪护费用。体现了政府处置突发事件的能力,也充分体现了政府的责任意识。

资料来源:中国公关网. 关键点传媒发布 2014 十大公共危机公关案例研究报告[EB/OL].(2015-01-27). http://www.chinapr.com.cn/templates/T_Second/index.aspx?nedeid=97&page=ContentPage&categoryid=O&contentid=9029.

（二）危机发生后的处理

1. 成立危机公关小组

当危机出现的时候千万不要惊慌，首要的问题就是赶快成立危机公关小组。一般情况下，危机公关小组的组成由企业的公关部成员和企业涉及危机的高层领导直接组成。在这里要千万注意的是，在危机情况下一定要把握住宣传口径的一致，作为公司的直接领导人和企业老总千万不能随意发表言论，以免给媒体和大众落下口实。

众所周知，危机的一大特点就是破坏性，能在短时间内传遍世界，造成极为严重的局面。现在很多中国企业往往缺乏必要的危机管理及应急系统，很少按专业的危机公关操作解决问题，使危机影响不断扩大。

相反，有些企业在危机公关问题上则具有发言权，如丰田、强生、宜家等全球知名企业，它们在面对危机时，能够立即组织有关人员成立危机公关小组，调查情况、对危机的影响进行评估，并且制订计划控制事态发展。

在很多情况下，企业发生产品召回意味着经济损失、形象信誉受影响，如果处理不慎也很有可能毁掉一个公司。世界最大家居巨头宜家公司，却将这种召回产品行为视为处理危机的重要手段。据了解，在产品还没有造成任何事故发生的情况下，宜家公司曾在2011年1月至2012年1月启动了6次的召回程序，产品涉及玻璃杯、咖啡壶、折叠儿童帐篷、衣柜、儿童椅、安全带等。

这种行为不仅没有对宜家公司带来太大的影响，反而彰显出了它对品质的高要求，以及勇于承担责任的社会角色，进而赢得消费者的理解和信赖。这一切归功于宜家公司成熟完善的危机公关应对机制。危机面前，它表现出的强烈的危机公关意识和成熟危机公关技巧，是现在红木家具企业应该学习的。

2. 危机公关处理的四个条件

问题出来了，就不要回避，要勇敢面对。但国内敢于面对的企业并不多，原因何在呢？

1）重视媒体作用

很多企业的公关部除了和媒体的朋友吃喝之外的任务就是在新闻发布会上给媒体红包，完全没有专业精神。事实上，健全的公关部首先是一个对媒介十分精通的部门，不仅重视媒体的作用，而且知道如何进行媒体运作和制造新闻热点。

2）良好的媒介关系

在国内很少有企业在媒介有良好的关系网，这个除了公关部门的人员素质因素外，与企业的文化氛围也有很大关系。

无锡小天鹅的徐源十分乐意和媒体的朋友打交道。只要是媒介中人，如有采访，工作再忙他都要周详照顾，其豪爽的性格和真诚的为人得到很多媒体朋友的赞扬，当然更重要的是给小天鹅结交了好多善缘。可以想象，如果小天鹅遇到大的危机时，徐源的能量足以将危机趋势扭转。

3）政府资源

对政府资源的利用和把握一直是很多企业头疼的问题，但是不管你有多头疼，在遇到危机的时候你都必须借助政府资源。

4）公关公司的指导

只要政府资源没有大碍，媒介关系又良好，而且自己企业的人才足以洞察媒体的运作规律，那么，这个企业就具备了接招的条件。但是如果欠缺其中的任何一个方面，和专业公关公司合作是很好的选择，即使三个条件都十分成熟，听取专家的意见也是不错的选择。

3. 危机处理的方法

谈到方法，很多人就会想起段永平的名言：最厉害的招是没有招的招。寻求无招胜有招的境界固然重要，但是接招的基本法则还是非常重要的。

1）充分利用媒介资源

危机公关指的就是当企业遇上信任、形象危机或者某项工作产生了失误时，企业通过一系列的活动来获得社会公众的原谅理解，进而挽回影响的一项工作。由于社会公众受媒体的影响很大，因此，危机公关在很大程度上就是针对媒体所做的。

所以说当危机产生的时候，最需要的就是立即利用手中的媒体资源让其保持沉默。然后就需要找到危机的源头。

2）寻找源头

和萌芽状态的危机处理办法一样，当危机已经如火如荼的时候，办法仍然是从寻找源头开始，因为寻找源头的过程就是你决策的过程。如果源头是一个弱势阶层，就采取强压政策；如果是强势阶层，则可采取亲和政策。

3）联合行业或者政府

政府的形象永远是民众最相信的。如果有一些危机十分难缠，可以尝试着和政府公开公正地合作，让政府出来表明企业的心迹。

4）敢于剖析自己，敢于承认错误

中国有句俗语：能屈能伸大丈夫。但是有好多企业却配不上大丈夫这个称号，总是对媒体的质疑神经过敏。

处理企业危机，态度是最重要的。含糊其辞、冷漠推卸只会增加公众的愤怒，把危机事件本身严重放大。企业负责人或公关人员就应在第一时间把所有责任承担下来，对外说明情况，表明态度，拿出最负责任的态度，并且查清事实，迅速对事件做出处理。当然，不同类型及规模的危机对企业的影响都不同，有时候以退为进也是解除危机的上策，待事件“冷却”后再向公众作交代，也会取得意想不到的效果。

5）疏导

治水在于疏导而不是堵截。大禹因为明白了这个道理最终被人万代颂扬。危机公关也需要疏导。对危机进行疏导，使消费者了解事情的原委，得到消费者的支持，由此才能建立起企业的形象，将危机化为机会，变害为利，带动企业的发展。

案例

马航客机失联事件

北京时间2014年3月8日凌晨1时20分，由马来西亚飞往北京的马来西亚航空公司MH370航班与地面失去联系，机上239人中包括153名中国大陆乘客。2时40分，马来西亚苏邦空中交通管制台证实航班失联。6时30分,失联航班没能按时抵达北京首都国际机场。

8时左右,马航发布航班失联官方消息。9时,中国民航局空管局向新华社记者证实MH370航班在越南胡志明市管制区同管制部门失去通讯联络,并失去雷达信号,同时客机未进入我国空管情报区。10时,中国交通部部长杨传堂在中国海上搜救中心召开紧急会议,宣布立即启动一级应急响应。11时,马航公布乘客名单。马航副总裁接受CNN访问表示,本次航班配有7小时航油,他们相信到目前为止,飞机航油已经耗尽。马航目前对飞机位置完全没有头绪。有媒体报道称,越南搜救人员当天在越南南部金瓯省西南120海里处发现失联客机信号。随后越南官方予以否认。

8日下午,马航召开发布会,却比预定时间推迟两小时。发布会仅持续5分钟,发布的仍是“失去联系”的消息,也未给记者提问机会。随后,马方交通部部长否认了马航MH370航班已经坠毁的消息。波音公司8日下午发表关于马来西亚航空公司MH370航班的声明,对失去联系的马来西亚航空公司MH370航班上所有人的家庭致以最深切的关切,并宣布波音正在组建一支团队,以向调查当局提供技术协助。

在失联13个小时后,马来西亚总理纳吉布16时将就事故情况召开记者会。记者会又因故推迟数小时。8日晚,一些媒体报道,失联客机乘客名单中一名意大利乘客并没有登机,其护照于一年前丢失。意大利外交部证实,这名乘客身在泰国。9日凌晨,奥地利外交部证实,乘客名单中一名奥地利籍乘客也没有登机,人在奥地利,2012年曾在泰国丢失护照。国际刑警组织当天下午证实,至少两本已在这一机构数据库备案的被偷护照被马航失联客机乘客使用。这一消息引发人们关于航班遭恐怖分子劫持的猜想。

马来西亚官方9日15时说,吉隆坡国际机场现场监控已经锁定使用虚假护照信息登机的乘客画面。马方称用假护照登机的乘客为“亚洲面孔”,晚些时候否认这一说法。11日,马来西亚警方公布监控视频截图。国际刑警组织证实,两人均为伊朗人,只是,他们的目的应该是偷渡欧洲,没有发现与恐怖组织关联。与此同时,多国海空搜寻继续,尤其是越南,尽力调动资源,反复查找可疑漂浮物。中国舰船和飞机则在超过5万平方公里的茫茫大海上夜以继日地拉网式搜寻。

3月12日,马航方面召开与失联乘客家属的沟通会。在会上,马航方面公布了领取特殊慰问金需要签订的说明。随后,3.1万元特殊慰问金开始发放。15日,马来西亚总理纳吉布亲自出席发布会,并确认失联客机联络系统是被人为关闭的,而客机航线也是被蓄意改变的,卫星与飞机之间的最后一次通信为3月8日8时11分。针对客机的最后位置,纳吉布给出了两种可能,即南部走廊地带和北部走廊地带。而此前,美国媒体援引客机发动机制造商提供的数据报道,飞机失联后飞行了4个小时,遭马方否认。

3月23日,马来西亚政府称,法国当局当天提供的卫星图像显示,在印度洋南部海域发现可能与马航MH370航班有关的可疑漂浮物。

北京时间3月24日晚10时,马来西亚总理纳吉布在吉隆坡就有关失联客机MH370的相关进展召开新闻发布会,根据最新的分析结果,MH370客机已坠落在南印度洋,机上无人生还。纳吉布表示,25日早上会开新闻发布会公布更多细节。马航已经向家属通报了相关进展,随后纳吉布的声明结束,未透露更多细节。

媒体称,马总理宣布MH370航班在印度洋中部坠毁的结论,只是根据Inmarsat公司的海事卫星数据分析得出的,尚无残骸、黑匣子的有力佐证。

25日上午,乘客家属举着自制标语步行前往马来西亚驻华大使馆进行抗议。

下午3时30分,马来西亚驻华大使在丽都饭店参加家属说明会,家属正对昨天马方宣布飞机坠海这一结果向马来西亚驻华大使提出质疑,大使表示现在无法回答。家属要求大使现场给总理打电话询问,大使沉默,只称会转达问题。

飞机失联后,马航和马来西亚政府立即展开寻找和搜救工作,公布乘客名单,召开发布会向乘客家属表达慰问和歉意,这一点符合承担责任原则。然而,在整个事件过程中,对于信息的发布,马航除了"no idea",就是不断否认、否认再否认,拖延,隐瞒事件真相,导致危机急剧蔓延。在对飞机失联的各种可能性依次否认后,24日晚突然召开发布会,在没有飞机碎片和黑匣子等证据的情况下,仅凭卫星数据就断定飞机终结于南印度洋,无人生还。这种漠视家属情感、无视各国联合搜救努力的武断行为,无疑是对全世界的极端不负责任。引发了中国以及其他国家的严重抗议和不满。

马航以及马来西亚政府虽然多次召开新闻发布会、家属沟通会与媒体和乘客家属进行沟通,然而其沟通并未取得如期效果,反而使危机愈加严重。一方面,对于事件进展的发布,马航并未在第一时间发布权威官方信息,导致舆论真空期,谣言满天飞;同时,信息发布没有统一口径,信息来源多样,马方不断否认,给公众带来极大负面形象。另一方面,沟通态度缺乏诚意,几次发布会都是无故推迟,甚至单方面更改地点,草率应对,不给媒体提问机会,导致媒体形象极端负面。

在整个事件过程中,自始至终,马方缺乏系统的危机应对策略,发布信息,否认,再发布,再否认,再承认,整个危机处理混乱不堪,将马航以及马来西亚政府的形象跌入谷底。

资料来源:中国公关网. 关键点传媒发布2014十大品牌危机公关案例研究报告[EB/OL].(2015-01-27). http://www.chinapr.com.cn/templates/T_Second/index.aspx?nodeid=97&page=ContentPage&categoryid=0&contentid=9030.

四、危机沟通技巧

1. 确保沟通渠道的畅通有效

组织要在建立危机沟通渠道的基础上,保证其日常沟通的有效性与畅通性,以确保与各沟通对象的及时有效沟通,保证公众对危机事件有正确的认识,避免因沟通渠道不畅引起的误会。组织可以采用及时召开新闻发布会的方式,或者就此次危机事件设立专门接待人员、开通热线电话、开设网站等方式,确保组织危机处理信息的及时有效发布。

2. 注重情感沟通的重要性

在危机面前,公众很有可能存在着对组织及其行为的不满情绪。因此,组织除了对受害者进行物质补偿外,还应注重危机给公众带来的情感损害。采取恰当的手段与公众进行情感沟通,消除公众对组织的不满情绪,强化组织与公众的情感联系。

3. 注重双向沟通

危机沟通应是双向的。组织应该采取相应措施,为各沟通对象提供与组织沟通的渠道。例如，对于在危机中受到损害的消费者，企业可以鼓励其通过一定的方式，将其受到损害的具体情况及事后发展告知企业，以便于企业更为有效地就其损失程度对其进行赔偿。

4. 统一对外口径

除了制定专门人员担任组织危机事件新闻发言人之外，组织还应在内部进行统一部署，确保从组织领导层到组织员工的统一对外口径。危机发生之后，若组织对外所发布的消息存在前后矛盾或冲突之处，往往容易使其陷入故意隐瞒、欺骗公众的不利局面。

5. 保证沟通持续性

许多组织常常容易犯这样的错误：在危机爆发之初，迫于全社会强大的舆论压力，它们对沟通极为重视，希望通过及时的危机公关尽快控制事态的发展。但随着危机激烈程度的缓解，它们便减少甚至停止了沟通。在这种状况下，危机对组织的影响有可能持续较长的时间，难以消除。因此，持续的沟通对于保障组织增进与公众的感情、确保组织尽快从危机中恢复过来具有有力的推动作用。

案例

福喜使用过期劣质肉事件

2014 年 7 月 20 日，据上海广播电视台电视新闻中心官方微博报道，麦当劳、肯德基等洋快餐供应商上海福喜食品公司被曝使用过期劣质肉。上海食药监部门已经要求上海所有肯德基、麦当劳问题产品全部下架。

上海电视新闻记者卧底多月，调查上海福喜食品公司，发现了让人触目惊心的食材是如何有组织地流向麦当劳、肯德基、必胜客的，2014 年 7 月 20 日晚节目播出后，上海食药监部门连夜出击，上海食药监进车间时一度被阻。上海食药监部门表示部分文字证据已被控制。

7 月 20 日 21 时 54 分，麦当劳中国在微博上发表公开声明，称第一时间通知全国所有餐厅，立即停用并封存由福喜提供的所有肉类食品。截至 20 日 23 时，央视新闻有关该事件的相关微博，已经被转发 3.3 万多次。21 日凌晨 0 时 20 分左右，肯德基官方微博发表声明，停用福喜供应的肉类食品原料。22 日，在食药监和公安调查组的约谈中，福喜公司相关责任人承认，对于过期原料的使用，公司多年来的政策一贯如此，且“问题操作”由高层指使。

随着调查深入福喜事件又生出新的疑点，根据上海电视台记者暗访获得的线索，上海福喜食品有限公司在厂区之外还有一个神秘的仓库，专门把别的品牌的产品搬到仓库里，再换上福喜自己的包装。

7 月 25 日下午，美国福喜集团亚太区总经理艾柏强向食药监局报告 22 日约谈后提出的相关整改措施的落实情况，诚恳地向中国百姓道歉，认为上海福喜事件对欧喜集团全部经营体系带来严重伤害，怎么向消费者道歉都不为过，同时承认上海福喜公司确实对“福喜事件”回应缓慢。艾柏强表示，来自福喜总部的团队正陆续抵达上海，与当地团队紧密合作展开全面深入的调查。在此过程中，总部将继续全力配合上海食品药品监督管理局及其他监管机构的工作。

7月28日，福喜全球主席兼首席执行官谢尔顿·拉文向上海市食药监局报告福喜总部对福喜事件采取的整改措施，表示公司将严格遵守中国法律配合调查，全面承担责任。

7月30日，上海市食药监局再度约谈福喜集团具体负责中国投资运营的主要负责人艾柏强等，责成福喜总部配合监管部门深入调查，主动配合有关部门推进案件查办工作。

8月10日，针对福喜公司供应过期食品原料被查处一事，商务部发言人沈丹阳表示，商务部对此高度关注，立即了解事件进展情况，并约谈部分餐饮企业，督促涉事企业立即停止销售涉事产品，积极配合监管部门的督导检查。29日，上海市人民检察院第二分院向东方网记者确认，"上海福喜食品有限公司涉嫌使用过期原料生产加工食品事件"涉案公司高管胡俊等6人，因涉嫌生产、销售伪劣产品罪被该院依法批准逮捕。

9月22日，福喜集团在官网《上海福喜事件更新》一栏中声明，将于今日针对上海福喜食品有限公司（以下简称"上海福喜"）执行员工遣散计划。此次遣散员工总数共计340名，其中226名员工为上海福喜直接雇佣，114名为外包合同员工。两个多月以来，上海福喜经历了严重的经济亏损和客户流失，政府调查工作仍在进行中。目前工厂近期内不太可能会恢复生产。尽管如此，我们仍将留任一小部分员工以协助仍在进行中的政府调查。因此，上海福喜当前不能完全关闭。

记者从上海市食品药品监督管理局了解到，截至2015年1月4日，在上海、北京、辽宁、河南、四川和山东等6省（市）食药监部门的监督和当地公证机关的公证下，上海福喜食品有限公司将其生产并已召回所有问题食品共521.21吨全部实施无害化处理，截至目前，问题食品召回和无害化处理工作已全部结束。

在本案例中，上海福喜集团违背了重大危机期间需要与公众及时、持续沟通的原则。上海福喜使用过期劣质肉事件被曝光后，由于涉嫌向麦当劳、肯德基等供应肉制品原料，引发社会舆论高度关注。危机发生后，人们首先看到的声明是来自麦当劳、肯德基等原料使用者，却迟迟未见上海福喜的正式回应，仅仅是在药监部门调查中承认使用过期肉。

与上海福喜形成鲜明对比的是其母公司——美国福喜集团，其亚太区总经理和全球主席先后向中国公众道歉，并通报相关整改措施，将问题食品进行召回和无害化处理，关闭部分工厂，其承担责任的态度可见一斑。其次，缺乏真诚沟通。

事件被曝光后，上海福喜公司接受食药监和公安调查组的约谈，承认供应过期肉事实。然而在与媒体和公众沟通方面却有所欠缺。所幸的是，公众沟通方面的差距由其母公司进行了弥补，美国福喜高层公开向公众致歉，并多次发布公告，通报事件相关进展，这种真诚沟通的态度最大限度地挽救了公司的品牌形象。

资料来源：中国公关网．关键点传媒发布2014十大品牌危机公关案例研究报告[EB/OL].(2015-01-29). http://www.chinapr.com.cn/templates/T_Second/index.aspx?nodeid=97&page=ContentPage&categoryid=0&contentid=9030.

课堂实践

1. 实践内容：针对"3·15"消费者权益日活动，以小组为单位为某个企业的危机进行处理。

2. 实践目的：培养危机公关意识，训练学生及时妥善处理突发事件的应变能力，运用危机公关的处理方法，灵活合理地应对处理危机事件。

3. 实践环节：针对“3·15”打假活动，被曝光的存在欺骗消费者行为的某商业机构，应用危机公关的处理原则和流程就此企业面对的危机进行危机公关处理。请你为危机公关设定相应应对策略。

4. 技能要求：熟练掌握应对机制要详细、周到，内容简练实用，充分体现5S原则。

拓展阅读

特斯拉的危机公关示范课

当危机发生后，如何转危为机？特斯拉最近给我们上了一堂生动的危机公关示范课。

10月1日，一辆特斯拉Model S型豪华轿车在美国西雅图南部的公路上发生车祸起火，事故现场的图片迅速传遍网络，引发一片质疑。

面对突如其来的危机，特斯拉第一时间由其全球公关总监伊丽莎白·贾维斯·辛(Elizabeth Jarvis-Shean)在汽车起火发生当天的股市收盘之前发表了紧急声明，声明首先承认起火的是一辆特斯拉Model S，同时解释，这辆车是在发生重大撞击之后才起火的，并不是自燃。

在声明中这位公关总监强调，由于特斯拉的安全设计，大火仅仅局限在车头的部位，所有迹象都显示火焰没有进入内部驾驶舱。同时特斯拉的警报系统显示车辆故障，很智能地“指引”驾驶员靠边停车并安全撤离，避免了人员伤亡。但伊丽莎白·贾维斯·辛的声明没能阻止股价的下跌，特斯拉股票在接下来的两天里累计下跌达10%，公司市值被削掉23亿美元，并且引发了媒体大量“特斯拉起火”的负面报道。

在这种情况下，原本不打算就此事发表意见和评论的特斯拉CEO马斯克在事件发生后的第三天公开发表了博文，向公众解释特斯拉汽车起火的前因后果。马斯克首先说明，事故的发生是因为汽车在高速行驶中撞到路中央一个从半挂车辆上脱落的弯曲金属物体，物体对汽车底部1/4英寸厚的电池保护装甲施加了高达25吨的巨大冲击力，造成了直径3英寸的一个穿孔。接着又详细解释了Model S底部16个由防火墙隔离的电池仓结构，火势会只向下方而不是向上方或者驾驶舱蔓延。而如果是传统的燃油车，大火早就把整车烧成灰了。马斯克还引用数据再给公众吃下了一颗定心丸：在美国，平均每2000万行驶里程发生一起汽车火灾，而特斯拉则是每1亿行驶里程才发生一起火灾。驾驶传统汽油车遭遇火灾的可能性，是驾驶特斯拉的5倍。

在文章的结尾，马斯克还附上了事故车驾驶员与特斯拉一位副总裁之间的邮件记录，驾驶员提出：“汽车电池经历了一次‘可控燃烧’，但是互联网上的图片显然夸张了。”

有事故前因后果的详细说明，还有数据对比，以及事件亲历者的“证词”，马斯克的声明马上就有了回响，投资者的信心又被找了回来，当天，特斯拉股价强劲反弹4.43%，收于180.98美元。

那么，特斯拉是如何挽回民众信心的呢？

其实，特斯拉在事件发生的一开始也犯了一个错误，尽管其公关总监在24小时内发表了一个声明，做到了危机处理快速反应的要求。但这个声明其实存在很多疑点没有说清楚，譬如特斯拉当时到底撞上了什么物体，这个物体是从哪里来的？司机对这个事故持什么态度？有没有第三方的说法等。福布斯中文网的记者 Ryan Mac 就公开表达了其对特斯拉声明的不满，认为其不够详细具体，没把事情真相说出来。

好在特斯拉 CEO 马斯克意识到了问题的严重性，迅速发表了公开声明，详细解释了事情的前因后果，解答了公众关于此次起火事件的所有疑惑，并且让事故的亲历者——事故车的驾驶员为特斯拉做了“无罪辩护”，成功挽回了消费者的信心，成功将事件转危为机，反而增强了消费者和投资者对特斯拉的信心，特斯拉比普通燃油汽车更安全。

特斯拉之所以能转危为机，有两个关键因素：一是特斯拉成功打造了马斯克个人的品牌形象，马斯克有一众坚定支持他的粉丝，所以马斯克的解释为大多数人所相信；二是马斯克很坦诚地讲述了事情的前因后果，把事实的真相公之于众。

从特斯拉处理这起危机的过程中，我们也能得到一些经验：危机公关说透彻了就是沟通，重新取得大家的信任。而要取得大家的信任有三个关键因素：一是说这个话的人是为大家所信任的，所喜欢的；在危机时刻，一个有影响力的企业领导人的表态往往能起到决定性的作用，所以对企业来说，树立一个为公众所信任的领导人也是非常重要的一门公关课；很遗憾国内的车企或者说国内车企领导人都没有真正重视这一课，如比亚迪的王传福、奇瑞的尹同跃都是非常适合包装成汽车粉丝的偶像的，可惜这些车企领导人或者车企忽视了这一点。二是要坦承，如果犯错了就坦白地承认错误，如江淮在央视“3·15”曝光之后就承认了自己的错误，最终取得了大众的谅解，没有对江淮穷追猛打。如果没有犯错，也要坦率地说明事情的前因后果，化解大众的疑惑。三是要及时，最好是在事情发生后的 24 小时内给出合理说法，因为时间长了，在消费者心目中的不好的印象都已经定型了，再解释都没有任何意义了。如比亚迪“5·26”事故，直到两个月后才出结果，尽管有各种客观因素影响，但两个月后才到的结果对提升比亚迪的品牌形象已经没有太多意义，比亚迪电动车不安全的形象已经在消费者脑海中定格。

资料来源：中国公关网．特斯拉的危机公关示范课[EB/OL]．(2013-10-08)．http://www.chinapr.com.cn/templates/T_Second/index.aspx?nodeid=19&page=ContentPage&categoryid=0&contentid=4594.

第九章

礼仪概述

学习目标

1. 了解礼仪的概念和特点；
2. 明确礼仪的原则与作用；
3. 了解中西方礼仪的发展历程，充分认识中西方礼仪的差异。

技能要求

1. 掌握礼仪的基本概念，具备基本的礼仪修养；
2. 能够在生活和交往中展现运用一定的礼仪技巧；
3. 能够分清中西方礼仪的差异，在实际场合中加以熟练运用。

引导案例

礼仪的重要性

凯莉是一家合资企业的负责人，因为工作需要，她要到另一家公司去洽谈业务。当她到达该公司经理办公室门口时，恰逢经理在批评下属，办公室里站着十几个人，个个低着头红着脸，那个个子高挑、皮肤白皙、打扮时尚的经理则脸红脖子粗的，在大发雷霆，她用力摔打着手里的文件夹，用手指着员工，怒骂其办事不力。有个别女员工甚至抹起了眼泪。凯莉顿时觉得自己来得不是时候。

到了晚上宴请她的时候，因为包间没有订到，该经理又开始借题发挥，诸多污言秽语从她那红润的嘴唇里脱口而出，让那位订包间的下属无地自容。一顿饭还没有吃完，她就又针对餐桌上的某一道菜品开始痛批服务员和饭店的厨师，惹得大家都不得安宁。最后，凯莉忍无可忍，借口退席，果断地终止了和那家公司的合作合同。

在凯莉看来，一个没有修养，不懂得为人基本礼仪的人不适合与她们公司合作，而且这样的人也迟早会被残酷的职场所淘汰。

案例点评：

在日常交往中，所能获得的主要是关于对方的表情、举止、仪表、服饰、语言、眼神等方面的印象。尽管它是片断的，不成体系的，却非常重要。因为，一般人都有先入为主的心理，第一印象往往能对人的认知产生关键作用。研究表明，第一次见面的最初几分钟，是印象形成的关键期，礼仪显得尤为重要。

韦甜甜．女人，你要美丽到老[M]．北京：台海出版社，2015：143.

第一节 礼仪的概念和特点

礼，在汉语中本意为敬神，后引申为敬人。仪，《说文解字》中“仪，度也。”本意为法度、准则、典范，后引申为礼节、仪式和仪表。

一、礼仪的概念

礼仪是指人们在一定的社会交往场合，为表示相互尊重、友好而约定俗成的、共同遵循的行为规范和交往程序。礼仪包括“礼”和“仪”两部分，“礼”指“事神致福”的形式，即敬神，现引申为表示尊敬。“仪”指“法度标准”现引申为表率、标准。

礼仪是有形的，它存在于社会的一切交往活动中，其基本形式受物质水平、历史传统、文化心态、民族习俗等众多因素的影响。语言（包括书面的口头的）、行为表情、服饰器物是构成礼仪最基本的三大要素。一般说来，任何重大典礼活动都需要同时具备这三种要素才能完成。

二、礼仪的具体表现

礼仪属于道德范畴，是人类社会活动的行为规范，是人们在社交活动中应该遵守的行为准则。礼仪具体表现为礼貌、礼节、仪表、仪式等。

礼貌，是指人们在交往时，通过言语、动作向交往对象表示谦虚、恭敬和友好的行为规范。礼貌是指一个人在待人接物的外在表现，侧重于表现人的品质与素养。

礼节，是礼貌的具体表现，通常是指人们在交际场合，相互表示尊重、友好的惯用形式。如我国古代的作揖、跪拜等。没有礼节，就无所谓礼貌；有了礼貌，就必然伴有具体的礼节。

仪表，是指人的外表，包括容貌、姿态、风度、服饰及个人卫生等，是礼仪的重要组成部分。在政务、商务、事务及社交场合，一个人的仪表不但体现文化修养，也反映审美趣味。穿着得体，不仅能赢得他人的信赖，给人留下良好的印象，还能够提高与人交往的能力。穿着不当，举止不雅，往往会降低了身份，损害形象。由此可见，仪表是一门艺术，既讲究协调、色彩，也注意场合、身份。

案例

王芳，某高校文秘专业高才生，毕业后就职于一家公司做文员。为适应工作需要，上班时，她毅然放弃了“清纯少女妆”，化起了整洁、漂亮、端庄的“白领丽人妆”：不脱色粉底液，修饰自然、稍带棱角的眉毛，与服装色系搭配的灰度高偏浅色的眼影，紧贴上睫毛根部描画的灰棕色眼线，黑色自然型睫毛，再加上自然的唇型和略显浓艳的唇色，虽化了妆，却好似没有化妆，整个妆容清爽自然，尽显自信、成熟、干练的气质。但在公休日，她又给自己来了一个大变脸，化起了久违的“青春少女妆”：粉蓝或粉绿、粉红、粉黄、粉白等颜色的眼影，彩色系列的睫毛膏和眼线，粉红或粉橘的腮红，自然系的唇彩或唇油，看上去娇嫩欲滴，鲜亮淡雅，整个身心都备感轻松。心情好，自然工作效率就高。一年来，王芳以自己得体的外在形象、勤奋的工作态度和骄人的业绩，赢得了公司同人的好评。

资料来源：百度文库．个人礼仪案例[EB/OL].(2013-06-03). http://wenku.baidu.com/link?url=EaczfY5auTI8bvtSEpQ6PlRLcC7p9ZS_NWU35zHK1QJktyafZ6Zgll5ObkY7q9rmkNgyVDNGxAd2Q5Lb1OUkmnicHhU8p2YEbkYbBNqkzgK.

仪式，是指特定场合举行的专门化、规范化的活动。

总之，礼貌、礼节、仪表、仪式等都是礼仪的具体表现形式，它们是互相联系的。从交际的角度来看，礼仪可以说是人际交往中适用的一种艺术，一种交际方式或交际方法，是人际交往中约定俗成的示人以尊重友好的习惯做法，更具文化内涵。

三、礼仪的特点

1. 规范性

规范就是标准化的要求。没有规矩不成方圆，礼仪的规范性是一个舆论约束，实际上就是强调待人接物的标准做法、标准化要求。礼仪规范跟其他的规范有所不同，礼仪的规范要是不遵守，不会受到制裁，但会让他人见笑，甚至造成极大的损失。

总之，礼仪是约定俗成的一种自尊、敬人的惯用形式。任何人要想在交际场合表现得彬彬有礼，都必须对礼仪无条件地加以遵守。另起炉灶，自搞一套，或是只遵守个人适应的部分，而不遵守不适应自己的部分，都难以为交往对象所接受和理解。

2. 限定性

礼仪主要适用于交际场合，适用于普通情况之下的、一般的人际交往与应酬。在这个特定范围之内，礼仪肯定行之有效。离开了这个特定的范围，礼仪则未必适用。这就是礼仪的限定性特点。

必须明确，当所处场合不同，所具有的身份不同时，所要应用的礼仪往往会因此而各有不同，有时甚至还会差异很大。这一点是不容忽略的，理解了这一特点，就不会把礼仪当成放之四海而皆准的东西，也就不会在非交际场合拿礼仪去以不变应万变。

3. 技巧性

在活动中要讲究技巧性，这样才能事半功倍，更好地达到活动的目的。比如，在商务会议上，高管人员在台上的座位位置标准，应按照前排的人的职务高于后排、中央的人的职务高于两侧、左侧的人的职务高于右侧的原则来进行排位，这是官方活动和政务礼仪所约定俗成的，不能随意更改。在涉外商务交往中则要严格按照国际惯例来进行。

在辈分同等的亲戚、关系密切的朋友和同学间宴请时位次左右的确定，则是根据与当事人之间的相对位置，和当事人的喜好密切相关，随意性很大。

案例

某知名院校新闻专业的一名毕业生正急于找工作。一天，他到某报社对总编说："你们需要一个编辑吗？""不需要！""那么记者呢？""也不需要！"他毫不气馁，继续说："那么工人、校对呢？""没有，我们现在什么空缺都没有了！"谈话进行到这里，几乎所有面试的人都会失望地回去，可是他却不这样想。“那么，你们一定需要这个东西。”说着，他从公文包里取出一块精致的小牌子，上面写着：“额满，暂不雇用。”总编看了看这块小牌子，微笑着点了点头，说：“如果你愿意，可以到我们的广告部来工作。”

苏岩．跟谁都能搭上话[M]．北京：中国工商联合出版社，2015：104.

4. 传承性

任何国家的礼仪都具有自己鲜明的民族特色，任何国家的当代礼仪都是在本国古代礼仪的基础上继承、发展起来的。离开了对本国、本民族既往礼仪成果的传承、扬弃，就不可能形成当代礼仪。这就是礼仪传承性的特定含义。作为人类的文明积累，礼仪将人们在交际应酬之中的习惯做法固定下来、流传下去，并逐渐形成自己的民族特色，对于既往的礼仪遗产，正确的态度应当是有扬弃、有继承、更有发展。

案例

焦雪梅是一名白领丽人，她机敏漂亮，待人热情，工作出色，因而颇受重用。有一回，焦小姐所在单位派她和几名同事一道，前往东南亚某国洽谈业务。可是，平时向来处事稳重、举止大方的焦小姐，在访问那个国家期间，竟然由于行为不慎而招惹了一场不大不小的麻烦。

事情的大致经过是这样的：焦小姐和她的同事一抵达目的地，就受到了东道主的热烈欢迎。在为他们的欢迎宴会上，主人亲自为每一位来自中国的嘉宾一一递上一杯当地特产的饮料，以示敬意。轮到主人向焦小姐递饮料之时，一直是“左撇子”的焦小姐不假思索，自然而然地抬起自己的左手去接饮料。面对此情景，主人骤然变色，对方没有把那杯饮料递到焦小姐伸过去的左手里，而是非常不高兴将它重重地放在餐桌上，随即理都不理焦小姐就扬长而去了，大家觉得非常的纳闷和不解。

资料来源：百度文库．商务礼仪案例集（七）[EB/OL]．(2016-02-27). http://wenku.baidu.com/link? url = ymC-sYR-OYZb6LtR27qPRqBHR4NwyiDf4ZyxP2gDcrouxPdiK4VcfMu0CjImD2PM2f9zbvYDs07plZogYJHRJorGkz1LXS_02iAJqAdqSWy.

5. 发展性

时代在发展，礼仪文化也在随着社会的进步而不断发展。20世纪七八十年代，人们一般通过电报、信件等传递各种信息，而今人们常用的则是电子邮件、网络、传真等现代信息手段进行信息的传递。在全球经济一体化的发展势头下，我国传统的礼仪必然要引入世界各国较先进的元素，与国际社会的礼仪接轨，发展形成一套既有中国传统特色，又符合国际惯例的礼仪规范。

案例

几个月前，我们的电子邮件服务器瘫痪了大约6个小时。在电子邮件服务恢复后，部门主管马上查收电子邮件，看到一封来自我们公共组注册用户的信。

他给客户回了封电子邮件，回答了她的问题，并对于因电脑故障所导致的6小时延误表示了歉意。对方简短地、毫不客气地回了一封信：“太晚了。我已经注册上了你们竞争对手的研讨会，他们更关心电子邮件！”

日复一日，客户的期望值越来越高。霍思斯坦联合协会的调查表明，只有42%的商业组织会在24小时内回复电子邮件。联邦政府有两个专门的工作日来处理电话和电子邮件的查询等工作，另外20个工作日则留出来处理那些“复杂”的咨询。然而，调查还表明有88%的客户希望在24小时内得到回复，13%的客户希望在1小时内得到回复。延迟破坏了士气。

戴安娜·布赫．卓有成效的沟通：领导者上传下达的10个沟通技巧[M]．刘皎译．北京：电子工业出版社，2014：155.

第二节 礼仪的原则与作用

一、礼仪的基本原则

孔子说：“礼仪三百，威仪三千。”虽未免言过其实，但说明礼仪名目之多。今天的礼仪细则也很纷繁，加上世界各国的礼仪习俗，更是五彩缤纷。因而，应注意以下几个方面的原则。

1. 平等原则

在交往中，礼仪行为总是表现出双方性或多方性，你给对方施礼，对方也自然会还你礼。这种礼仪施行必须讲究平等原则。平等是人与人通过交往建立情感的基础，是保持良好人际关系的诀窍。遵循平等原则，应做到不要狂妄自大、厚此薄彼，更不要目中无人、以貌取人，而应处处平等、谦虚待人。

案例

萧伯纳是爱尔兰著名的戏剧家、诺贝尔文学奖获得者。一次，他去苏联访问，他来到了莫斯科，当他在街头散步时，见到一个非常可爱的小女孩。萧伯纳和这个小女孩玩了很久，在分手时，他对小女孩说：“回去告诉你的妈妈，你今天和伟大的萧伯纳一起玩了。”

在萧伯纳的眼里，自己无疑是伟大的，肯定可以让小女孩的妈妈感到荣幸。然而，小女孩也学着大人的口气说：“回去告诉你的妈妈，你今天和苏联女孩安尼娜一起玩了。”

小女孩的回应让萧伯纳很吃惊。作为一个作家，他立刻意识到自己的傲慢，并向小女孩道歉。

后来，萧伯纳每次回想起这件事，都感慨万千。他说：“一个人无论有多么大的成就，对任何人都应该平等相待，应该永远谦虚。”

苏岩．跟谁都能搭上话[M]．北京：中国工商联合出版社，2015：191.

2. 尊敬原则

尊敬是礼仪的情感基础。在我们的社会中，人与人是平等的，尊重长辈，关心客户，这不但不是自我卑下的行为，反而是一种至高无上的礼仪，说明一个人具有良好的心理素质。“爱人者，人恒爱之；敬人者，人恒敬之。”“礼”的良性循环就是借助这样的机制而得以生生不息。当然，礼貌待人也是一种自重，不应以伪善取悦于人，另外，尊敬人还要做到入乡随俗，尊重他人的喜好与禁忌。

案例

北京新侨饭店的中餐厅来了一位客人，他坐在不显眼的角落，服务员小李过去为他服务，派送毛巾铺好席巾后，小李开始点菜，顾客说：“不用点菜了，就给我一份三鲜面吧！”小李微笑着对客人说：“我们酒店的面条味道不错，请您稍等片刻，面条很快就会好。”

尽管客人只点了一碗面，但服务员并没有势利眼，微笑着为客人倒了白开水上了餐前小食才离开。几分钟后，一碗热腾腾的面条端上了客人的餐桌，客人吃得津津有味，吃完后，小李帮客人去收银台结了账，小李微笑着的对客人说：“欢迎您下次光临。”客人径直离开了餐厅。

晚上这位客人又来了，坐在同样的位置。服务人员一见客人又来了，赶紧过来招呼：“先生，您来了，中午的面条合您的口味吗？”客人高兴地说：“挺好的，晚上我再换个口味，吃炒面，就吃肉丝炒面吧。”服务人员小李给客人上了茶，填好菜单，并对客人说：“请您稍等片刻，有任何需要请随时叫我们！”

客人吃完后，亲切地对小李说：“你们这儿服务很好，我要给我的侄子在这儿订 18 桌高标准的婚宴，可以吗？”小李微笑地对客人说：“没问题，我这就领您去宴会厅预定处办理预订手续。”

服务人员小李并没有因为客人只吃面条而对他冷落，也正因为他对客人的尊敬而获得了信任和认可，从而给酒店带来了经济效益和服务好的口碑。

为龙网．酒店商务礼仪运用案例[EB/OL]．(2013-07-15)．http://ly.weleve.com/sw/jpal/46622.shtml.

3. 适度原则

适度原则是指交往中应把握礼仪分寸，人际交往中要注意各种不同情况下的社交距离，也就是要善于把握住沟通时的感情尺度。在人际交往中，沟通和理解是建立良好的人际关系的重要条件，但如果不善于把握沟通时的感情尺度，即人际交往缺乏适度的距离，结果会适得其反。

案例

有两个老工人平时爱开玩笑，几天没有见，一见面就说：“你还没有‘死’呀？”对方也不计较，回一句：“我还等着给你送花圈呢！”两个人哈哈一笑了事。后来甲因为重病住进了医院，乙到医院去看望，一见面就想逗逗他，又说：“你还没有死呀？”这一次，甲的脸一下子拉长了，生气地说：“滚，你滚！”把他赶了出去。

孙浩然．赢在职场话技巧[M]．北京：企业管理出版社，2013：12.

4. 真诚原则

在活动中，以诚待人才易于为他人所接受。礼仪主要是为了树立良好的个人和组织形象，所以真诚是获得成功的重要保证。同时商务活动的从事并非短期行为，从事商务，讲究礼仪，越来越注重其长远利益，只有恪守真诚原则，着眼于将来，通过长期潜移默化的影响，才能获得最终的利益。

案例

在美国标准石油公司里，有一位小职员叫阿基勃特。他每次出差住旅馆的时候，总是在自己签名的下方，写上“每桶四美元的标准石油”字样，在书信及收据上也不例外。他因此被同事称为“每桶四美元”，很多同事甚至觉得他很傻。可公司董事长洛克菲勒知道这件事后说：“竟有职员如此努力宣传公司的声誉，我要见见他。”于是邀请阿基勃特共进晚餐。后来，洛克菲勒卸任，阿基勃特成了第二任董事长。

陶尚芸．一生三会：会说话，会做事，会为人[M]．武汉：武汉出版社，2014：138.

5. 宽容原则

宽容，就是心胸坦荡、豁达大度，能设身处地为他人着想，谅解他人的过失，不计较个人的得失，有很强的容纳意识和自控能力。中国传统文化历来把宽以待人视为一种为人处世的基本美德。从事商务活动，在人际纷争问题上应保持豁达大度的品格或态度。出于各自的立场和利益，难免出现冲突和误解，遵循宽容的原则，眼光看远一点，体谅别人，才能正确对待和处理好各种关系与纷争，争取到更长远的利益。

案例

某公司部门里有两个职员，工作能力难分伯仲，互为竞争对手，谁会先升任科长是部门内十分关心的话题。但这两个人竞争意识过于强烈，平时凡事都要对着干。快到人事变动时，他们的矛盾已激化到了不可收拾的地步，好几次互相指责，揭对方的短。科长及同事们怎么劝都无济于事。结果，两人都没有被提升，科长的职位被部门其他的同事获得了。因为他们在争执中互相揭短的过程中，将各自的缺点暴露在了众人面前，让上级认为两人都不够资格提升。

韦甜甜．女人，你要美丽到老[M]．北京：台海出版社，2015：219.

6. 自信原则

自信的原则也是人际交往中的一个重要原则，商务人员不但要有从事商务活动的专业素质，而且一定要有良好的心理素质，自信是商务活动中一种很可贵的心理素质。一个自信的人才能在交往中不慌不乱，不卑不亢，沉着应对，进而取得商务合作的成功。

案例

雅倩是一个性格内向，干什么事情都缺乏自信的人。她一直觉得自己很丑，不愿意在穿衣打扮上下功夫，当然也拒绝很多聚会。

不久前，公司要召开一个系统会议。而雅倩则被老总指定在会上发言，要穿什么衣服参加会议，成了她最为难的事情。在朋友的带领下，雅倩最后选定了一套很流行的套装。当雅倩穿着漂亮的衣服微笑着在台上发言时，会议室里的人顿时哗然，虽然雅倩也经常在办公室出没，可是这么有气质的时候还是很少见的。

"哇，真的很有气质，平时怎么没有看出来呢?""老总选定的人就是没有错啊!"此起彼伏的赞美让雅倩的信心大增，发言也讲得深入浅出，得到了老总和各部门领导的一致好评。

会议结束后，雅倩就开始重新打量起自己，她这才发现，自己其实不是很丑。

我们都是芸芸众生中的一员，都是平凡的小人物，但我们也有比别人美好的地方，所以千万不要自贬身价。要相信，你总有比别人出色的地方，一旦有了合适的时机，它就会展现出来。

韦甜甜．女人，你要美丽到老[M]．北京：台海出版社，2015：170.

7. 信用原则

信用即讲究信誉的原则，守信是我们中华民族的传统美德，信守约定也是交往活动中必须严格遵守的一项原则，要遵守信用，做到守时、守约、说话要算数，许诺要兑现。"言必信，行必果"，只有讲究诚信，才能赢得别人的尊敬。

案例

韩国现代集团创始人郑周永，在刚刚创建企业时，就遭受了几乎让他折戟沉沙的打击。当时，郑周永承建了釜山洛东江上一座桥梁的修复工程，然而，由于战争之后的物价波动难以准确预测，施工总费用在施工过程中直线上升，不到两年，预算竟然比当初签合同时的预订工程费上升了数倍。

对于郑周永和他的企业来说，这样的上升意味着大批的债务很快要将企业推向破产的边缘，而一旦郑周永选择破产，就可能会被巨额债务压垮，导致难以翻身。面对这样的情况，他依然保持了良好的态度，既没有去寻求政府方面的保护，也没有向其他地方求援，而是决定端正企业的态度，就算赔钱也要将工作做好。

郑周永继续要求工程确保质量，同时，积极筹措资金。就这样，整个企业在他的领导下圆满地完成了这次赔本的买卖，渡过了难关。而凭借这次成功的案例，郑周永在韩国社会上下引起了关注，获得了良好的信誉。凭借这样的信誉，当他竞标当时韩国最大的桥梁——汉江大桥修复工程时，轻松战胜了竞争对手拿下了合同。正是因为汉江大桥的工程，现代集团一举成为韩国相关领域的领军企业。

汪国黔．态度决定待遇[M]．北京：中国财富出版社，2015：19.

二、礼仪的分类

在现代社会普遍使用的礼仪按应用范围一般分为政务礼仪、商务礼仪、服务礼仪、社交礼仪、涉外礼仪等五大类。

1. 政务礼仪

政务礼仪是国家公务员在行使国家权力和管理职能所必须遵循的礼仪规范。

2. 商务礼仪

商务礼仪是在商务活动中体现相互尊重的行为准则。商务礼仪的核心是一种行为的准则,用来约束我们日常商务活动的方方面面。它是商务活动中对人的仪容仪表和言谈举止的普遍要求。

3. 服务礼仪

服务礼仪是指服务行业的从业人员应具备的基本素质和应遵守的行为规范。主要适用于服务行业的从业人员、经营管理人员、商界人士、职场人士、企业白领等从事服务工作的人士。

4. 社交礼仪

社交礼仪是指人们在人际交往过程中所具备的基本素质,交际能力等。社交在当今社会人际交往中发挥的作用愈显重要。

5. 涉外礼仪

涉外礼仪是指在长期的国际往来中,逐步形成了外事礼仪规范,也就是人们参与国际交往所要遵守的惯例,是约定俗成的做法。它强调交往中的规范性、对象性、技巧性。

三、礼仪的作用

小贴士

英国思想家约翰·洛克曾说:"没有经过琢磨的钻石是没有人喜欢的,这种钻石戴了也没有好处。但是一旦经过琢磨,加以镶嵌之后,它们便生出光彩来了。美德是精神上的一种宝藏,但是使它们生出光彩的则是良好的礼仪……无论什么事情,必须具有优雅的方法和态度,才能显得漂亮,得到别人的喜悦。"

约翰·洛克. 教育漫话[M]. 傅任敢,译. 北京:人民教育出版社,1957:72.

人类自从诞生以来,就从未间断过相互之间的交往,礼仪也随之产生和发展,它是人类文明的重要标志。讲究礼仪、尊重他人,是一个人精神状态、文化教养和道德水平的反映。古人云:"国尚礼则国昌,家尚礼则家大,身尚礼则身正,心有礼则心泰。"

礼仪作为社会文明的重要标志,代表着人们的社会价值观和健康的生活方式,在社会生活中起着巨大的作用,已经成为社会交往以及国际交往中必不可少的手段。在现代生活中,礼仪的重要作用主要体现在以下几个方面。

1. 礼仪有利于塑造个人形象

没有谁能够与世隔绝,于是就有了交际。人在社会化过程中,需要学习的东西很多,礼仪是一个人在社会化过程中必须学习的重要内容,是整个人生旅途中的必修课。任何一个生活在礼仪习俗和规范环境中的人,都自觉或不自觉地受到该礼仪的约束。礼仪与个人形象塑造密切相关,以礼仪规范自己的言行仪表,是展示良好形象的一条有效途径。

案例

陈霞是一家公司的小职员,她刚刚毕业没多久。一说起称呼,她满脸兴奋。"我应聘时就是因为一句称呼转危为安的。"在一次应聘时,由于她在考官面前过于紧张,有些发挥失常，就在她从考官眼中看出拒绝的意思而心灰意冷、垂头丧气时，一位中年男士走进了办公室和考官耳语了几句。

在他离开时，她听到人事主管小声说了句“经理慢走”。那位男士离开时从陈霞身边经过，给了她一个善意鼓励的眼神，陈霞说自己当时也不知道哪儿来的灵光一闪，忙起身，毕恭毕敬地对他说：“经理您好，您慢走！”她看到了经理眼中些许的诧异，然后他笑着对自己点了点头。等她再坐下时，她从人事主管的眼中看到了笑意……

后来陈霞顺利地得到了这份工作。人事主管后来告诉她，本来根据她那天的表现，是打算把她刷掉的。但就是因为她对经理那句礼貌的称呼，让人事部门觉得她对行政客服工作还是能够胜任的，所以对她的印象有所改变，也就录用了她。

孙浩然．赢在职场话技巧[M]．北京：企业管理出版社，2013：2.

2. 礼仪是改善人际关系的重要保证

古人认为：“世事洞明皆学问，人情练达即文章。”这句话讲的就是交际的重要性。现代礼仪的基础是平等待人，礼仪本身表现了对他人的尊敬。恰当地运用礼仪，可以消除差异，增进理解，达到情感的沟通。运用礼仪，更好地向交往对象表达自己的尊重与友好，增进彼此了解与信任，进而建立和谐完美的人际关系。

在日常生活和工作中，礼仪能够调节人际关系，从一定意义上说，礼仪是人际关系和谐发展的调节器，人们在交往时按礼仪规范去做，有助于加强人们之间互相尊重，建立友好合作的关系，避免和缓和不必要的矛盾和冲突。

案例

美国有位著名的女企业家，她想购买一辆福特牌小轿车。24岁生日那天，她兴冲冲地走进一家福特轿车经销店，询问轿车情况。售货员见她衣着普通，以为她只是问问而已，应付了几句就借口用午餐，转身而去。那位女企业家只得出门溜达，准备等售货员用完午餐后再登门。在闲逛时，她发现在附近另有一家轿车经销店，就顺便入内询问。

这家经销店的售货员相当热情，不但回答她的询问，还和她拉家常，得知是她是趁24岁生日之际购买轿车后，就非常客气地说：“小姐，请稍等片刻。”转身出门。不一会儿，拿着一束玫瑰花回来，真诚地说：“小姐，您在生日之际光临本店，是本店的荣誉，我代表本店赠您一束玫瑰花，祝您生日快乐。”这位女企业家十分感动，于是进一步询问了该店经销的轿车的品种、性能后，用稍高的价格购买了辆轿车，并把它推荐给周围的朋友，很快，这家经销店的五辆车都卖了出去。

资料来源：南京廖华．生活礼仪[EB/OL]. http://www.njliaohua.com/lhd_8tail31ip82xc786bdil_1.html.

3. 礼仪是企业形象、员工修养素质的综合体现

从某种意义上说，现代的市场竞争是一种形象竞争，企业树立良好的形象，因素很多，其中高素质的员工，高质量的服务，每一位员工的礼仪修养无疑会起着十分重要的作用。只有做好应有的礼仪才能使企业在形象塑造、文化表达上提升到一个满意的地位，塑造单位形象，提高顾客满意度和美誉度，并最终达到提升单位的经济效益和社会效益的目的。

案例

有一天，当康德拉·希尔顿把自己几千美元的资产增值到几千万美元这个消息欣喜而自豪地告诉母亲时，母亲却淡淡地说："依我看，你跟以前根本没有什么两样……事实上你必须把握更重要的东西，除了对顾客忠诚之外，还要想办法使希尔顿旅馆的人住过了还想再来住，你要想出这样的简单、容易、不花本钱而行之久远的办法来吸引顾客。这样你的旅馆才有前途。"为了找到一种具备母亲所说的"简单、容易、不花本钱、行之久远"的四大条件的办法，希尔顿逛商店、串旅店，以自己作为一个顾客的亲身感受，得出了"微笑服务"准确的答案，它同时具备了母亲提出的四大条件。

同时，他一贯坚持的用人之道和经营风格，足以保证员工的笑容是真实的、发自内心的。希尔顿要求每个员工不论如何辛苦，都要对顾客投以微笑，即使在旅店业务遭遇经济萧条时，他也经常提醒员工记住："万万不可把愁云挂在脸上，无论旅馆本身遭遇的困难如何，希尔顿旅馆服务员的微笑永远是属于顾客的阳光。"

从此以后，希尔顿饭店内处处可见温暖人心的微笑，而微笑服务也成为希尔顿饭店业遍布世界五大洲各大城市、资产不断扩大的诀窍。

孙浩然．赢在职场话技巧[M]．北京：企业管理出版社，2013：193.

4. 礼仪是国家富强、社会文明的重要标志

古人曾指出："礼义廉耻，国之四维"，将礼仪列为立国的精神要素之本。一个民族、一个国家的礼仪，往往反映着这个民族、这个国家的文明水平、整体素质。正如哲学家约翰·洛克所言："没有良好的礼仪，其余的一切成就都会被看成骄傲、自负、无用和愚蠢。"在孔子时代，"礼仪"被看作是治国之本，当时人们所演习的"六艺"之中，"礼"一直被当作重要的必修课，是孔子治国的理想。荀子在《修身篇》中提出："故人无礼则不生，事无礼则不成，国无礼则不宁。"其突出的社会作用不言而喻。

案例

新加坡的国民素质之高赢得了世界的公认，大凡到过新加坡的人，都对这个美丽的花园岛国留下了深刻的印象。这与新加坡长期在国民中大力开展礼仪教育有很大的关系。20世纪70年代后期，当时的新加坡总理李光耀就提出了要把新加坡建成一个"富而有礼"的国家。他们在大力抓国民经济建设的同时，将以"礼仪"教育为中心的国民素质教育，提高到一个非常重要的位置，甚至将"忠、孝、仁、爱、礼、义、廉、耻"八种美德列入政府必须贯彻的"治国之纲"。在新加坡礼仪教育是每个公民都必须接受的教育内容之一。为规范国民行为，使之养成良好的礼仪习惯，他们甚至运用了法律手段来强化国民的礼仪意识。

资料来源：咸宁职业技术学院．礼仪案例[EB/OL]．(2013-10-11)．http://www.xnec.cn/jpkc2012/rw1/wzr1.asp?ID=39.

现实社会中，人们都在以各种不同的方式追求着自身的完美，寻求通向完美的道路。

加强礼仪修养则是实现完美的最佳方法，它可以丰富人的内涵，从而提高自身素质与内在实力，使人们面对纷繁的社会，有勇气、有信心充分地实现自我，展示自我。

第三节 中西方礼仪

一、中国传统礼仪的发展

礼仪的起源可以追溯到原始社会的远古时代。那时，社会生产力十分低下，人类处于一种愚昧状态，在大自然面前显得软弱无力，对斗转星移、四季更迭、风云变幻、电闪雷鸣等自然现象感到神秘莫测、惶惑不解，在地震、旱涝、疾病等自然灾害面前感到束手无策。于是，人们就把生活中的得失或成败归之于自然的恩赐或惩罚。

人们相信在天地之间，还有超自然的神主宰着世间万物，天地、日月、山川等皆由神主管，并且还有形形色色的鬼在世间作祟。人们为了避免受伤害，便虔诚地向神鬼跪拜敬礼，祈求免祸致福，从而产生了人类以祭天、敬神为主要内容的礼的雏形。在长期敬神祭鬼的活动中，使得各种程序与形式逐渐完善并固定下来，这就是最初的礼仪。可见，礼是原始社会宗教信仰的产物。礼仪在其传承沿袭的过程中不断发生着变革，从历史发展的角度看，其演变可分为六个阶段。

1. 礼仪的起源时期：夏朝以前（公元前 21 世纪前）

综合考古学、民族学的材料可以发现，礼仪起源于原始社会，整个原始社会是礼仪的萌芽时期，这一时期原始的政治礼仪、祭祀礼仪、宗教礼仪、婚姻礼仪等已有了雏形，但还不具有阶级性。《礼记》曾对礼的起源和发展作出概括的描述，大意是：远古时代，人们把黍米和猪肉放在石板上烤制而食；在地上凿坑作为酒樽，用手掬捧而饮，并且用茅草茎捆扎成鼓槌来敲击土鼓，以表示对鬼神的祭祀，这就是远古时代拜神灵的礼仪，也是礼的开始。

2. 礼仪的形成时期：夏、商、西周三代（公元前 21 世纪—前 771 年）

从夏朝建立起，中国进入了奴隶制社会。由于大规模地利用奴隶劳动，使生产力比原始社会有了更大的发展，与之相适应，社会文化也得到了较大的发展。在这个阶段，奴隶主阶级为了维护本阶级的利益，巩固自己的统治地位，修订了相对较完整的国家礼仪和制度，提出了极为重要的礼仪概念，如“五礼”即吉礼、凶礼、军礼、宾礼、嘉礼。确定了崇古重礼的传统。

周代“礼”的内涵已由原始社会的祭神仪式演变为封建等级秩序，大到国家政治、小到家庭生活，无不按照一定的程序、仪式进行。如在西周，出现了中国历史上第一部记载礼的书籍——《周礼》。人们通常认为，传世的《周礼》和《仪礼》是周公的遗典，它们与其释文《礼记》，成为后世称道的“三礼”，是各种礼制的百科全书。涵盖了中国古代礼仪的主要内容，堪称我国古代礼仪的经典之作。

3. 礼仪的变革时期：春秋战国时期（公元前 771—前 221 年）

这一阶段是我国从奴隶社会向封建社会的过渡时期，三代之礼在许多场合废而不行，一些新兴利益集团开始创造符合自己利益和巩固其社会地位的新礼。此阶段学术界百家争鸣，以孔子、孟子为代表的儒家学者系统地阐述了礼的起源、本质等问题，第一次在理论上全面深刻地论述了社会等级秩序划分及其意义，以及与之相适应的礼仪规范。

作为儒家创始人的孔子，对礼仪非常重视，他提出的“六艺”，包括礼（礼仪规范）、乐（音乐）、射（武功、射箭）、御（武功、乘马）、书（书法）和数（数学），提出“养国之道，乃教之以六艺。”从 孔子制定六艺开始，礼作为六艺的重要内容，包含了孔子的政治理想和追求，并以此为一种工具，去维护统治阶级的利益。总之这一阶段出现了礼崩乐坏的局面，并创造了新礼。

4. 礼仪的强化和衰落阶段：秦汉到清末（公元前 221—1911 年）

这一时期的特点是尊君抑臣、尊夫抑妇、尊父抑子、尊神抑人。在礼仪漫长的历史演变过程中，礼仪在封建社会中，一直被统治阶级所利用，一直作为一种无形的力量制约着人们的行为，同时也逐渐成为妨碍人类个性自由发展、阻挠人类平等交往、窒息思想自由的精神枷锁。

5. 现代礼仪时期（1911—1949 年）

从 1911 年辛亥革命以后，西方文化大量传入中国，在自由、平等、民主、博爱等思想的影响下，一部分传统礼仪制度和规范逐渐被时代所摈弃，符合时代要求的礼仪被继承、完善、流传。新的礼仪标准和价值观念得到推广和传播。

6. 当代礼仪时期（1949 年至今）

新中国成立后，经历了礼仪革新阶段（1949—1966 年），确立了同志式的合作互助关系和男女平等的新型社会关系。礼仪退化阶段（1966—1976 年），十年浩劫期间礼仪受到严重摧残，社会风气逆转。礼仪复兴阶段（1977 年至今），党的十一届三中全会以来，随着改革开放和现代化进程的进一步加快，我国与世界的交往也日趋增多，西方的一些先进的礼仪也陆续传入我国，同我国传统礼仪一道构成了社会主义礼仪的基本框架。

礼仪建设全面复兴，讲文明、懂礼貌蔚然成风，今后，随着社会的进步和国际交往的增多，我国当代礼仪在中华民族礼仪优良传统的基础上，同国际礼仪接轨，必将得到新的完善和发展。

总之，从礼仪产生和发展的轨迹可以看出，礼仪作为人们的行为模式和规范，属于社会的上层建筑，由社会的经济基础所决定，并随着社会实践而不断地丰富和发展。在任何一个阶级社会里，占统治地位的礼仪思想和制度总是那个社会统治阶级思想和意志的体现，是为统治阶级服务的工具。

二、西方国家礼仪的发展

在西方，礼仪一词，最早见于法语的“Etiquette”，原意为“法庭上的通行证”。古代法国的法庭为了保证审判的公正，开庭时总是安排得既庄严肃穆，又戒备森严，并把各种规则及法庭纪律写在进入法庭的通行证上，让所有进入法庭的人员必须严格地遵守。后来，人们感到不仅在法庭上，在社会交往中人们也应遵守一定的规则和准则，如此才能保证文明社会得以维系和发展。于是当“Etiquette”进入英文后，就有了礼仪的三层含义，一是指谦恭有礼的言谈举止；二是指教养和规矩；三是指仪式、典礼、习俗等，意即“人际交往的通行证”。

西方的文明史，同样在很大程度上表现着人类对礼仪追求及其演进的历史。人类为了维持与发展血缘亲情以外的各种人际关系，避免“格斗”或“战争”，逐步形成了各种与“格斗”“战争”有关的动态礼仪。如为了表示自己手里没有武器，让对方感觉到自己没有恶意而创造了举手礼，后来演进为握手。为了表示自己的友好与尊重，愿在对方面前“丢盔卸甲”，于是创造了脱帽礼等。

在古希腊的文献典籍中，如苏格拉底、柏拉图、亚里士多德等先哲的著述中，都有很多关于礼仪的论述。中世纪更是礼仪发展的鼎盛时代。文艺复兴以后，欧美的礼仪有了新的发展，从上层社会对遵循礼节的烦琐要求到 20 世纪中期对优美举止的赞赏，一直到适应社会平等关系的比较简单的礼仪规则。

1 世纪末到 5 世纪，罗马帝国统治西欧时期，教育理论家昆体良撰写了《雄辩术原理》一书，认为一个人的道德、礼仪教育应从幼儿时期开始；而诗人奥维德通过诗作《爱的艺术》，告诫年轻朋友不要贪杯，用餐不可狼吞虎咽。

12 世纪欧洲封建社会鼎盛时期写定的冰岛诗集《伊达》，详尽地叙述了当时用餐的规矩，如主宾贵客居上座，举杯祝酒有讲究的等严格而烦琐的贵族礼仪和宫廷礼仪。这种礼仪的影子在今天的很多国家，特别是在君主立宪制的国家仍然可以看到。

14 世纪到 16 世纪，欧洲进入文艺复兴时代。该时期出版的涉及礼仪的名著有：意大利作家加斯梯良编著的《朝臣》，论述了从政的成功之道和礼仪规范及其重要性；尼德兰人文主义者伊拉斯谟撰写的《礼貌》，着重论述了个人礼仪和进餐礼仪等，提醒人们讲究道德、清洁卫生和外表美。

17 世纪至 18 世纪随着资本主义制度在欧洲的确立和发展，资本主义社会的礼仪逐渐取代了封建社会的礼仪，编撰了大量的礼仪著作。捷克教育家夸美纽斯编撰的《青年行为手册》；英国教育思想家约翰·洛克撰写的《教育漫话》，系统而深入地论述了礼仪的地位、作用以及礼仪教育的意义和方法；德国学者缅南杰斯的专著《论接待权贵和女士的礼仪，兼论女士如何对男性保持雍容态度》；英国政治家切斯特菲尔德勋爵的名著《教子书》等。

到了近现代，礼仪日益文明、简洁和实用，也备受人们重视，礼仪书籍也层出不穷，比较著名的有：法国学者让·塞尔著的《西方礼记与习俗》，英国学者埃尔西·伯奇·唐纳德编的《现代西方礼仪》、德国作家卡尔·斯莫卡尔著的《请注意您的风度》，美国礼仪学家伊丽莎白·斯波特编的《西方礼仪集萃》以及美国教育家卡耐基编撰的《成功之路丛书》等，它们都为世人展示了西方各国衡量文明程度和个人修养的良好礼仪标准。

三、中西方礼仪差异的影响因素

由于各国的历史与文化底蕴不同，各国人民在进行交往时的习惯也有不少差异。特别是中西方之间，礼仪上的差别很大，因为不了解这些差异而引起的误会和笑话并不少见。随着东西方文化的不断发展，东西方的礼仪正在相互融合，西方人逐渐地接受了东方文化中重情感等合理因素，东方人也逐渐地接受了西方文化中先进文明的礼仪和交往方式。但在现实生活中，由于东西方文化的差异而对礼仪产生的影响还很多，本书就以下几方面具体探讨东西方文化差异对礼仪所产生的影响。

1. 社会交往方式的差异

东西方文化都非常重视人际交往，但在交往的观念、交往的方式上都有着明显的差别。如中国人热情好客，在人际交往中饱含热情，问寒问暖，似乎没有什么可保留的，对于了解有关年龄、职业、收入、婚姻状况、子女等问题，觉得都理所当然。而在西方国家中，特别重视对方的隐私权。

个人隐私主要包括个人状况(年龄、工作、收入、婚姻、子女等)、政治观念(支持或反对何种党派)、宗教信仰(信仰什么宗教)、个人行为动向(去何种地方，与谁交往、通信)等。凡是涉及个人隐私的都不能直接过问。西方人一般不愿意干涉别人的私生活和个人隐私，也不愿意被别人干涉。

案例

小刘是某旅游胜地的一家四星级酒店的前台接待员，对待工作热情负责，很受领导的赏识和一些宾客的好评。有一次，在接待两位回头客，一对意大利夫妇的服务工作中，如同对待老朋友那样，小刘随口问道："你们去哪里玩了？"见对方有些迟疑，又问道："你们逛了哪家商店？"看到对方有点不耐烦，还以为对方累了，于是又说："你们明天想去哪里？我可以给你们提些建议……"话还未说完，那对意大利夫妇已转身离去了，小刘一脸茫然，不知自己错在哪里。

资料来源：百度文库．中西礼仪差别经典案例分享[EB/OL].(2015-10-08). http://wenku.baidu.com/link?url=Maq_yZ8KsC5wQd1i9lf06FUT9y71LQTOxbSN2yUke34U2bIrf-v1gM4UepwcfqM2syIz79n7fxg8LTripjCX3nnp_SOrK-xaUIPsM8Njv5W.

2. 个人人生观的差异

中国文化不主张炫耀个人荣誉，提倡谦虚谨慎。一般来说，中国人大多反对或蔑视王婆卖瓜式的自吹自擂，在中国，主动关心别人，给人以无微不至的体贴是一种美德，因此，中国人不论别人的大事小事、家事私事都愿主动关心。传统的中国文化则要求人们不偏不倚，走中庸之道，中国人善于预见未来的危险性，更愿意维护现状，保持和谐。中国文化更多地强调集体主义，主张个人利益服从集体利益，主张同甘共苦，团结合作，步调一致。

西方人崇拜个人奋斗，尤其为个人取得的成就而自豪，从来不掩饰自己的自信心、荣誉感以及在获得成就后的狂喜。西方人自我中心意识和独立意识很强，自己为自己负责，不习惯关心他人，帮助他人，不过问他人的事情。西方文化鼓励人民开拓创新，做一番前人未做过的、杰出超凡的事业。西方人十分珍视个人自由，喜欢随心所欲，独往独行，不愿受限制。

案例

一位英国老妇到中国游览观光，对接待她的导游小姐评价颇高，认为她服务态度好，语言水平也很高，便夸奖导游小姐说："你的英语讲得好极了！"小姐马上回应说：

"我的英语讲得不好。"英国老妇一听生气了:"英语是我的母语,难道我不知道英语该怎么说?"

资料来源:咸宁职业技术学院．礼仪案例[EB/OL].(2013-10-11).http://www.xnec.cn/jpkc2012/rw1/wzr1.asp?ID=39.

3. 法治观念的差异

东方文化以儒家思想为代表,而儒家思想重义轻利。中国人重人情,人情味浓厚。老话讲:"血浓于水。""亲不亲,故乡人,美不美,家乡水。"这些话所包含的意思是人情影响判断,人情重于道义。在情理法的中国,人情味浓厚,什么事都可以想想办法,托托人情,走走关系。因此在中国,人事关系极为重要。

而西方人则是倒过来的。西人重法,不重人情。法在理前,理在情前。我们时常看到西方父子之间、夫妻之间、朋友之间上法庭打官司。有些事明明不合情不合理,但合法,吃亏者也只有自认倒霉,旁观者也只能容忍。但若有的事不合法,即使合情合理,西人也会争论不休,直到闹上法庭。在法理情的西方国家,有什么矛盾,先讲理,后上法庭,简单明了。

4. 社会习俗的差异

在东方文化中,男士往往备受尊重,这主要受封建礼制男尊女卑观念的影响。在现代社会,东方文化也主张男女平等,但在许多时候,男士的地位仍然较女士有优越性,女士仍有受歧视的现象。在处理长幼关系时,以中国为代表的东方国家对待长者特别尊敬、孝敬。

在欧美等西方国家,尊重妇女是其传统风俗,女士优先是西方国家交际中的原则之一。在西方国家,由于崇尚自立,儿女成年后和父母间的来往则越来越少。

案例

有一位中国先生要为一位外国朋友订做生日蛋糕。他来到一家酒店的餐厅,对服务小姐说:"小姐,您好,我要为一位外国朋友订一份生日蛋糕,同时打印一份贺卡,你看可以吗?"小姐接过订单一看,忙说:"对不起,请问先生,您的朋友是小姐还是太太?"这位先生也不清楚这位外国朋友结婚没有,从来没有打听过,他为难地抓了抓后脑勺想想说:"小姐? 太太? 一把岁数了,太太。"生日蛋糕做好后,服务员小姐按照地址到酒店客房送生日蛋糕,敲门,一女子开门,服务员小姐有礼貌地说:"请问您是怀特太太吗?"女子愣了愣,不高兴地说:"错了!"服务员小姐丈二和尚摸不着头脑,抬头看看门牌号,再回去打个电话问那位先生,没错,房间号码没错。再敲一遍,开门——"没错,怀特太太,这是您的蛋糕。"那位女子大声说:"告诉你错了,这里只有怀特小姐,没有怀特太太。"啪一声,门被用力关上,蛋糕掉地。

资料来源:咸宁职业技术学院．礼仪案例[EB/OL].(2013-10-11).http://www.xnec.cn/jpkc2012/rw1/wzr1.asp?ID=39.

5. 等级观念的差异

东方文化等级观念强烈。无论是在组织里,还是在家庭里,忽略等级、地位就是非礼。

尽管传统礼制中的等级制度已被消除，但等级观念至今仍对东方文化产生影响。在中国，传统的君臣、父子等级观念在中国人的头脑中仍根深蒂固。

在西方国家，除了英国等少数国家有着世袭贵族和森严的等级制度外，大多数西方国家都倡导平等观念。特别在美国，崇尚人人平等，很少人以自己显赫的家庭背景为荣，也很少人以自己出身贫寒为耻，因他们都知道，只要自己努力，是一定能取得成功的。在家庭中，美国人不讲等级，只要彼此尊重，父母与子女可直呼其名。

课堂实践

1. 实践内容：礼仪知识的观摩体验活动。

2. 实践目的：通过礼仪知识的学习，加深对行业礼仪规范标准的了解。

3. 实践环节：首先安排学生到某些行业(如银行柜台、宾馆前台、商场柜台等)实地观察其工作人员的言行举止，熟悉各行业的礼仪标准。然后，设置行业的各种场合，从表情、服饰、姿态、礼貌用语、热情接待服务等多面考察，进行分组互相点评和教师点评，纠正其不足之处，演示正确礼仪，以区别错误和不规范的做法，进一步感受行业气氛，熟悉其礼仪规范。

4. 技能要求：熟知各行业礼仪常识，能在各种场合进行灵活运用。

拓展阅读

外国礼仪

韩国

韩国是个礼仪之国，韩国人讲究礼貌，待客热情。

韩国人初次见面时，经常交换名片。韩国很多人养成了通报姓氏习惯，并和“先生”等敬称联用。韩国一半以上居民姓金、李、朴。

韩国人业务洽谈，往往在旅馆的咖啡室或附近类似的地方举行。

韩国的农历节日和我国差不多，也有春节、清明节、端午节、中秋节。

韩国人不轻易流露自己的感情，公共场所不大声说笑。特别是女性在笑的时候还用手帕捂着嘴，防止出声失礼。在韩国，妇女十分尊重男子，双方见面的时候，女性总会先向男性行鞠躬礼、致意问候。男女同座的时候，往往也是男性在上座，女性在下座。

韩国人以米饭为主食，早餐也习惯吃米饭，不吃粥。还喜欢吃辣椒、泡菜，吃烧烤的时候要加辣椒、胡椒、大蒜等辛辣的调味品。汤是每餐必不可少的，有时候汤里放猪肉、牛肉、鸡肉烧煮，有时候也简单地倒些酱油、加点豆芽。韩国人还对边吃饭边谈话非常反感。

新加坡

新加坡在世界上有“花园王国”的美称。在社交场合，新加坡人与他人所行的见面礼节多为握手礼。在待人接物方面，新加坡人特别强调笑脸迎客，彬彬有礼。对新加坡人而言，在人际交往中讲究礼貌、以礼待人，不但是每个人所应具备的基本修养，而且业已成为国家和社会对每个人所提出的一项必须遵守的基本行为准则。

在开国之初，政府就注重“礼治”，立志要将新加坡建成一个礼仪之邦。政府不但强调“不学礼，无以立”，而且专门编定了《礼貌手册》，对于人们在各种不同场合所作所为是否符合礼仪，都做出了明确的规定。“人人讲礼貌，生活更美好”，“真诚微笑，处世之道”，在新加坡早已家喻户晓，深入人心。在新加坡，不讲礼貌不仅会让人瞧不起，而且还会寸步难行。

绝大多数的新加坡人都非常喜欢红色。他们认为，艳丽夺目的红色，是庄严、热烈、喜庆、吉祥的象征，而且还具有激励人们奋发向上的作用。在一般情况下，过多地采用黑色、紫色不为新加坡人所欢迎。在他们的意识里，黑色、紫色代表着不吉利。另外，新加坡人对白色也普遍看好，视之为纯洁与美德的象征。新加坡的国旗，就是由红色和白色两种色彩构成的。

在日常生活里，新加坡人对传统民俗非常讲究，吉祥字、吉祥画在他们生活中随处可见。最受他们喜爱的吉祥字有“囍”“福”“吉”“鱼”等。最受他们欢迎的吉祥事物，则有表示“平安”的苹果，表示“和平”的荷花，表示“力量”的竹子，表示“幸运”的蝙蝠等。

与新加坡人攀谈之时，不仅不能口吐脏字，而且还要记住多使用谦、敬语。与此同时，对于话题的选择务必加以注意。最受新加坡人青睐的话题，主要是运动、旅游、传统文化及有关经济建设方面的成就。对于新加坡国内政治、宗教、民族问题，执政党的方针、政策，以及新加坡与邻国的关系问题，最好不要涉及。

中东地区

中东地区的人们普遍信奉伊斯兰教，有其独特的宗教文化背景和风俗习惯，在谈吐和举止上要注意不要触犯他们的宗教禁忌。中东地区对男女的穿着打扮要求十分严格，像对待法律一样。阿拉伯人在谈论公事前通常要喝一杯咖啡或薄荷茶，但喝茶时不可用左手，递名片和吃饭时也不可用左手。阿拉伯人见面一般握手表示欢迎，有时亲吻面颊表示热烈欢迎。若能在一个合适的机会按照阿拉伯人的宗教礼节向他们打招呼，对方会认为这是您对他最真诚的恭维。

与阿拉伯人第一次见面时不要赠送礼物，否则会有贿赂之嫌，不要问候对方的妻子，也不要向对方的妻子赠送礼物，但送给孩子的礼物是受到热烈欢迎的。送给阿拉伯人的礼物最好具有知识性，富有人情味。不要过分赞扬阿拉伯人的某件物品，否则他会当场作为礼物送给你。

阿拉伯人禁酒，不喝任何含酒精的饮料，不能将酒作为礼品赠送给他们。阿拉伯人不吃猪肉，不用猪皮制品及带猪形图案的饰品，同时不要谈狗，不要送带有动物形象的礼物。因为在他们看来，动物形象会带来厄运。

法国

在法国女士优先，法国人采取的见面礼节主要有握手礼、拥抱礼和吻面礼，法国人非常保守而且正式。

商务会议要提前两周预约，秘书在开会之前要把开会的材料准备好，事先通好电话，以及接洽人是谁，这些准备工作都要事先做好。法国的法定节假日多在七月和八月，所以这时不要安排任何的活动，如果你要改变见面时间，不要忘了打电话，说明原因。开会一般都是以讨论为主，并不会做出最终的决定，要注意你的言行举止，说话时不要夸大其词，因为法国人不喜欢这类的人。

英国

英国客人重仪表，注重“女士第一”。英国人在社交场合中特别注重礼仪形式，他们很喜欢别人在称呼他们时，把姓名的后面加自己的荣誉头衔。英国人在与客人初次见面时的礼节是握手礼；女子一般施屈膝礼。英国男子戴帽子遇见朋友，有微微把帽子揭起“点首为礼”的习惯。

英国人同别人谈话时，不喜欢距离过近，一般以保持50厘米以上为宜。他们还特别不喜欢大象及其图案，对墨绿色很讨厌，很忌讳黑猫，认为这将预示这个人要遭到不幸。他们忌讳把食盐碰撒，哪怕你是不小心的，也会使人非常懊丧的。认为这是引发口角或与朋友断交的一种预兆，忌讳有人打碎玻璃。

英国人在进餐时，一般都爱先喝啤酒，还喜欢喝威士忌等烈性酒，他们用餐一般都习惯左手拿餐叉，右手用餐刀，并喜欢在餐桌上备有调味品。他们普遍喜爱饮茶，尤为妇女嗜茶成癖。“下午茶”几乎成为英国人的一种必不可少的生活习惯，即使遇上开会，有的也要暂时休会而饮“下午茶”。

德国

德国人纪律严明，法制观念极强，讲究信誉，重视时间观念，极端自尊，非常尊重传统，待人热情，十分注重感情。“以右为上”是传统，“女士优先”为惯例；德国人在人际交往中对礼节非常重视。与德国人握手时，有必要特别注意下述两点。一是握手时务必要坦然地注视对方；二是握手的时间宜稍长一些，晃动的次数宜稍多一些，握手时所用的力量宜稍大一些。重视称呼，是德国人在人际交往中的一个鲜明特点。对德国人称呼不当，通常会令对方大为不快。一般情况下，切勿直呼德国人的名字。称其全称，或仅称其姓，则大都可行。与德国人交谈时，切勿疏忽对“您”与“你”这两种人称代词的使用。对于熟人、朋友、同龄者，方可以“你”相称。在德国，称“您”表示尊重，称“你”则表示地位平等、关系密切。

资料来源：中国礼仪网．http://www.welcome.org.cn/geguoliyi.

第十章

形象举止礼仪

学习目标

1. 理解形象举止礼仪的重要性;
2. 了解仪容仪表的基本要求,掌握职业装的基本礼仪;
3. 掌握标准站姿、坐姿、走姿及握手礼仪的要求。

技能要求

1. 能按照仪容仪表、发型、配饰的要求提高个人良好的职业形象;
2. 掌握服饰礼仪规范和原则,保障社交活动的顺利进行;
3. 学会标准站姿、标准坐姿、标准行姿和正确握手;
4. 不断练习和坚持,使自身具备良好的形象举止礼仪。

引导案例

维护好个人形象

郑伟是一家大型国有企业的总经理。有一次,他获悉有一家著名的德国企业的董事长正在本市进行访问,并有寻求合作伙伴的意向。他于是想尽办法,请有关部门为双方牵线搭桥。让郑总经理欣喜若狂的是,对方也有兴趣同他的企业进行合作,而且希望尽快与他见面。到了双方会面的那一天,郑总经理对自己的形象刻意地进行一番修饰。他根据自己对时尚的理解,上穿夹克衫,下穿牛仔裤,头戴棒球帽,足蹬旅游鞋。无疑,他希望自己能给对方留下精明强干、时尚新潮的印象。然而事与愿违,郑总经理自我感觉良好的这一身时髦的“行头”,却偏偏坏了他的大事。郑总经理的错误在哪里?他的德国同行对此有何评价?

案例点评:

根据惯例,在涉外交往中,每个人都必须时时刻刻注意维护自己形象,特别是要注意自己正式场合留给初次见面的外国友人的第一形象。郑总经理与德方同行的第一次见面属国际交往中的正式场合,应穿西服或传统中山服,以示对德方的尊重。但他没有这样做,正如他的德方同行所认为的:此人着装随意,个人形象不合常规,给人的感觉是过于前卫,尚欠沉稳,与之合作之事再作他议。

资料来源:百度文库．礼仪案例分析[EB/OL].(2013-04-23). http://wenku. baidu. com/link?url=MFsIIpOC0zsMo6N0eNZHPEufzgdHHTwVMkguR7mFUNinnPAeguJXtZ8QA5PsDHyq2MLacfVRpFV0O3rk0mYXUZCMNriBVBPzgIuPpqaH3n_.

第一节　仪容礼仪

仪容，通常是指人的外观、外貌，重点是指人的容貌。在人际交往中，每个人的仪容都会引起交往对象的特别关注，影响到对方对自己的整体评价。仪容美的基本要素是貌美、发美、肌肤美，要求整洁干净。美好的仪容能让人感觉到其五官构成彼此和谐并富于表情，发质健康使其容光焕发，肌肤健美使其充满生命的活力，给人以健康自然、鲜明和谐、富有个性的深刻印象。

一、头发

每个人的头发都是一种有生命的纤维质，在显微镜下观察，可以看到它的表面排列着无数的鳞片，科学家将其称为鳞头表层。鳞状表层可以吸收营养，但也很容易受伤。一般来说，健康的头发从外观和感觉上看，有很好弹性、韧性和光泽；头发柔顺，易于梳理，不分叉，不打结；用手轻抚时有润滑的感觉；梳理时无静电，不容易折断。头发的保养要注意以下几点。

1. 洗发

洗发液一般略带微酸性者较佳，泡沫太多反而不好。洗发时，不应摩擦或抓揉头发，最好的方法是用边按摩头皮边清洗的方式进行。清洗时双手要适度地移动，注意不要使洗发液残留在头发上。使用护发素后，应将多余的护发素用温水冲洗干净。洗完头发后，要用毛巾将头发上的水分轻柔地擦干净。最好是用温水，37℃～38℃是洗发最适当的水温。

2. 护发

当前，最好的护发方法是焗油。这是一种通过头发鳞状表层易于吸收的营养素来保养头发的某些物质。它们所含有的成分与头发中的角蛋白相似，可以在很短时间内渗入到毛发皮层，对头发起到营养和修复作用，其中的有效成分在头发表面迅速形成薄而透明的保护膜，增加头发的弹性、柔软性和保湿性，使头发看起来光亮照人，如丝缎一般，并易于梳理。

若想拥有一头秀发，注意自己的饮食起居也是十分必要的。一般来说，含有叶酸、泛酸、维生素 A、B_1、B_2、B_6、B_{12}、E 等成分的物质，能促进头发的生长。为此，平时要尽可能多吃一些含蛋白质、铁、钙、锌和镁的食物。鱼类、贝类、橄榄油和坚果类干果，也有改善头发组织、增强头发弹性和光泽的效能。

3. 发式

头发处在人的仪表最显著的部位，头发整洁、发型大方会给人留下神清气爽的印象，而头发脏乱、发型不整会给人以萎靡不振的感觉。因此，除了保持头发整洁以外，发型的选择十分重要。一个好的发型，能弥补头型、脸型的某些缺陷，使人显得神采奕奕，体现出内在的艺术修养和良好的精神状态。发式本身无所谓美丑，只要选择与自己的脸型、肤色、体型相匹配，与自己的气质、职业、身份、年龄相吻合就可以扬长避短，显现出真正的美。

男士以短发为宜，除非艺术、设计、音乐、造型等特殊行业，不宜留长过后发际的发型，原则上男士的发型要满足“三不”，即“前发不附额，侧发不掩耳，后发不及领”。在选择发型之前，应该先分析研究一下自己的脸型，有了彻底的了解后，才会选择出最适合脸型的发型。

二、面部

保养皮肤是保持青春、延缓皮肤衰老的重要手段。良好的保养可以改善皮肤质地，且是面部化妆的基础。每个人皮肤的属性不同，因此护理的要点也要有所区别。

1. 干性皮肤

干性皮肤其生理特点是皮脂分泌少，缺乏自身保护功能。这种皮肤一般肤色较浅、干净、不冒油、毛孔细腻，但由于缺乏自然油脂的滋润，肤面显得干燥，缺少光泽，面部容易过早地出现皱纹。保养方法是加强对皮肤的防护，尽量减少刺激，避免曝晒、冷冻和热风的吹袭。洗脸不可过多，以早晚两次为宜。洁面用含脂肪多的香皂或洗面奶，护面用油脂较多的冷霜或香脂。

2. 油性皮肤

油性皮肤多见于年轻人，且男性较女性为多。这种皮肤一般肤色较深，毛孔粗大，内中藏有黑色污秽，外观粗糙，甚至有的人皮肤呈橘皮样病变。生理特点是皮脂腺发达，皮脂分泌旺盛，面部及头发油光发亮，自觉油腻不爽，常出现痤疮和面疱，很容易受到空气中不洁物质的污染。

护理关键是认真彻底地洗脸，每天用温水洗脸 3～4 次，洁面用中性或偏碱性的香皂，以利于清除过剩的皮脂和污垢。整理肌肤用收敛性化妆水，它可以控制皮脂腺的分泌，并可收缩扩大了的毛孔，使皮肤变得细腻。护肤用清爽的、含水量高的化妆品，避免用含油多的膏霜，以防堵塞毛孔。

3. 中性皮肤

中性皮肤也称正常皮肤，这种皮肤具有良好的生理功能，皮脂和汗液分泌通畅、适中，皮肤丰满而富有光泽，外观亮丽光艳，对环境的刺激具有一定的耐受性，是比较理想的皮肤。在护理中，主要是保护生理性皮脂膜，使它更好地发挥功能。

4. 混合性皮肤

混合性皮肤即干性、油性同时存在于面部的一种皮肤，女性皮肤有 80％属于此种类型，且多见于 25～35 岁的年轻人。油性区多分布于额部、鼻及鼻子周围和下巴，而在其他区域则表现为中性或干性皮肤。

三、面容

面容是仪容中最重要的部分，也是仪容的重点。为了维护自我形象，有必要修饰面容。

（一）男士面容的基本要求

仪容整洁是对男性的总体要求，尽可能地使自己看起来整整齐齐，清爽干净。男士应养成每天修面剃须的良好习惯，要每天刮胡子、修剪鼻毛，清洁口腔，切忌胡子拉碴就去参加各种社交活动，尤其是外事活动，因为这是对他人不敬的行为。

（二）女士面容的基本要求

女士面容的美化主要是化妆。美容化妆是生活中的一门艺术，恰到好处的容妆，可以充分展示女性容貌上的优点。不同行业、不同层面的人，有不同的化妆风格，但从礼仪角度讲，社交妆宜淡不宜浓，宜雅不宜俗。

案例

阿美和阿娟是一所美容学校的学生，初学化妆非常感兴趣，走在大街上，总爱观察别人的妆容，因此发现了一道道奇特风景线；一位中年妇女没有做其他化妆，光涂了一个嘴唇，而且是那种很红很艳的唇膏，只突出了一张嘴。一位女士的妆容看起来真的很漂亮，只可惜脸上精彩纷呈，脖子却粗糙的马虎，在脸庞轮廓上有明显的分界线，像戴了面具一样。再看，还有的女士用粗的黑色眼线将眼睛轮廓包围起来，像个“大括号”，看上去那么的生硬、不自然。一位很漂亮的女士，身穿蓝色调的时装，却画着橘红色的唇膏。

资料来源：搜搜问问．礼仪的案例分析[EB/OL].（2014-05-17）. http://wenwen.sogou.com/z/q559281341.htm.

1. 眉毛

椭圆脸以标准眉型为首选，眉峰不宜过高，眉头可稍加强调，但不宜过浓，这样可使脸庞显得略宽而不失秀丽。长脸应选择水平眉，画法是静止的横向，以造成截断长脸的效果，从而达到增加脸的宽度的效果。

圆脸适合上升眉，眉腰至眉峰逐渐上挑，接近眉尾处慢慢细窄，并略向下弯，眉尾应稍高于眉头的水平线。这种眉型有拉长脸颊的效果，使人看起来比较瘦削。瓜子脸眉型应为自然的弧线形，眉峰宜略偏向内侧，特别注意粗细适中。三角脸眉型可选有角度的弧形，两眉头间适当拉开，眉峰的位置向外移，眉尾向鬓角延长。枣核脸眉型宜画成有特点的平圆形，宜加重眉头的分量，画眉头时在颜色和宽度上都应做适当的强调，将人们的视线吸引过来，而眉体应舒展柔和，这样有助于改善颧骨过于突出的印象。

2. 眼睛

眼睛是心灵的窗户。因此，眼睛在面试和商务场合时的作用是举足轻重的。为了使眼睛能动人而传神，应稍加修饰，但不能浓妆艳抹。眼睛小的，可以在眼睛四周轻轻地描上眼线，但不能描得太黑太深，不要露出修饰的痕迹。单眼皮者也未必一定要去拉双眼皮，有的单眼皮传达出的眼神更坦率、更亲切。如果你有近视、斜视和眨眼之类的毛病，就有必要戴上一副眼镜去面试。

3. 鼻子

面试时如果灯光太亮，会使鼻子出油发亮；如果天气太热，鼻梁上也容易出汗，可以在鼻梁上略施淡粉。有粉刺鼻、酒糟鼻和鼻炎者，最好提前到医院去诊治。平常鼻毛长的人，出门前要格外注意修剪，另外，鼻端上或眼角里不要留有污秽积物。

4. 嘴唇

嘴唇是脸部最富色彩，最生动，也是最吸引人的部分，所以无论如何要使嘴唇显得有润泽感。年轻女士宜用紫色口红，避免用大红或橙红，过于刺目的嘴唇会给人以血盆大口的印象，使人唯恐避之不及。唇线不可画得太深，那样会使嘴唇显得突出和虚假。

小贴士

根据季节选择口红颜色，春季的口红颜色最好配合于自然景象，可用橘黄色，玫瑰红，珊瑚红等；夏季最好选用淡粉红色及有光泽的唇膏，会给人以充满活力的感觉；秋季，为了表现女性柔美的肤色可用明亮的橙色；冬季的化妆宜清晰俊锐，可用暗棕色口红，强调唇部的立体感。

根据场合选择口红颜色，参加重要宴会时，最好选择看上去显得成熟稳重的唇膏颜色，要尽量避免使用有光泽的亮光类唇膏，以免给别人留下轻佻的印象；应聘面试时，要使自己看上去很认真正派，而又有责任心，唇膏以粉红色系列为佳；去户外活动，宜用珍珠系的口红，不可用有光泽的唇膏，才可体现活泼生动、富于朝气的妆面特点；参加晚会时，若想让自己表现的光彩夺目，给人以热情洋溢的感觉，就要选桃红色口红，而且中间涂含金粉的光泽唇膏。

根据服装选择口红颜色，穿黑色衣服时，要特别注重脸部的化妆，应选用粉红色或玫瑰红色唇膏，这样能较好地衬托出华丽醒目而成熟的效果；穿白色服装，选择灰褐色的唇膏，这样会显得比较成熟和稳重，若选择粉红色唇膏，显得飘逸，富有浓厚的青春气息；穿红色衣服，最好搭配同色系的唇膏，或者选用粉红色唇膏；穿紫色服装，应选用同色系的唇膏，忌用红色系唇膏。

根据肤色选择口红颜色，只宜选择暖色系中偏暗的红色，如褐红、梅红、深咖等颜色的口红，以使肤色显得白皙透明。不宜擦浅色或含银光的口红，因为浅色口红会与皮肤造成对比，而使皮肤显得更为暗淡。皮肤白皙选择冷色系的口红，如紫红、玫红、桃红等，可使人焕发出青春浪漫的神采。皮肤暗黄选择暖色系（带黄色）的口红，如暖茶红、肉桂色等，则洋溢着成熟的优雅气息。

根据女人的气质选择口红颜色，艳丽妖媚型：选择大红、深莓、薰紫的口红，冷艳剔透，散发热情性感的魅力。高雅秀丽型：选择玫瑰红、紫红或棕褐色的口红，成熟柔美中又予人知性、优雅的高贵感觉。清纯可爱型：选择以粉彩为主的淡雅色系，如珍珠粉红、粉桔、粉紫等，能很好地流露少女的纯情与活泼，切忌浓艳和强烈的色彩。

资料来源：百度经验．如何选择口红的颜色[EB/OL].（2013-10-10）. http://jingyan.baidu.com/article/5d6edee2224f8e99eadeecc2.html.

化妆美容，虽然能弥补个人容貌的一些缺陷，暂时增添几分妩媚。要想使容颜不衰，永葆花容月貌，唯一正确的方法是采取体内调和、正本清源的积极美容法。即适当参加户外体育锻炼，促进表皮细胞的繁殖；保持良好的心态与充足的睡眠，这样有助于面部皮肤的新陈代谢；注意合理饮食，从内部给予皮肤营养；坚持科学的面部护理，促进血液循环，以使面容红润。积极美容能使自己长久地保持青春的光彩，充满朝气与活力。

第二节 服饰礼仪

一、服饰穿戴原则

服饰具有极强的表现功能，在社交活动中，人们可以通过服饰来判断一个人的身份地位、涵养；通过服饰可展示个体内心对美的追求、体现自我的审美感受；通过服饰可以增进一个人的仪表、气质，所以，服饰是人类的一种内在美和外在美的统一。

（一）和谐得体原则

所谓和谐得体，是指人们的服饰必须与自己的年龄、形体、肤色、脸型相协调。只有充分地认识与考虑自身的具体条件，一切从实际出发来进行穿着打扮，才能真正达到扬长避短、美化自己的目的。不同年龄层次的人，只有穿着与其年龄相适应的服饰，才算得体。根据自己的身材选择服装，就能达到扬长避短、显美隐丑的效果。人的肌肤颜色是与生俱来而难以改变的。人们选择服饰时，就应使服饰的颜色与自己的肤色相般配，以产生良好的着装效果。

小贴士

文森·鲁阿（克里斯托弗服饰公司创始人兼CEO，职业服饰有限公司总裁）指出，你应该让自己的穿着在别人心中留下深刻印象。在职场上，没有一成不变的穿着规则。它完全取决于各种办公室的具体情况。在办公室中，首要的穿着规则是你随时可以履行任何职责。如果你需要会见客户，也许客户会穿西装，那么你就要为此做好准备。

你可以在办公室准备一套能与你的衣着相搭配的休闲外套。搭配的时候，你应该仔细斟酌一番。不过，你可以准备一套深蓝色或黑色休闲西装，它们几乎可以和任何服装搭配。如果你是销售人员，你的穿着应该比预计的档次高一档。如果预计会穿牛仔和T恤衫，你就穿熨烫平整的裤子或裙子，同时配上衬衣。如果预计会穿商务休闲装，你就穿休闲西服或正装西服。

资料来源：里奇·费里德曼．别让不懂礼仪害了你：一毕业就该懂的8大职场社交术[M]．刘小群，译．南京：江苏凤凰文艺出版社，2014：22.

（二）“TPO”原则

“TPO”是英语Time（时间）、Place（地点）与Occasion（场合）这三个单词的第一个字母。

时间的含意有三层：①指每日的早上、日间和晚上三段时间，相应的服装也分为晨装、日装和晚装；②要考虑春、夏、秋、冬四个季节的变化对着装的影响，比如夏天的服饰就应以简洁、凉爽、大方为前提，而冬季的服饰就应以保暖、轻快、简洁为原则；③要注意时代间的差异，即服饰要顺应时代的潮流，既不能食古不化，也不要过于超前。

地点是指露面的具体场所，如工作地点、购物中心、旅游景点、自己家中等。不同的地点需要与之相协调的不同服饰。比如上班应穿西服或职业装，外出旅游可着休闲服，居家则着便装。

着装还要考虑到场合，即在什么场合，人们意欲通过自己的穿着打扮给别人留下何种印象。比如应试、应聘时，最好穿西服或套装，着装颜色要素雅一些，如深蓝色、深灰色等都可以，表现出庄重、整洁的样子，使人产生成熟、干练、稳重、利落的印象。

案例

小黄去一家外企进行最后一轮总经理助理的面试。为确保万无一失，这次她做了精心的打扮。一身前卫的衣服、时尚的手环、造型独特的戒指、亮闪闪的项链、新潮的耳坠，身上每一处都是焦点，简直是无与伦比、鹤立鸡群。况且她的对手只是一个相貌平平的女孩，学历也并不比她高，所以小黄觉得胜券在握。但结果却出乎意料，她并没有被这家外企所认可。主考官抱歉地说："你确实很漂亮，你的服装配饰无不令我赏心悦目，可我觉得你并不适合干助理这份工作。实在很抱歉。"

资料来源：百度文库．礼仪案例分析[EB/OL].(2013-04-23). http://wenku.baidu.com/link?url=MFsIIpOC0zsMo6N0eNZHPEufzgdHHTwVMkguR7mFUNinnPAeguJXtZ8QA5PsDHyq2MLacfVRpFV0O3rk0mYXUZCMNriBVBPzgIuPpqaH3n_.

（三）个性原则

个性原则是指社交场合树立个人形象的要求。不同的人由于年龄、性格、职业、文化素养等各方面的不同，自然就会形成各自不同的气质，因此我们在选择服装进行服饰打扮时，不仅要符合个人的气质，还要突现出自己美好气质的一面。

打扮富有个性，要注意不盲目追赶时髦，因为最时髦的东西往往是最没有生命力的。要穿出自己的个性，不要盲目模仿别人。如看人家穿水桶裤好看，就马上跟风。而不考虑自己的综合因素。

二、女士服饰礼仪

（一）女士职业装礼仪

所谓的职业女装，是指公司、企业的女性从业人员，在其工作场合所穿着的正式的服装，它是一种职业女性的最正规的商务着装或工作装，如图 10-1 所示。

图 10-1　女性的职业装

1. 工作场合

着装要求庄重保守，最好穿套装或套裙。如果天气比较热，可选择长裙、长袖，至少是有袖的服装，以体现自己比较端庄稳重的一面。牛仔裤、旅游鞋、健美裤之类的不要在工作场合穿。

2. 社交场合

社交场合是指宴会、舞会、音乐会。在这种场合，如果你穿着很正式的制服，会破坏整体气氛。在社交场合，穿着应追求尚个性，与众不同，标新立异。这是个强调着装个性的时候，而工作时则强调着装的共性。

3. 休闲场合

休闲场合是指像逛街、锻炼身体、游玩等与工作无关的时间。这时候，着装强调舒适自然，只要不违背伦理道德，不影响个人安全，你可以随便穿。

小贴士

女士职业装穿着六禁忌

(1) 忌穿黑色皮裙；
(2) 忌鞋袜与裙装不协调；
(3) 忌穿裙装时光腿；
(4) 忌“内衣”外穿；
(5) 忌三截腿；
(6) 忌穿着暴露。

(二) 女士如何选择套裙

套裙分为两种基本类型。一是随意型，用女士西装上衣和任何一条裙子进行的自由搭配组合而成；二是成套型，由女士西装上衣和裙子成套设计制作而成。选择套裙时需要注意以下几个问题。

1. 面料

套裙所选面料最好是纯天然质地且质量上乘的面料，上衣、裙子以及背心等应选用同一种面料，套裙的面料在外观上要匀称、平整、滑润、光洁、丰厚、柔软、悬垂、挺括，不仅弹性、手感要好，而且应当不起皱、不起毛、不起球。

2. 款式

从总体上来讲，套裙的款式大致上可以分为“H”形、“X”形、“A”形和“Y”形四种。

“H”形造型套裙上衣较为宽松，裙子多为筒式。这种套裙的上衣与下裙给人浑然一体的感觉，既可以让着装者显得优雅、含蓄、帅气，也可以为身材肥胖者扬长避短。

“X”形造型套裙上衣多为紧身式，裙子则大都是喇叭式。这种套裙多用上宽下松的设计突出着装者的纤细腰部，它的轮廓清晰生动，能让着装者看上去婀娜多姿、楚楚动人。

“A”形造型套裙上衣为紧身式，裙子则为宽松式。此种上紧下松的造型，既能体现着装者上半身的身材优势，又能适当地遮掩其下半身的劣势，它在总体造型上显得松紧有致、富于变化和动感。

"Y"形造型套裙上衣为松身式，裙子多为紧身式，并且以筒式为主。这种套裙的基本造型是上松下紧，它能遮掩着装者上半身的短处，也能展示其下半身的长处。此种造型往往会令着装者看上去亭亭玉立、端庄大方。

3. 色彩

在色彩上，套裙应当以冷色调为主，借以体现着装者的典雅、端庄与稳重。标准的套裙色彩不仅要考虑着装者的肤色、形体、年龄与性格，还要与着装者从事活动的具体环境协调一致。深色，蓝、灰、棕、黑、炭黑、烟灰、雪青等冷色，是商务女士套装色彩的最佳选择。

套裙的色彩有时可以不受单一色彩的限制，上衣和裙子可以是一色，也可以采用上浅下深或上深下浅的两种不相同的色彩。有时，即使上衣裙子是同一色的，也可以采用不同颜色的衬衫、领花、丝巾等来加以点缀，以避免套裙的呆板。需要注意的是，一套套裙的颜色最多不要超过两种，否则会给人一种杂乱无章的感觉。

4. 图案

商务女士在选择套裙时，讲究的应是朴素与简洁。商务女士在正式场合穿着的套裙，应不带有任何图案。如果出于个人喜好，则可选择以各种或大或小的圆点、或明或暗的条纹、或宽或窄的格子为主要图案的套裙，不应选择以符号、文字、花卉、宠物、人物为主体图案的套裙。

5. 尺寸

一般来说，套裙的上衣与裙子的长短并没有具体界定。传统的观点是裙短则不雅，裙长则无神。最为理想裙子的下摆正好抵达着装者小腿肚子上最为丰满之处。商务女士在选择时，主要考虑的是个人偏好、身材特点以及流行时尚，但选择时尽量上衣不宜过长，下裙不宜过短。套裙中的超短裙，裙长应不高于膝盖15厘米。

6. 点缀

商务女士的套裙上不宜添加过多的点缀，否则会显得烦琐、杂乱，还会使穿着者有失稳重。总的来说，套裙上的点缀宜少不宜多、宜简不宜繁、宜精不宜糙。

（三）女士如何佩戴饰物

饰物的选择要以服装为依据，要与服装整体风格保持一致，饰物应简单大方，更容易达到一种完整性、和谐性。饰物的佩戴应点到为止，恰到好处；应扬长避短，显优藏拙；应突出个性，不盲目模仿。

1. 戒指

戒指又称指环，是手指的装饰品。国际上较为通行的佩戴规范是把戒指戴在左手上，拇指不戴戒指。作为特定信念的传递物，戒指的不同戴法，表达其不同的约定含义。戴在食指上，表示无偶求爱；戴在中指上，表示已经恋爱；戴在无名指上，表示订婚或结婚；戴在小指上则表示独身。

2. 项链

佩戴项链时，要注意与自己的年龄、头型、脖颈相协调。脸长脖细的女性，可选择一条短小而圆浑的项链，从而使脸型变宽，增加美观效果；圆脸型、脖子粗短的女性，宜佩戴略长一点而颗粒小的项链，从而产生拉长脸部的视错觉，以弥补颈项之不足。

3. 耳环

佩戴耳环应讲究其对称性，即每只耳朵上佩戴一只耳环，而不宜在一只耳朵上佩戴多只耳环。佩戴耳环还应兼顾脸型，脸型和耳环的形状要成反比，即“反其道而行之”。圆润脸庞不宜戴又圆又大的耳环，适宜选用链式耳环或耳坠；方脸型宜选用小耳环或耳坠，不宜戴过于宽大的耳环；长脸型的人宜选用宽宽大大的耳环，不宜戴长而下垂的耳环；而瘦小脸型的人，则适宜戴大而圆的耳环，或珠式耳环。

4. 手镯和手链

一般情况下，手镯可以戴一只，也可同时戴上两只。戴一只时，通常戴在左手上。戴两只时，可一只手戴一只，也可同时戴在左手上。男士一般不戴手镯。手链男女均可佩戴，但仅限戴一条且戴于左手。一只手上同时戴两条手链，双手同时戴手链，手镯手链同时佩戴，都是不适宜的。另外，手表与手镯、手链也不能同戴在一只手上。

5. 胸针

胸针指人们佩戴在胸前的装饰品，多为女士所用，主要用于宴会、招待会、开业典礼等场合。胸针应该戴在第一、第二两粒扣中间平行的位置上，一般戴在左侧。如果是无领的服装，或是向左偏的发型，胸针也可戴在右侧。另外，钻石胸针属于女性晚间的装饰首饰，不能白天佩戴。

三、男士服饰礼仪

西装是一种国际性服装，是世界公认的男士正统服装，在商务场合穿着广泛，如图 10-2 所示。西服七分在做，三分在穿。穿着西服有一整套严格的礼节。

（一）男士西装的穿着要领

1. 熨烫平整

线条笔直、熨烫平整挺括的西装穿在身上显得美观而大方，而脏兮兮、皱巴巴、美感尽失的西装穿在身上定会“惨不忍睹”。除了定期对西装进行干洗外，还要在每次正式穿着之前，对其进行认真的熨烫，使其平整。

图 10-2 男士西装图

2. 拆掉商标

在西装上衣左边袖子的袖口处，通常会缝有一块商标。有人误认为袖子上有此一横是名牌的标志。其实，西装穿了很久商标依旧没有拆掉，会见笑于人，有招摇过市之嫌。在正式穿西装之前，一定要将商标先行拆掉。

3. 系好纽扣

穿西装时，上衣纽扣的系法尤为讲究。西装有单排扣和双排扣之别，其系法也有不同的要求。双排扣西装是不能敞开怀的，无论站起来还是坐下，其纽扣都应系上。而穿单排扣西装的要求是站起来时系好，以示郑重；坐下来之后则要解开，以防西装扭曲走样。单排扣西装又有一粒扣、两粒扣、三粒扣，甚至四粒扣的区别。一般来讲，单排扣西装的系法是“扣上不扣下”，即最下面的扣子不系。

4. 少装东西

通常，西装上的口袋都有着各不相同的作用。上衣左侧的外胸袋除可以插入一块用以装饰的真丝毛帕外，不应再放其他任何东西。而钢笔、钱夹或名片夹等可以放在内侧的胸袋，但不要放过大过厚的东西或无用之物。外侧下方的两只口袋，原则上以不放任何东西为佳。西装的口袋应该尽量少装东西，这样可以保证西装在外观上平整、不走样。

小贴士

西装穿着要讲究“三个三”，即三色原则、三一定律、三大禁忌。

三色原则是指男士在正式场合穿着西装时，全身颜色不能多于三色。

三一定律是指男士穿着西装外出时，身上有三个部位的颜色必须协调统一，即鞋子、腰带、公文包的色彩必须统一起来。鞋子、腰带、公文包皆为黑色是最理想的选择。

三大禁忌是指在正式场合穿着西装时，袖口上的商标未拆，穿着夹克打领带，袜子出现了问题。

（二）衬衫与西装的搭配艺术

在正式场合，衬衫要配西装外套。穿长袖衬衫可以打领带，而穿短袖衬衫则一般最好不要打领带。不管是刮风下雨还是酷热，一定要穿外套，因为长袖衬衫只限于室内活动。男士在穿衬衫时，不要将衬衫下摆露在外面，也不可随便塞在裤腰里，要把下摆均匀地掖到裤腰里。穿衬衫时，袖子不可以挽起来。

一般情况下，衬衫袖子要长于西装袖子，最好在西装袖子外面露出1～3厘米，衬衫领应高出西装领1厘米左右。在打领带的情况下，所有纽扣都应扣好，只有在不打领带时，才能解开衬衫的领口纽扣。西服衬衫一定要大小合身，不能短小紧身，也不能过分宽松肥大。

（三）男士佩戴领带的艺术

在条件允许范围内，应尽量选择真丝或者羊毛制成的领带，其次是工艺较好的棉、麻制成的。灰色、蓝色、黑色、棕色、紫红色等单色领带都是十分理想的选择。紫红色显得比较喜庆，而灰色、蓝色显得比较庄重。领带的选配应与个人的年龄、爱好以及西装的颜色和谐一致，应尽量选择单色无图案的领带，或者是以圆点、方格、条纹等规则的几何图形为主要图案的领带。

若选择条纹领带，应尽量选择斜纹、纵纹、横纹等，其中斜花纹使用者较多。领带的款式有箭头和平头之别。箭头领带就是领带的顶端有一个三角形的箭头，属于正装领带；平头领带就是领带的下端是平的，适应于非正式场合。

（四）鞋袜和西装的搭配艺术

选择与西装相配的鞋子，只能是皮鞋，不能穿凉鞋，更不能穿拖鞋。在正式场合所穿的皮鞋，应当没有任何图案、装饰，按照惯例应为深色、单色。正装皮鞋的颜色一般要选黑色，黑色鞋被认为是万能鞋，它能配任何一种深颜色的西装。鞋通常有时装皮鞋、休闲皮鞋和正装皮鞋的分法。

一般正装皮鞋都是光面的，三接头的，系带式的皮鞋。商界男士的皮鞋款式，理当庄重而正统。根据这一要求，系带皮鞋是最佳的选择，船形皮鞋、盖式皮鞋、拉锁皮鞋等各类无带的皮鞋，都不符合这一要求。

袜子与西装的搭配不能忽视。通常，深色的袜子可以搭配深色的西装，也可以配浅色的西装。浅色的袜子能配浅色的西装，但不宜配深色西装。切勿用白色袜子配西装。无论什么场合，一定要穿成双的袜子。千万不要把原非一双的袜子随意穿在一起，尤其是色彩和图案有差异时，更是贻笑大方。袜子务必一天一换、洗涤干净，以防止产生异味而令自己难堪，令他人难忍。穿袜之前，一定要检查有无破洞，有无跳丝。如果有，定要及时更换。

（五）男士如何佩戴饰物

男士的饰物应少而精致，男士的饰品都有什么呢？首先，是手表；其次，男士的公文包也很有讲究。除此之外，比如钱夹、领带夹、装饰性袖扣、名片夹等，都是比较讲究的饰品。

1. 男士手表

在重要的场合穿西装时，要佩戴正装手表。正装手表一般是机械表，在款式上比较庄重，而不是电子表。要避免戴时装表、大碗表之类的手表。在颜色上，一般宜选择单色手表或双色手表，不应该选择三色或三种颜色以上的手表。不论是单色手表还是双色手表，其色彩都要高贵典雅、清晰。金色表、银色表、黑色表，即表壳、表带带有金色、银色、黑色的手表，是最理想的选择。另外，表的品牌要尽量与自己的社交地位、收入以及身份相吻合。

2. 公文包

手提式的公文包是最标准的公文包。一般要使用真皮的公文包，以牛皮、羊皮制品为最佳。色彩以深色、单色为好，一般情况下，黑色、棕色的公文包，是最正统的选择。

3. 皮夹和名片夹

如果经济实力允许的话，可以购买好的皮料、好的品牌。颜色上，深咖啡色和黑色含有华贵之感，是最理想的选择。名片夹是用来装自己的名片或他人给予的名片的，以皮制的最好，金属的次之。

4. 装饰性袖扣

所谓的装饰性袖扣，是在法式衬衫袖口用的。装饰性袖扣一般都是贵金属材质，纯金、白银甚至白金之类的，价格不菲。一般在正式的场合才戴。

5. 领带夹

专业的说法，用领带夹的人往往是有特殊身份的人，一种是穿制服的人，一种是大人物。一般人是可以不用的。当然，用领带夹也是有讲究的。夹领带夹的标准位置是领带打好之后的黄金分割点，也就是领带的三分之二处。

第三节 仪态举止礼仪

在交往中要充分利用体态语言，举止落落大方，姿态合乎规范，充分展示个人的精神力量和仪表风度，使对方有一种美的感受，创造和谐的气氛，达到思想和审美共鸣的境界。

一、标准站姿

优美的站姿是培养身体语言的起点，是培养动态美的基础，站立时保持端正的姿势，优雅的神态和怡然的表情，会给人一种挺拔健美、精力充沛和积极向上的印象。

（一）男士标准站姿

1. 男士标准站姿要求

根据标准站姿的要求，男性站立时，身体要立直，挺胸抬头、下颌微收、双目平视、两膝并严、脚跟靠紧，脚掌分开呈“V”字形。挺髋立腰、吸腹收臀、双手置于身体两侧自然下垂，从头到脚成一条线；或者两脚微分，但不能超过肩宽。这样站使男士如挺拔的青松，显得刚毅端庄，精神饱满，如图 10-3 所示。

2. 男士站姿礼仪

站着进行交谈时，如果空着手，则可双手在体前交叉，右手放在左手上。若手上拎着皮包，则可利用皮包摆出优美的姿势。同时还要注意，不要双臂交叉，更不能两手叉腰，或将手插在裤袋里或下意识地做小动作。当与外宾交谈时，要面向对方站立，且保持一定的距离，太远或过近都是不礼貌的。向长辈、朋友、同事问候或做介绍时，不论握手或鞠躬，双足应当并立，相距约十厘米左右，且膝盖要挺直。

穿礼服时，最好不要双脚并列，要让两脚之间前后距离 5 厘米，以其中一只脚为重心。等车或等人时，两脚的位置可一前一后，保持 45°角，这时的肌肉要放松且自然，但仍要保持身体的挺直。

图 10-3 男士站姿

小贴士

男士站姿禁忌

1. 双手不要叉腰或交叉抱于胸前，更不要放在裤子口袋里。
2. 双腿交叉站立或抖动都是一种轻浮、漫不经心的举动，极不严肃。
3. 双脚不要呈“人”字步或“登踩式”。
4. 不要弯腰驼背。
5. 不要浑身扭动，东张西望。

（二）女士标准站姿

女性的标准站姿是全身直立，双腿并拢，双腿并拢，双脚微分，双手贴放在腹前，抬头、挺胸、收腹、目视前方。这种站姿会使女士在站立时优雅动人。

案例

台湾名模陈思璇曾被身边人笑称为“台步女王”，这自然与她的职业有关。作为职业模特，她需要经常出入各大秀场，有时一天要走好几场秀。许多模特一下T台就会放松紧绷的神经，抓紧时间休息，而陈思璇却仍然像“电线杆”一样站着，丝毫不觉得累。

在被问及为什么如此注意自己的站姿时，她笑道：“其实我也试过别人认为舒服的姿势，可是已经习惯挺胸抬头的我一放松下来就很疲惫，还不如挺胸抬头来得舒服。大家叫我‘台步女王’，不过我认为站姿是一切美姿美仪的基础，如果一个人站得懒散，是很难成为美女的。”

韦甜甜．女人，你要美丽到老[M]．北京：台海出版社，2015：123.

1. 女士标准站姿要求

双脚的脚跟应靠拢在一起，两脚的脚尖应距离10厘米左右，其张角为45度，成“V”形。两只脚还可以一前一后，前一只脚的脚跟轻轻靠近后一只脚的脚弓，将重心集中于后一只脚上，成“丁”字步，切勿两脚分开，甚至平行状，也不要将重心分配在两只脚上。

正式场合双膝应挺直，而非正式场合则伸在前面的那一条腿的膝部可以略为弯曲，以为“稍息”。但是不论处于哪一种场合，双膝都应有意识地靠拢。这样才能确保双腿自上而下的全方位并拢，并使髋骨自然上提，避免双腿“分裂”、臀部撅起等极不雅观的姿势。双手站立时若非拎包、持物，则最好是将右手搭在左手上，然后贴在腹部，同时应当注意放松双肩，使双肩自然下垂，不要耸肩、斜肩或是弯臂、端肩，如图10-4所示。

胸部在站立时应略向前方挺出，同时注意收紧腹肌，并挺直后背，使整个身体的重心集中于双腿中间，不偏不斜。这样不仅看起来精神振奋，线条优美，而且也不会出现凹胸、挺腹、弓背等难看的姿势。下颌要微内收，脖颈要挺直，双目要平视前方，以便使自己显得自然放松。不要羞于抬头正视于人，好像做了“亏心事”一样；也不要下颌高扬，用鼻孔“看人”，给人以目空一切之感。此外，还要避免探脖的恶习。

图 10-4　女士站姿

2. 女士站姿礼仪

正式场合的站立，一般采用立正的姿势或丁字步，这时丁字步的重心不一定要放在前面的左脚上，可以同时放在左右腿上，右手握住左手手背，垂放于腹部并稍微上提。向人问候或做介绍时，无论握手或鞠躬，双脚应当并立，相距 10 厘米，膝盖要挺直；等车或等人时，两脚的位置可一前一后，保持 45 度，身体要挺直。

穿礼服或旗袍时，双脚之间前后相距约 5 厘米，以一只脚为重心，不可双脚并立。工作期间，带文件时，应把文件放在身侧，双手轻扰；如双手拿文件时应将文件放在身体一边，用双手轻扰；没有文件时，右手轻轻叠放在左手手背上，双手轻靠在腰下，眼光平和地注视对方或正前方，略含微笑，给人优美亲切的感觉。

小贴士

女士站姿禁忌

女士在站立时，切忌双脚叉开，交叠或呈内外八字；脚不可在地上不停地划弧线；姿势不要常常变更，也不要东倒西歪地将身体倚在其他物体上；不要躬腰驼背或挺腹后仰，也不要与别人勾肩搭背地站着；两手不要插在裤袋里或叉在腰间，也不要抱臂于胸前。

二、标准坐姿

正确规范的礼仪坐姿要求端庄而优美，给人以优雅、稳重、自然大方的美感，传递着热情、自信和友好的信息。男士的坐姿要“坐如钟”，即坐相要像钟一样端庄稳重；女士的坐姿要“坐如芍药”，优雅大方。

（一）男士坐姿

男士入座后，人体重心要垂直向下，腰部挺起，上身垂直，不要给人以“瘫倒在椅子上”的感觉。坐时，大腿与小腿基本上成直角，两膝应并拢，或微微分开一拳左右的距离，两脚平放于地面，两脚间距与肩同宽，手自然放在双膝上或椅子扶手上，头平稳，目平视。需要侧坐时，应让上体与腿同时转向一侧，头部向着前方。如有需要，可交叠双腿，但一般是右腿架在左腿上。注意，一般社交场合最好避免使用这一姿势，因为那会给人以显示自己地位和优势的不平衡感。

案例

有一名美国华侨，到国内洽商合资业务，洽商了好几次，最后一次来之前，他曾对朋友说："这是我最后一次洽商了，我要跟他们的最高领导谈，谈得好，就能够拍板。"过了两个星期，他又回到了美国，朋友问："谈成了吗？"他说："没谈成。"朋友问其缘由，他回答："对方很有诚意，进行得也很好，就是跟我谈判的这个领导坐在我的对面，当他跟我谈判时，不时地抖着他的双腿，我觉得还没有跟他合作，我的财都被他抖掉了。"

资料来源：范文网．服务礼仪案例 40 例[EB/OL]．http://m.fwjia.com/canyinziliao/1326/250847.html．

（二）女士坐姿

男女坐姿大体相同，只是细节上略为有些差别。女士就座时，要根据座椅的高低调整坐姿，双脚可正放或侧放，并拢或交叠，但必须切记：女士的双膝应并拢，任何时候都不能分开。穿裙装入座前要用手拢一下裙子再坐。女士入座，通常有以下几种坐姿，如图 10-5 所示。

图 10-5　女士坐姿

小贴士

坐姿禁忌

1. 上身不要后靠椅背。
2. 双脚不要张开、交叉或抖动。
3. 双手不要随意摆放。
4. 要避免一些不合礼仪的举止体态。例如随意脱下上衣，摘掉领带，卷起衣袖；说话时比比画画，或挪动座椅；头枕椅背打哈欠，伸懒腰，揉眼睛，搔头发等。

三、标准行姿

行姿亦称走姿，指人在行走的过程中所形成的姿势，规范的走姿具有动态美，是流动的造型，最能体现一个人的精神面貌。古人说“行如风”，即走起路来要像风一样轻盈、矫健。走路应步伐轻快、不慌不忙而显得稳重大方。

案例

某企业女老总，曾去一家大型企业参观，给她带路的是一位入职不久的女孩，她很热情，性子也急。在一行人当中，她走得最快，不大工夫就遥遥领先，迫使她们不得不气喘吁吁地跟在后面，最后一场参观搞得像赶集一样。

韦甜甜．女人，你要美丽到老[M]．北京．台海出版社，2015:129.

正确的行姿应该是步履自然、轻盈、稳健，腰身挺拔，头要平稳，肩要放松，两眼平视，面带微笑。基本要领：以胸领动肩轴摆，提髋提膝小步迈，跟落掌接趾推送，双眼平视背放松。具体应该注意以下几点。

(1) 头正颈直，双目平视，面带微笑收下颌，表情自然平和。

(2) 双肩平稳，两臂自然下垂，手指自然弯曲，摆动时要以肩关节为轴，上臂带动前臂向前，手臂要摆直线，肘关节略屈，小臂不要向上晃动，向后摆动时，手臂外开不超过30度，前后摆动幅度为30～40厘米。

(3) 上身挺直，挺胸收腹，重心稍向前倾。身体在行走时，要保持平稳，不要左右摆动，要使自己的腰部至脚部始终保持挺拔的形态。

(4) 步位直。步位是指行走时，脚落在地上的位置。在行走时，向前伸出的脚应保持脚尖向前，不要向内或向外，双脚行走的轨迹大体保持在一条直线上。女士行走时，最好的步位是两只脚踩在一条直线上；男士则是两脚的轨迹是两条平行线。

(5) 步幅适度，步韵平稳。步幅是指行走时两脚间的距离，具体指一脚踩出落地时，脚跟离后脚尖的距离。一般来说，步幅等于自己的脚长，身高超过1.75米以上的人，步幅约为一脚半长。在商务活动中，商务人员要展示自身沉稳大方的气质，行走时必须保持匀速前进，同时显得有节奏感。男士要挺拔干练，显出阳刚之美，步幅通常较大；女士要优雅大方，显出阴柔之美，通常步幅较小。

小贴士

行姿禁忌

方向不定，忽左忽右；抢道先行，横冲直撞；速度多变，勾肩搭背；声响过大，制造噪音；身体僵硬或过分摇摆；双手插兜或背在身后；膝盖僵直，双脚擦地；内八字或外八字。

四、握手礼仪

握手礼是大多数国家相互见面和离别时的礼节，是在商务活动中使用最多的也是最灵活方便的行为语言，有极强的表现力。既大方又优雅地与人握手，是一种交际艺术。一个令人愉快的握手，感觉是坚定、有力，代表能够承担风险，更重要的是能够负责任，以诚挚、热情的握手，来显示认识别人是多么高兴。

1. 标准握姿

在人们互致问候之后或问候之时，双方各自伸出自己的右手，彼此之间保持一步左右的距离，上身要略微前倾，注视对方，伸出的右手应四指并拢，拇指自然向上张开，紧握对方的手，伸出手时稍带角度，双方虎口（大拇指与手掌连接的关节处）应互相接触。一旦接触，应轻轻放下拇指，用其余四指包住对方的手掌，如图 10-6 所示。

握手要坚定有力，上下轻摇，晃动两至三下即可，然后松开。握手时间，一般三秒至五秒为宜，如果初次见面，时间不宜过长，以不超过三秒为宜。男士与女士握手时间不宜过长，握住女士的手不放，是很不礼貌的。握手时双方的目光应热情友好地注视对方，不要东张西望，心不在焉、上下打量，也不要嘴叼香烟或一只手插在口袋里，尤其是对待女士，最好是边握手边问候致意："您好！""见到您很高兴！""恭喜您！""辛苦啦！""谢谢！"……

图 10-6 握姿礼仪

2. 握手顺序

在正式场合，握手时伸手的先后顺序颇为讲究，一般讲究"尊者决定"，即由身份尊贵的人决定双方有无握手的必要。正确的顺序是：尊者居前。尊者居前：上级在先、主人在先、长者在先、女性在先（进门主人先伸手，离别客人先伸手）然而，在朋友、平辈人之间，一般是谁伸手快，谁更有礼。

此外，遇到祝贺对方，宽慰对方或谅解对方，应主动伸手。但是，无论什么人如果忽略了握手礼的先后次序而已经伸出了手，对方都应该毫不迟疑地回握。

3. 握手的时机

一般来说，握手的时机包括：当被介绍给某人以及与别人道别时；当客户、顾客、卖主或其他人进入你的办公室时（当然与你共进午餐、多次出入你的办公室的人不必握手）；碰见一个很久未见的人，比如其他部门的一位同事时；走进某个会场被介绍给与会者时；会议结束后互相道别以及重申已达成协议时等。

课堂实践

1. 实践内容：行为举止礼仪的学习活动。

2. 实践目的：通过组织各种举止姿势练习，提供站姿、坐姿、行姿、握手等自我表现，纠正不正确的举止，掌握正确的举止礼仪。

3. 实践环节：将学生按照性别和人数分成若干小组，练习站姿、坐姿、行姿、握手，互相指出存在问题，并进行示范。

4. 技能要求：掌握标准站姿、标准坐姿、标准行姿、标准握姿等基本的举止礼仪常识，树立自身良好的形象。

拓展阅读

各国女人追求不一样的完美

不同的国家、不同的民族对美的看法不尽相同，不同国家中不同性别的人对美的态度也大相径庭，而不同国家的女性对美的态度则相差甚远。

委内瑞拉女人：热衷选美

众所周知，委内瑞拉人十分注重外表。一项针对 30 多个国家的调查表明，委内瑞拉不管男人还是女人都是世界上最爱美的人，他们用在脸上的化妆品是别的国家的人所无法比拟的。美容师卡布雷拉曾经这样说过："这里的人很穷，但是你要上一辆公共汽车的话，里面就充满了名贵香水的气味，委内瑞拉人可以不吃饭，但不能不精心地打扮自己。"

的确如此，一项市场调查显示，委内瑞拉人把收入的五分之一用于美容和服饰上。因而"再穷也不能穷脸蛋"的说法在委内瑞拉十分流行。

正因为委内瑞拉人爱美，委内瑞拉也成为一个美女辈出的国度，当然女人热衷选美也就顺理成章了。

参加选美历来成为女性最大的梦想。于是，美女加工厂成了委内瑞拉一道独特的风景线。训练优雅的仪态，塑造完美的形体，学习日常的梳妆打扮成为美女候选人每天必做的功课。一旦成为某个选美大赛的得奖主，命运之神也许就会从此降临，改变一生的命运。

韩国女人：以整容为美

韩剧的流行，令中国人对韩国女性有了一份"惊艳感"。其实这些漂亮的韩国美女，绝大部分都是靠"整形"整出来的。

据韩国媒体报道，近年来整容在韩国日益风行，不但许多影视明星和歌手坦承做过整容手术，还有许多韩国女演员也传出"挨刀"的新闻。整容风从演艺圈刮起，使 90%的韩国大牌艺人都狠下心在身上动刀，不管是歌手还是明星，几乎没有不动刀的。

目前这种整容风已经从演艺圈吹向了普通的工薪阶层。

针灸以前被用来治病，但现在却成为韩国女性快速减肥的方法，被针扎几下还不算什么，不少人还宁愿为美开刀。根据统计，13%的韩国女性都动过整容手术，这个比例高居全亚洲第一。为了登上美的顶峰，韩国女性不怕开刀，比较受欢迎的项目包括割双眼皮和抽脂消除萝卜腿。

中国女人：以典雅为美

中国有上下五千年的悠久历史。在这个泱泱大国，也有着源远流长的美容传统。然而，由于男权社会的压迫，中国历史制造的是笑不露齿、足不出户的病态闺阁美人。然而时至今日，健康的典雅美正成为中华民族女儿们的新追求。在中国人的眼里，典雅温婉的大家闺秀是最赏心悦目的。无怪乎，淡妆和旗袍在中国极为盛行，成为典雅美的标志妆容、着装。

美国女人：以性感为美

在美国，性感充斥着整个世界。性感美女在美国大行其道。广告中、街头上、电影里到处是性感女郎。连其举办的奥运会都灌以性感的称谓：性感奥运。同时，还出现了许多令人瞠目结舌的名称，如性感电脑网络迷、大学校花性感挂历，真是应有尽有。

不仅如此，美国女人为了达到性感的要求，总将自己的美化工作交给专业人士，她们愿意到美容美发店中享受从头到脚的服务：面膜、美甲、脱毛……也不惜花费大价钱整容，以求丰胸肥臀，给人以性感美的外表。

没有神采的美人是不美丽的。所以，美国的 SPA 文化风行已久，美国女人总是在 SPA 里，给自己充电，恢复摄人的魅力。

波兰女人：时刻保持俊美

波兰女性的美世界闻名，她们爱美的习俗更令人惊叹。年轻女人好美，并时时注意自己的妆容和服饰。可是，即使是年逾花甲、银丝飘飘的老妪，出门丢一个垃圾袋，也会将自己打扮得整洁、明亮。在波兰女人的心目中，时刻保持俊美已深深扎根在人们心里。

芬兰女人：以参政为美

芬兰女人从不信女子弱于男。女性对美的态度不仅仅停留在穿衣打扮上，而是热衷于参政。在上届议会 200 位议员中，妇女占 77 位。在内阁中，有 5 位女部长，并且有世界上唯一的女国防部长埃·雷恩。女兵占军人总数的 20%。

日本女人：以洁白为美

如果说西方美人是金色、绚丽、闪亮的，那么日本的美人则是洁白、晶莹剔透的。洁白无瑕的面容是日本女人终身的课程。当日本女人在一起时，议论最多的可能也是如何美白，抑或是交流美白经验和教训。所以，美白产品在日本也就成了最受欢迎的产品，永远占据着巨大的化妆品市场，如最大的日本化妆品厂家资生堂的美白产品，就是日本女人化妆包里的必备品。

西班牙女人：以力量形体为美

西班牙女性也许是爱看斗牛的缘故吧，力量形体在她们眼中是最有魅力的。她们不仅爱看斗牛，而且还积极投身于斗牛活动中。曾经有一位斗牛士的妻子莫雷成立了一个女斗牛士协会，并且招募勇敢的女性加盟。虽然由于社会舆论强大，真正加入者寥寥无几，但西班牙女人以健壮为美的价值观却昭然若揭。

法国女人：以优雅为美

法国女人是美丽国度最执着的追求者。即使在她们还是孩子的时候，她们就学会了关注自己的皮肤和身体，母亲们为自己年轻的女儿预定美容课程非常普遍。从十几岁开始，法国女人就开始使用丰胸以及其他身体产品，她们花在美容和皮肤护理上的时间比任何国家的女人都要多。因而法国有了“美女王国”的美称。

法国女人以优雅为美。为了保持优雅的仪表，化妆当然必不可少。年轻时以淡妆示人。年老后，为了保住青春美丽，于是越老的越化妆，越丑的越花钱整容。因此也有人说，法国女人不是人美，而是香水和化妆品美。

资料来源：韦甜甜．女人，你要美丽到老[M]．北京：台海出版社，2015：159-161.

第十一章

接待访问礼仪

学习目标

1. 了解接待礼仪的原则；
2. 掌握具体活动的常规礼仪；
3. 掌握设宴的过程及在设宴过程中的礼仪。

技能要求

1. 能按照礼仪的要求，提高自身在接待、拜访、馈赠和宴请等环节的礼仪素质；
2. 熟练掌握接待和拜访的具体礼仪要求；
3. 掌握宴请程序及相关礼节，开展宴请活动，促进活动的顺利进行。

引导案例

失败的聚会

李刚忽然接到同学张鑫磊的电话，问他什么时候来参加自己的生日聚会，这时李刚才想起自己答应了今晚参加他的生日聚会。于是匆匆忙忙赶到聚会地点，发现来的人很多，有一些相识的同学，但也有很多不认识的人。李刚一整天在外奔波，衣服穿得很随便，加之连日来事情很多，脸上也满是疲惫之色。当李刚随随便便，拖着有些疲惫的步子走进聚会厅时，看到别人都衣着光鲜，神采飞扬，不觉心里有点不快，后悔自己勉强过来参加聚会，所以脸色更是难看，没有一点笑容。张鑫磊过来招呼李刚，李刚勉强表达了祝福，便坐在一旁喝了几杯啤酒，也不想与人寒暄，坐了一会便又借故离开了。

案例点评：

在面对赴宴时，要注重赴宴礼仪。在接受他人邀请后，如因故不能出席，应深致歉意，或登门致歉。作为宾客，应略早到达为好，且应在参加前做好仪容准备工作。席间应与主人和同桌亲切交谈。告辞时间不宜过早。而李刚在劳累时不应该勉强出席。而后，他匆忙赶到聚会厅，且衣着随意，显示出他对宴会的不重视。在宴会中，面无笑容，且提前离开都显示出他的不礼貌。既影响自己的心情，让自己过于疲惫，又影响他人心情。是失败的社交事件。

资料来源：百度文库．礼仪案例分析[EB/OL].(2014-05-04).http://wenku.baidu.com/link?url=Tw5Ja_Pv7uRfI86V5KonP5GocIkJ5KMiFbDvK0HaROw0BhzQ5EEXeyS7x9cPPsmvvSlmPzHbXLLAp4Ip4AhrayQiNWtmbYsmUVoHa88d21O.

第一节 接待礼仪

虽然不同企业之间有激烈竞争，但也存在着密切的合作，业务交往包括参观学习等，十分频繁。从接待礼仪来讲，在商务往来中“来的都是客”，不论客方平时与己方关系如何，都应以礼相待。

一、接待原则

为了以礼接待商界同人，必须按照礼仪的惯例和规范，在接待工作中，坚持身份对等和讲究礼宾秩序的原则。

1. 注意身份对等

身份对等，是商务礼仪的基本原则之一。根据身份对等的原则，我方出面迎送来宾的主要人员应与来宾的身份大体相当。我方人员在与来宾进行礼节性会晤或举行正式谈判时也必须使我方到场的人数与来宾的人数基本上相等。

另外，我方在为来宾安排宴请活动或为其准备食宿时，亦应尽量使之在档次、规格各方面与来宾的身份相称，并符合客人们的生活习惯，体现东道主对客人的关心与照顾。在接待外商时，更应注意这一点。

2. 讲究礼宾秩序

礼宾秩序所要解决的是多边商务活动中的位次和顺序的排列问题。在正式的商务活动中，礼宾秩序可参考下列四种方法，按照来宾身份与职务的高低顺序排列，按照来宾的姓氏笔画排列，按照有关国家或企业名称的英文字母的先后顺序排列，按照有关各方正式通知东道主自己决定参加此项活动的先后顺序，或正式抵达活动地点的时间的先后顺序排列。

案例

习近平今起访英 英王室三代成员将接待

2015 年 10 月 19 日，国家主席习近平和夫人彭丽媛启程访英。从英方公布的日程安排来看，英国为此次习近平到访准备的迎接仪式可谓异常隆重。从接机到送机，英国皇室将进行最高规格的接待，欢迎习近平主席的到访。本报将为您一一解读习近平访英 4 天 4 夜的行程内容。

习近平主席访英日程安排如下。

10 月 19 日习近平抵达伦敦。

10 月 20 日英国女王会见习近平夫妇，并举行隆重欢迎仪式。

上午，习近平夫妇乘坐皇家马车经皇家大道前往白金汉宫。

中午，由女王招待私人午宴。

下午，习近平将前往英国议会大厦并发表演讲。

之后，威廉王子夫妇将亲自迎接并陪同参观传统艺术学院，一同品尝英国下午茶。

晚上，女王在白金汉宫举行盛大国宴。

21日习近平参观帝国理工学院。

威廉王子夫妇陪同习近平夫妇参加有关中英创意产业交流活动。

中午，习近平会晤英国首相卡梅伦。

下午，首相卡梅伦陪同习近平出席伦敦金融城的英中商业峰会。

晚上，由约克公爵陪同，习近平将出席伦敦市市长为他设的晚宴。

22日一早，习近平夫妇在白金汉宫正式与女王夫妇话别。

上午，由约克公爵陪同，参观卫星通信公司。接着，习近平与约克公爵将一同出席在东方文华酒店举行的孔子学院研讨会。

晚上，习近平夫妇将前往英国首相别墅拜访，与卡梅伦夫妇共进晚餐。

23日前往曼彻斯特访问，将参观曼彻斯特大学和曼城足球俱乐部。下午结束访英行程回国。

名词解释

皇家马车

皇家马车是女王使用的御辇，只供王室成员和重要宾客使用。女王马车一般会由皇家骑兵卫队护卫左右。在伦敦访问期间，习近平主席参加王室活动将全程乘坐皇家马车。

皇家礼炮

皇家礼炮队将在女王欢迎仪皇式上鸣放41响礼炮，其中21响为欢迎习近平，20响表明是王室的客人。在伦敦塔塔桥还将再放62炮响礼炮，两处共103响礼炮，

迎接习近平　王室三代齐上阵

距离中国国家主席上一次访英已有10年。习近平主席此次行程十分紧凑，4天中将出席近20场公开活动。其中，既有皇家传统仪式，也有首脑会谈、文体活动等。

此次英国王室出席阵容奢华，王室三代众多成员将出席参加接待习近平主席，包括女王伊丽莎白二世、菲利普亲王、查尔斯王子夫妇、威廉王子夫妇、女王次子安德鲁王子等。

鸣放礼炮103响　规格超以往

鸣放礼炮是国际上惯用的外交礼节，主要用于外事活动，表示欢迎、致敬或答谢等，21响礼炮是其中最高规格。

此次访问在规格上超越以往的一项特殊安排是将鸣放103响欢迎礼炮，其中分为绿园41响和塔桥62响。

中国驻英国大使刘晓明接受采访时表示，这也是第一次听说。在英国就是两处放礼炮，一处是在绿园，这里靠近阅兵场，相当于天安门广场，将在绿园放41响礼炮，其中21响是给国家元首的，用以欢迎习主席，再加20响表明是王室的客人；另一处是在伦敦塔桥，这里还将再鸣放62响礼炮，其中41响与绿园一样，再加伦敦城欢迎习主席的21响，所以这两处加在一起是103响礼炮，这将是一个十分隆重的仪式。

大国宴又喝茶　王室祖孙陪同

20日下午，威廉王子夫妇将陪同习近平主席夫妇共进英国传统下午茶。晚间，习近平主席将参加女王准备的盛大国宴。

女王对国宴每个细节十分关注。这是女王作为国家元首给予来访的其他国家元首的最高级别的招待。早在国事访问6个月之前，英国外交部和来访国外交部官员就已经开始频繁地接触和联络。来访国家元首个人的饮食喜好，随行人员中是否有素食者、糖尿病患者，或是对某些食物有过敏反应者，这些信息均已被仔细研究。

经过多次会议讨论，国宴的具体安排最终落实为文字并提交女王批准。其中包括可供女王选择的几套菜单、宴会邀请客人名单及餐桌座位安排等。届时，习近平和彭丽媛一般由礼宾司工作人员引导入座。

首相邀请做客　议长邀请演讲

20日，习近平主席将在英国议会发表演讲。另外，卡梅伦首相除正式会谈外，将陪同习主席出席多场在伦敦的活动，并一起前往曼彻斯特访问。卡梅伦首相还将与夫人萨曼莎邀请习主席夫妇赴首相乡间别墅做客，两国领导人将在这里举行"中英版庄园会晤"，也将成为此次访问的一个亮点。

20日下午，习近平夫妇将前往威斯敏斯特英国议会大厦，英国上下议院的两位议长将亲自迎接。习近平随后将在议会大厦皇家画廊向英国议会议员和其他宾客演讲。

参观曼城俱乐部　孙继海出席

23日，习近平将在英国曼彻斯特开始访问，将参观设在曼彻斯特大学的英国国家石墨烯研究所。

随后，习近平将与卡梅伦一起，参观"城市足球集团"，并参观曼城俱乐部。据报道，中国球星、前曼城俱乐部球员孙继海将回到队中欢迎习近平的到来。

23日下午，女王的侍从长将代表女王与习近平话别。习近平夫妇随后启程返回北京。

资料来源：凤凰资讯．习近平今起访英 英王室三代成员将接待[EB/OL]．(2015-10-19)．http://news.ifeng.com/a/20151019/45627562_0.shtml.

二、准备工作

接待的准备工作，主要指隆重的接待而言，具体需要做以下方面的准备。

1．布置场所

整齐干净的环境会让来访者感觉舒适、规范、郑重其事的感觉。如果要张贴欢迎海报，一定要事先在显眼的地方，一般的标语、广告也要贴牢，室内的图像、字画注意摆正。要准备一些文具用品和可能用得上的相关资料，如宣传简介、商品说明等，还可以适当准备一些水果、饮料、茶具。

2．了解来访者的情况

了解来访者的具体身份，便于安排接待规格。比如来访者的人数、性别、身份、所搭乘的交通工具、到达的具体时间，还应该包括饮食习惯、民族以及宗教信仰。这样的话就方便安排接待、住宿、安排商务用餐，可以一定程度上规避忌讳，减少冲突的发生。

3．确定迎送规格

确定迎送规格按照身份对等的原则，安排接待人员。对较重要的客人，应安排身份相当、专业对口的人士出面迎送；亦可根据特殊需要或关系程度，安排比客人身份高的人士破格接待。对于一般客人，可由公关部门派人员接待。

4. 安排接待人员

负责接待的人员，要品貌端正、举止大方、口齿清楚，具有一定的文化素养，受过专门的礼仪训练。接待人员的服装仪容，往往关系到个人的修养及公司的形象。

5. 自我情况的了解

要考虑到接待将要讨论的问题，对于客人谈什么，怎么谈，承诺什么，怎样承诺，询问什么，怎么询问等问题，要做到心中有数。这样的话，当谈到这些问题的时候，才能迅速、规范地做出反应，以免被动。

案例

小李刚参加工作不久，学校举办了一次全国高校校长联席会议，要求国内很多高校校长参加。小李被安排在接待工作岗位上。接待当天，小李早早来到机场，当等到来参加会议的人时，他便开口说："您好！是来参加全国高校校长联席会议的吗？您的单位及姓名，以便我们安排好就餐与住宿问题。"小李有条不紊地做好了记录。后来在会场，小李帮客人引路，小李一直小心翼翼，虽然自己一向走路很快，但是他放慢步伐，很注意与客人的距离不能太远，一路带着客人，电梯上下，小李也是走在前面，做好带路工作。原本心想很简单的事情，却几次被上级批评。

在迎接礼仪中，小李与客人职位和身份并不相当，他应主动向客人做出礼貌的解释。而小李没有做出任何解释，容易引起客人误会。接到客人后要主动打招呼，握手表示欢迎，同时说些寒暄辞令、礼貌用语等，而小李没有要事先了解要接待客人的相关信息，张口就问，十分不礼貌。在引导客人时，应主动配合客人步伐，保持一定距离。在出电梯时，应改为客人先走出电梯，自己在后面，以保证客人安全，而小李出电梯时，自己走在前面也是不恰当的。小李既破坏了客人的心情，也被上级批评了，因此是失败的社交事件。

资料来源：弘礼学院．职场新人小李的接待工作[EB/OL]．(2015-08-23)．http://mp.weixin.qq.com/s?_biz=MzAxMjIxMjE5Ng==&mid=209953749&idx=1&sn=bff12a1564bc834bec9ee6bc7e995ab8&3rd=MzA3MDU4NTYzMw==&scene=6#rd.

三、迎客礼仪

对远道而来的客人，要做好接站工作。掌握客人到达的时间，保证提前在迎接地点等候。接站时最好准备一块迎客牌，上书"欢迎某某"，同时高举迎客牌，这样既便于让客人看到，又能给客人以良好的最初印象。接到客人后，应致以问候和欢迎，同时作自我介绍。问候寒暄之后，要主动帮客人提取装卸行李。

拿行李的时候，不要拿客人的公文包或手提包，因为里面一般是放贵重物品或隐私物件的。在去机场、车站接客人的回程途中，要主动询问客人在此逗留期间有无私人活动需要代为安排。把客人送到住宿地点后，留下接待人员的联系方式及下次见面时间就可以离开了。

四、乘车礼仪

乘坐车辆，特别是轿车的时候，座次的安排很有讲究。为轿车具体排座的时候，必须要注意不同数量座位的轿车，在排位时具体方法各不相同。按照国际惯例，乘坐轿车的座次安排的常规是右高左低，后高前低。具体而言，轿车座位的尊卑自高而低是后排右位，后排左位，前排右位，前排左位。上车的时候要让客人先上，打开车门，并用手示意，等客人坐稳后自己再上。应该请客人坐在后排座的右侧，自己坐在左侧。

如果客人有领导陪同，就请领导人坐在客人左侧，自己坐在前排司机的旁边。如果客人或领导已经坐好，就不必再换。在客人入座后，不要从同一车门随后而入，而应该关好门后从车尾绕到另一侧车门入座。下车的时候，自己先下，为领导或客人打开车门，请他们下车。

案例

小鸥奉董事长之命去接归国华侨金教授，与金教授同行的还有他的夫人和秘书。人员到齐后，小鸥提了提长裙，"哗"地一下拉开车门自己先做到了副驾驶位置。金教授的秘书一愣，在后面默默地打开车门请二位入座。

车子启动后，小鸥从口袋里摸出一袋饼干，一边吃一边说："赶时间接人，都没顾上吃早点，别介意啊，我应付几口。"然后整个车厢都听见她咀嚼饼干的声音。小鸥并不知道，金教授是董事长请来的国外知名专家，就因为她的随意行为，当天的会议，金教授只是应付了一下就匆匆离开了。

年轻的小鸥在不知不觉中犯下了两个错误：一是不懂乘车座次顺序；二是没有文明乘车。小小的失误换来莫大的遗憾，不能不说可惜。

韦甜甜．女人，你要美丽到老[M]．北京：台海出版社，2015：130.

（一）小轿车

小轿车的座位，如有司机驾驶时，以后排右侧为首位，左侧次之，中间座位再次之，前坐右侧殿后，如图 11-1 所示。如果由上司亲自驾驶，以驾驶座右侧为首位，后排右侧次之，左侧再次之，而后排中间座为末席，如图 11-2 所示。

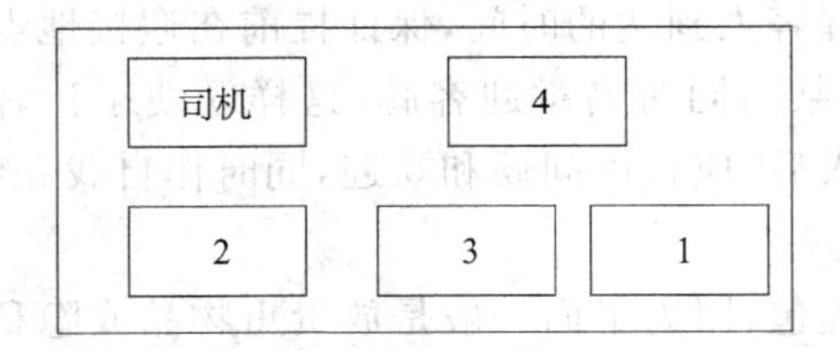

图 11-1 司机开车的座位顺序

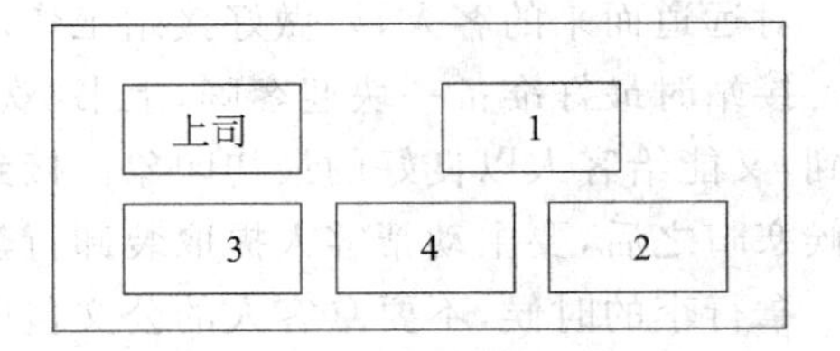

图 11-2 上司开车的座位顺序

（二）吉普车

吉普车无论是上司驾驶还是司机驾驶，都应以前排右坐为尊，后排右侧次之，后排左侧为末席。上车时，后排位低者先上车，前排尊者后上。下车时前排客人先下，后排客人再下车。

（三）旅行车

我们在接待团体客人时，多采用旅行车接送客人。旅行车以司机座后第一排即前排为尊，后排依次为小。其座位的尊卑，依每排右侧往左侧递减。

（四）女士上下车礼仪

女士上车时，得体的方法是先背对车座，轻轻坐在座位上，合并双脚并一同收入车内；下车时，也要双脚同时着地，不可跨上跨下，有失大雅；如图 11-3 所示。

图 11-3　女士上下车的礼仪

五、待客之道

任何人去拜访别人的时候，恐怕最不愿意见到的就是冷遇。有道是："出门看天气，进门看脸色"。所以，对任何客人都应该显示出热情和友好。

1. 基本举止规范

接待过程中，陪客人走路，一般要请客人走在自己右边。主陪人员要和客人并排走，不能落在后面；其他陪同人员走在客人和主陪人员身后。在走廊里，应走在客人左前方几步。转弯、上楼梯的时候，要回头以手示意，有礼貌地说声"这边请"。乘电梯的时候，如果有司机掌控电梯，要请客人先进；没有司机，则自己先进，然后让客人进。

到达的时候请客人先出。到达接待室或领导办公室，要对客人说"这里就是"或"这里是某某办公室"。要先敲门，得到允许再进。门如果是向外开的，应该请客人先进去；向里开的，自己先进去，按住门，再请客人进。当客人和领导见面时要进行介绍。一般先把年纪较轻、身份较低的人介绍给年纪较大、身份较高的，把男士介绍给女士。

2. 敬茶

敬茶是中国传统的待客礼节，不论什么季节、什么时间客人来访，都要先敬上一杯热茶。茶壶、茶杯要干净，不能用剩茶或旧茶待客，用什么茶叶可以事先征求客人意见。放入适量茶叶，掺上约三分之一杯开水，把杯子盖好；从客人的左边上茶；估计茶叶差不多泡开的时候，再为客人掺上开水。同时注意掺茶时可以用右手拿着茶杯盖子，如果要放在茶几上，把盖口朝上；倒茶的时候水不要倒得太满，一般约为茶杯的五分之四左右就行了。

敬茶要先客后主。客人比较多的话，按级别或长幼依次敬上。招待茶点的时候，最好把茶点装在托盘里，再送到客人面前或旁边的茶几上或桌子上。茶水饮料最好放在客人的右前方，如果有点心、糖果之类，则最好放在客人左前方。

3. 谈话

谈话是接待工作中的一项重要内容，直接关系到接待工作的成功与否。通过谈话，双方可以增进感情交流和相互了解。商谈问题，要紧扣主题，围绕会谈的目的进行，不要只谈自己的事情或自己关心的事情，而不顾对方是否愿听或冷落对方。

要注意自己的态度和语气，要尊重他人，不要恶语伤人，不要强词夺理。语气要温和适中，不要以势压人。要认真倾听别人讲话。倾听别人讲话是一种礼貌，不能显出很不耐烦的表情或东张西望。此外，会谈中还要适时地以点头或微笑做出反应，不要随便插话。

案例

刘大不善说话，常得罪人。他五十岁生日那天，特地邀请了张三、李四、王五和赵六聚会。快开饭了，赵六还没到。刘大懊恼地说："该来的不来。"张三听了，心想：我可能是不该来的，于是就走了。刘大一看张三走了，着急地说："唉，不该走的又走了。"李四听了这话，很不是滋味，心想：看来我是该走的。于是，也立即走了。刘大见李四也走了，摇了摇头对王五说："我又不是讲他。"王五想：你不是讲他，那一定是讲我了。于是也起身走了。刘大呆呆地望着一桌酒菜，心里纳闷："我说什么了，怎么都走了？"长叹一声说："真是不会说话愣请客，鸡鸭鱼肉全白做。"

资料来源：百度文库．刘大请客的故事[EB/OL]．(2014-04-22)．http://wenku.baidu.com/link?url=NUpABnCOzr-DHBL225vaRHuMXVQou55tlFKdiTPQl1_6HNyV7BwvgKo7fDrsm7x7e80YebmTM5GfzTRJVxi9wGdCJ9KZ2t9iOtVWglHP8vm.

六、送客的礼仪

送客礼仪是接待工作的最后一个环节。如果处理得不好，就将影响到整个接待工作，使接待工作前功尽弃、功亏一篑。除非是有重要的事宜需要马上处理，并且主要事宜都已经落实的话，可以主动暗示结束接待工作，否则尽量不要主动结束，以免有"赶人"的嫌疑。把来访者送到门口的时候，应该站在门口目送一段时间，等来访者的身影消失后再返回来。同时，送来访者返回房间后，如果关门的话一定要轻轻关上，那种在人刚出门就返身

“砰”地关上门的做法，让人听起来是非常不礼貌的，并且很有可能因此葬送掉拜访期间精心培植起来的所有情感。

如果送客到车站、码头，就要等车船开动并消失在视线以外再走；送到机场的话，要等来访者通过安检之后再走。因为安检容易出现诸多问题需要帮助，经常需要协助。如果来访者是乘飞机的话，送别的时候切忌说“一路顺风”，这是乘飞机的大忌，而应该说“一路平安”。如果你有特殊的原因不得不提前返回，一定要向对方说明理由，请求谅解。

第二节 拜 访 礼 仪

在工作中，因为出于各种原因，你可能要去拜访别人，这时就更需要讲究礼仪，才能使你尽量顺利地完成工作任务、拜访目的。约好去拜访对方，无论是有求于人还是人求于己，都要从礼节上多多注意，不可失礼于人，而有损自己和单位的形象。

一、拜访的时机

拜访要选择恰当的时间，不预约而临时拜访在商务拜访中是不合适的。面对突然拜访，对方可能正在忙或有些不便，如果不接待则会让对方失礼，也会让你难堪；而进行接待可能又会给对方带来不便。所以，要充分考虑到对方是否方便，应该尽量在对方比较方便和容易接受的时间拜访，这样会使得拜访效果最大化。

拜访之前可以电话、信件的形式进行预约，并要把拜访的时间和大致目的告诉对方。这样既可以避免吃闭门羹，又可以让对方有所安排。为了避免对方没有时间，预约的时候可以多给出几个时间供对方选择，采取协商的方式确定拜访时间会让你显得更加有诚意。在对方给予否定答案的时候，也可以询问对方什么时间方便，以便下次拜访成功。预约后必须守时，如果因故不能及时到达，要马上通知对方，并讲明原因，无故迟到或失约是极不礼貌的。

二、拜访的准备

拜访前需要做以下方面的准备。

1. 准备名片

名片是自己商务身份的代表，交换名片也能更加获得对方的好感和信任，在拜访之前，务必要准备、检查一下自己的名片。既要看有没有准备好名片，还要看你所带的名片是不是适合这次拜访。

案例

一位外经贸委的处长王女士奉派随团出访，前去欧洲开展招商引资工作，因为出国之前她为了做准备，忘记重新印制一套名片，所以，每到送名片的时候，为了让对方能找到自己的最新的电话和住址，赶紧在名片上临时用钢笔加注了几个有用的电话号码和地址。

半个月跑下来，王女士累得筋疲力尽，却未见有外商与其有过实质性接触，后来经人指点，才明白问题出在哪儿。原来是她自己奉送给外商的名片不合规范，为了图省事，王女士临时用钢笔在自己的名片上加注了几个有用的电话号码，本想这样联系起来更方便和更有效。可是在外商看来，名片犹如一个人的“脸面”，对其任意涂涂该改，加加减减，只能表明她的为人处世敷衍了事，马马虎虎。

资料来源：百度文库．商务礼仪案例分析[EB/OL].（2013-11-01). http://wenku. baidu. com/link?url=TINrz-4bFGY3ogSyZMiaCNasLnM_7lcqLomezKLS9k68hxMIMywqfk-plgaTNn2jQrL8u5iI2-HAWq38_LZ11dJ2H8OYWhcC01VYqJQDayq.

2. 准备书面资料

拜访有明确的目的性，为使所要表达的内容准备、全面，事先应该给自己列一个提纲。还有诸如建议书、洽谈书、协议备忘录、公司介绍、报价单等其他书面资料。准备充足的书面资料，足以能够说明你的诚意，也足以能使你在拜访中有条有理、主旨分明。

3. 注意仪表服饰

拜访前要对自己的仪表服饰做些准备。衣服要端庄、整洁。男士穿西装，女士穿套装，而且穿着要规范。要以干净整齐、端庄文雅的外表，给对方留下良好的印象。不适宜的服装会让别人怀疑你的诚心，认为你不重视他不尊重他，会让对方认为你是随便拜访来的。

4. 查询路线、交通

很多城市经常性的交通拥堵是不争的事实，要事先弄清楚所去地点的具体交通路线，并尽可能多准备几种交通方法。最好能够提前出发，提前到达目的地熟悉环境总比迟到要强得多。

三、成功拜访

来到拜访单位后，要跟接待人员或是秘书人员说清楚你是谁，是和谁预约好的，并请其转达、通报。

接待或秘书把你引领到指定地点、见到被拜访者的时候，不要忘记对接待或秘书人员道谢。如果没有接待或秘书引领的话，来到被拜访者办公室外，在进门前要先轻声的敲门或按门铃。敲门应是有节奏的、速度适中的“当、当、当”三下，不能猛敲。即使门是开着的，也要站在门旁轻轻敲门，获得允许后再进。

如果戴着手套或是帽子，进屋后一定要脱掉。有时候还要脱下大衣和围巾。雨天携带雨伞的话，进屋后就应该用自己带来的雨伞套装好，或是询问接待人员、秘书或被拜访者雨具该放在什么地方。如果随身携带了公文包，应该放在自己的座位旁、脚下，不要随意摆放，不可以直接摆在桌子上，除非对方要求你这么做。

在进入被拜访者的办公室后，要主动和对方打招呼问好，有其他人在场要点头致意，如果被拜访者不主动介绍，不要主动询问别人和被拜访者的关系以及来访的原因等。如果和被拜访者不太熟悉的话就要做自我介绍，介绍自己的姓名和单位，以及拜访的目的。

同时，还要呈上自己的名片。

被拜访者请你入座的时候，要道声"谢谢"；并随指点的座位入座，而且应该后于被拜访者就座，不要见座位就座。

当接待人员、秘书或被拜访者给你奉茶的时候，要立即欠身双手相接，并致谢。如果茶水太烫，要等晾凉了再喝，必要时也可以把杯盖揭开，不可以一边吹气一边喝。把杯盖放到茶几上的时候，要盖口朝上。喝茶时要慢慢品饮，不要一饮而尽，也不要啜出声音。递烟的时候，如果不会抽也不想抽，也要致谢："谢谢，我不会抽。"如果没有递烟，也就不要主动"请战"了。

案例

有个人去拜访客户，他走到会客室门前，"呼"的一声就把门打开了。接下来，接待人员应声而来，见到这个人后，对他说："请您稍等，我先去向老板通报一下。"

接待人员来到老板的办公室，说："老板，客人来了。"

老板说："他还蛮准时的，我准备马上就去见他。不过，他是什么样的人呢？谈谈你对他的第一印象，好吗？"

接待人员说："老板，他究竟是什么样的人，我不好妄下定论。从表面上看，他衣冠楚楚，也非常守时，给人的感觉还是很好的。可是，他开门的声音非常大，当时吓了我一跳。他这种行为显得不太礼貌。"

陶尚芸．一生三会：会说话，会做事，会为人[M]．武汉：武汉出版社，2014：125．

四、告辞的时机

商务拜访的时间不宜过长。当宾主双方都已经谈完该谈的事情，就要及时起身告辞。另外，如果遇到下面情况时，也要及时"知趣"而退。双方话不投机，或当你说话的时候，被拜访者反应冷淡，甚至不愿搭理。被拜访者站起身来，或是把你们的谈话总结了一下，并说出以后可以再继续交流的话。被拜访者虽然显得很"认真"，但反复看手表或时钟。被拜访者把双肘抬起，双手支在椅子的扶手上。快到了休息或就餐时间。

提出告辞的时候，被拜访者往往会说上几句"再坐坐"之类的客套话，那往往也只是纯粹的礼节性客套。所以如果没有非说不可的话，就要毫不犹豫地起身告辞。

准备告辞的时候，最好不要选择在被拜访者或其他人说完一段话之后，因为这会使人误以为对他的那段话听得不耐烦。所以最适合的告辞时间，是在你自己说完一段话之后。同时，告辞前千万别打呵欠、伸懒腰。

告别前，应该对被拜访者的友好、热情等给以适当的肯定，并说一些"打扰了""添麻烦了""谢谢了"之类的客套话。如果必要，还可以说些诸如："这两个小时过得真快！""和您说话真是一种享受""请您以后多指教""希望我们以后能多多合作"等话。起身告辞的时候，如果还有其他客人，即使和这些客人不熟悉，也要遵守"前客让后客"的原则，礼貌地向他们打招呼。如果被拜访者送的话，送上几步后，你可以说上一句"请留步"之类的客套话，这时候就可以主动向被拜访者伸出手相握，以示告别。

第三节 宴请礼仪

一、赴宴礼仪

宴请作为重要的社交活动,涉及主人、客人双方。不仅主人要注意宴请活动中的礼仪要求,作为客人也应注意赴宴的礼节、礼貌,以向主人和其他来宾展示自己良好的礼仪修养,塑造良好的形象。

(一)赴宴前的准备

1. 应邀

接到宴会邀请,能否出席应尽早答复对方,以便主人做出安排。接受邀请后不要随意改动,万一遇到特殊情况不能出席时,尤其作为主宾,应尽早向主人郑重解释、道歉,甚至亲自登门致歉。

2. 注意仪容、仪表

出席宴会前,一般应梳洗打扮,女士要适当化妆,男士要梳理头发并剃须。衣着要求整洁、大方、美观,使仪容、仪表打扮符合宴请场合的要求。国外宴请非常讲究服饰,往往根据宴会的正式程度,在请柬上注明着装要求。

在我国虽然没有具体要求,但作为应邀者也应该穿一套合体的整洁服装,容光焕发、精神饱满地赴宴,这将给宴会增添隆重、热烈的气氛。如果夫妇同去赴宴,还应注意服装的式样、颜色等的和谐统一。

(二)赴宴中的礼仪

1. 按时抵达

出席宴请活动,抵达时间的迟早、逗留时间的长短,在一定程度上反映对主人的尊重。过早、过迟或逗留时间过短,不仅是对主人的失礼,也有损自己的形象。按时出席宴请是最基本的礼貌。一般来说,出席宴会要根据各地的习惯,正点或提前或晚于规定时间的两三分钟抵达。身份高者可稍晚些到达,一般客人宜略早些到达。

2. 问候

抵达宴会活动地点,如主人已在那里恭迎,则应趋前向主人握手、问好、致意,随主人或迎宾人员引导,步入休息厅或宴会厅。如单独到达,则先到衣帽间脱挂大衣和帽子等衣物,然后前往迎宾处,主动向主人问候,并对在场的其他人微笑点头致意。如果是庆祝活动,还应表示祝贺。

3. 礼貌入座

入座应听从主人安排,不可随意乱坐。若是正式宴会,进入宴会厅之前,应先掌握自己的桌次和座位,入座时注意桌上座位卡是否写有自己的名字,不可坐错座位。如邻座是年长者或女士,应主动协助他们先坐下。入座后坐姿要端正、自然,不要紧靠在椅背上,更不能把椅子往前倾或往后翘；不可用手托腮或将双臂肘平放在桌上；上身应与座椅位置适中。双脚踏在本人座位下，不可随意伸出影响他人；不可玩弄桌上的酒杯、盘碗、刀叉、筷子等餐具；入座后，可与同席的人随意交谈，等待用餐。

4. 文明进餐

致祝酒词完毕经主人招呼后，即可开始进餐。就餐时应有愉快的表情，如表现出心事重重的神态、漫不经心的样子，则是对主人和其他宾客的不礼貌。即使菜不对口味，也应吃上一些，而不能皱眉拒绝，这也是对主人的不尊重。用餐时要讲文明，席间不要吸烟，除非男主人吸烟或向客人递了烟，一般在宴会没有结束前吸烟是失礼的，尤其是有女士在的场合。喝酒要有节制，不要失态。

案例

一位刘小姐和一位姓张的男士在一家西餐厅就餐，男士小张点了海鲜大餐，刘小姐则点了烤羊排，主菜上桌，两人的话匣子也打开了，小张边听刘小姐聊起童年往事，一边吃着海鲜，心情愉快极了，正在陶醉的当口，他发现有根鱼骨头塞在牙缝中，让他不舒服。小张心想，用手去掏太不雅了，所以就用舌头舔，舔也舔不出来，还发出啧啧喳喳的声音，好不容易将它舔吐出来，就随手放在餐巾上。之后他在吃虾时又在餐巾上吐了几口虾壳。刘小姐对这些不太计较，可这时男士想打喷嚏，拉起餐巾遮嘴，用力打了一声喷嚏，餐巾上的鱼刺、虾壳随着风势飞出去，其中的一些正好飞落在刘小姐的烤羊排上，这下刘小姐有些不高兴了。接下来，刘小姐话也少了许多，饭也没怎么吃。

资料来源：道客巴巴．务礼仪与职业形象（第三版）案例资源 案例资源——商务宴请[EB/OL].(2014-12-26).http://www.doc88.com/p-9723392889131.html.

5. 告辞、致谢

参加宴请活动，告辞不宜过早也不宜过迟。如果是主宾，应当先于其他宾客向主人告辞，否则会给其他客人带来不便；但也不能太早，否则是对主人的不礼貌。如果是一般客人，则应在宴会结束主宾告辞后，及时向主人告辞，不可因贪杯而拖延不散，也不可因余兴未尽而迟迟不起；但也不能先于主宾告辞，否则对主人和主宾都很不礼貌。

告辞时，应礼貌地向主人握手道谢。通常是男主宾先向男主人告别，女主宾先与女主人告别，然后交叉，再与其他人告别。

二、中餐宴会礼仪

中国自古为礼仪之邦，讲究民以食为天，饮食礼仪源远流长，为饮食文化的一个重要部分。不论在国内或国际交往中，中餐宴会都是经常举办的宴会形式。

（一）中餐宴会的座次排列

举办中餐宴会一般使用圆桌，宴会的主人坐在主桌上，面门就座；同一张桌上位次的尊卑根据距离主人的远近而定，以近为上，以远为下；同一桌上距离主人相同的位次，排列顺序以右为尊，以左为卑。每张餐桌一般安排10人以内的就餐人数，并且应为双数。

每张餐桌的座次具体安排分以下两种情况：

1. 一个主位的座次排列

每张餐桌上只有一个主人，主宾和副宾分别在其右手和左手就座，形成一个谈话中心。

2. 两个主位的座次排列

如果夫妇二人同坐一桌，以男主人为第一主人，女主人为第二主人，主宾和主宾夫人分别坐在男女主人的右侧，桌上形成两个谈话中心。为了便于宾客及时准确地找到自己的位次，除安排服务人员引导外，还可以在桌子上事先摆放座位卡，在上面用中、外文两种文字书写清楚就餐者的姓名，如图 11-4 所示。

图 11-4 中餐宴会座位排列

（二）中餐宴会的桌次排序

举办中餐宴会时餐桌的排列也是商务接待人员要注意的问题。

1. 两桌的小型宴会

两只餐桌横排时，桌次以右为尊，以左为卑。左与右方位的确定是以面对正门的位置为准；两桌竖排时，桌次以距离正门远的位置为上，以距离正门近的位置为下，如图 11-5 所示。

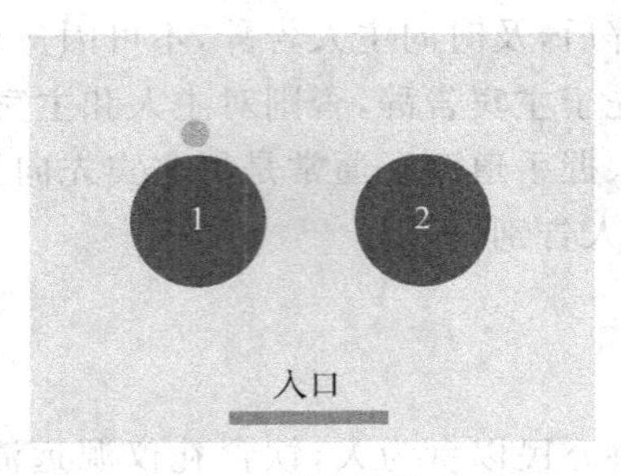

图 11-5 两桌座位排列

2. 多桌宴会

除了要注意遵守两桌排列的规则外，还应考虑距离主桌的距离，即距离主桌越近，桌次越高；距离主桌越远，桌次越低。如图 11-6 所示。在安排桌次时，除主桌可以略大之外，其他餐桌的大小、形状大体相仿，不宜差别过大。

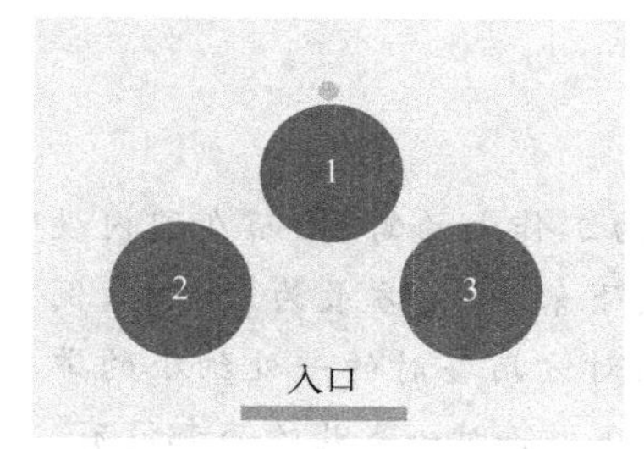

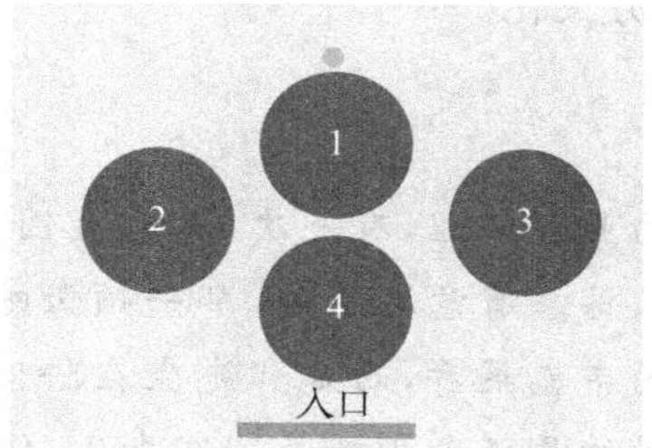

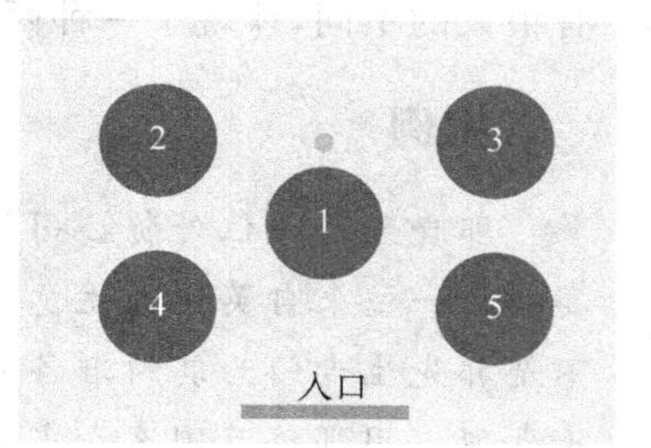

图 11-6 多桌座位排列

（三）上菜顺序与用餐要求

1. 中餐的上菜顺序

（1）茶水。茶水待客是中国人常用的待客方式，餐前等待时，一般先上一杯清茶。

（2）开胃菜。通常是四种冷盘组成的大拼盘，有时种类可多达十种。

（3）热炒。有时冷盘上完之后，接着上四种热盘。有时热盘多半被省略。

（4）主菜。紧接在开胃菜之后，又称为大件、大菜。如菜单上注明有“八大件”表示共有八道主菜。主菜的道数通常是四、六、八等偶数，因为中国人认为偶数吉利。在豪华的餐宴上，主菜有时多达十六或三十二道，但一般是六道至十二道。

（5）点心。指主菜结束后所供应的甜点，如蛋糕等。

（6）水果。上水果意在爽口、消油腻。

2. 用餐要求

根据中餐的特点和食用习惯，并表示对同时用餐者的尊重，参加中餐宴会时要注意上菜后，要等主人邀请，等主宾动筷时再拿筷子用餐。用餐时宾客之间可以相互让菜，以示友好热情。但切忌擅自做主为他人夹菜。

在用餐时不要在菜盘中挑挑拣拣，挑肥拣瘦。取菜时，看准后立刻夹起取走，不要夹起来又放下，或者取走又放回去。吃饭要端起碗，应该用大拇指扣住碗口，食指、中指、无名指扣碗底，手心空着，不把碗端起来而是趴在桌子上对着碗吃饭是非常不雅观的。

遇有意外，如不慎将酒、水、汤汁溅到他人衣服上，应立即致歉，及时处理。但不必恐慌赔罪，反使对方难堪。用餐的时候，不要当众修饰。比如，梳理头发、化妆补妆等。如果需要为别人倒茶倒酒，要记住“倒茶要浅，倒酒要满”的礼仪规则。用餐后，须等男、女主人离席后，其他宾客方可离席。

三、西餐宴会礼仪

所谓西餐是指对西方国家餐饮的一种统称，其基本特点是要用刀叉进食。西餐大致可以分为两类，一类是以英、法、德、意等国为代表的“西欧式”，又称“欧式”，其特点是选料精纯、口味清淡，以款式多、制作精细而享有盛誉；二是以苏联为代表的“东欧式”，又称“俄式”，其特点是味道浓，以咸、酸、甜、辣皆具而著称。

此外，还有在英国菜基础上发展起来的“美式”西餐等。西餐烹饪和使用方法与中餐有很大的不同，体现了一种西方文化。

案例

郭晓凡是一位外贸公司的业务经理，有一次，郭先生因为工作上的需要，而在国内设宴招待一位来自英国的生意伙伴。有意思的是，那一顿饭吃下来，令对方最为欣赏的，倒不是郭先生专门为其所准备的丰盛菜肴，而是郭先生在陪同对方用餐时的一处细小的举止表现。用那位英国客人当时的原话来讲就是："郭先生，你在用餐时一点儿响声都没有，使我感到你的确具有良好的教养。"

资料来源：道客巴巴．务礼仪与职业形象（第三版）案例资源 案例资源——商务宴请[EB/OL].(2014-12-26). http://www.doc88.com/p-9723392889131.html.

（一）西餐宴会的座次排列

同中餐相比，西餐的座次排列既有许多相同之处，也有区别。

西餐宴会的座次排列要遵循以下规则。

（1）女士优先。排定用餐座次时，一般女主人是第一主人，在主位就座。男主人为第二主人，坐在女主人的对面，即第二主人的位置。

（2）以右为尊。排列座次时，以右为尊是基本原则。在西餐排列座次时，男主宾要排在女主人的右边，女主宾要排在男主人的右侧，按此原则依次排列。

（3）面门为上。就餐时，以餐厅门为参照物时，面对餐厅正门的位置是餐厅中地位最高的位置。

（4）交叉排列。西餐座次排列讲究交叉排列，即男女应当交叉排列就座，熟人和陌生人也应当交叉就座。这样一个就餐者的对面和两侧往往都是异性和不熟悉的人，这样可以扩大交际面，如图 11-7 所示。

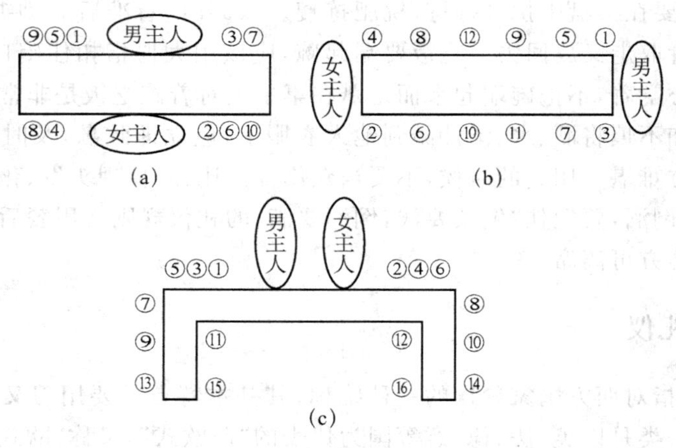

图 11-7　西餐宴会座位排列

（二）西餐上菜顺序

由于饮食习惯的不同，西餐的上菜顺序与中餐有明显的不同。正规的西餐宴会，其上菜顺序既复杂又讲究。一般情况下，完整的西餐正餐由下列八道菜肴组成。

(1) 开胃菜。即大开胃口的菜，也叫头盘、前菜。一般是由蔬菜、水果、海鲜、肉食所组成的拼盘。

(2) 面包。西餐正餐面包一般是切片面包，食用时根据个人口味涂上黄油、果酱或奶酪。

(3) 汤。西餐中的汤有两大类，即浓汤和清汤。汤有很好的开胃作用，喝汤才算是吃西餐的开始。

(4) 主菜。主菜的内容十分丰富，包括水产类菜肴、畜肉类菜肴、禽肉类菜肴和蔬菜类菜肴。正式的西餐宴会一般会上一道冷菜，两道热菜。两道热菜中，一般先上鱼菜，由鱼或虾以及蔬菜组成；另一个是肉菜，多为烤肉配以蔬菜。

(5) 点心。吃过主菜后，一般会上一些蛋糕、饼干、三明治等西式甜点。

(6) 甜品。最常见的甜品有冰激凌、布丁等。

(7) 水果。吃完甜品，一般还要摆上时令的新鲜果品。

(8) 热饮。宴会结束前，要为用餐者提供热饮，一般为红茶或咖啡，以帮助消化。

从实际情况看，西餐业在不断发生着变化，比较简单的西餐一般包括开胃菜、汤、主菜、甜品、热饮。

（三）西餐餐具的使用

使用刀叉进餐是西餐最重要的标志之一，西餐的主要餐具除了餐刀餐叉之外还有餐匙、餐巾等。

1. 餐刀餐叉

享用西餐正餐时，一般情况下用餐者的面前摆放的刀叉有：吃黄油所用的餐刀，它一般横放在用餐者的左手正前方；吃鱼和吃肉所用的刀叉，一般分别纵向摆放在用餐者前面餐盘的两侧，餐刀在右，餐叉在左；吃甜品所用的刀叉，一般横放于用餐者面前餐盘的正前方，应最后使用。

使用刀叉，一般有两种最常规的方法。英国式。它要求进餐时，始终右手拿刀，左手拿叉，一边切割，一边食用。美国式。它要求右刀左叉，先把餐盘里要吃的东西全部切割完毕，然后把右手的餐刀斜放在餐盘前方，将左手中的餐叉换到右手里，然后再食用。在使用刀叉用餐时，无论是采用哪种进餐方法都要注意，在切割食物时不要发出声响，将餐刀临时放下时，不可刀口朝外，掉在地上的刀叉切勿再用。

2. 餐匙的使用

在西餐的正餐里，一般会出现多把餐匙，它们形状不同，用途不同。一般个头较大的餐匙叫作汤匙，通常摆放在用餐者右侧的最外端，与餐刀并列纵放。个头较小的餐匙叫作甜品匙，一般横向摆放在吃甜品所用刀叉的正上方。餐匙只可以用来饮汤、吃甜品，绝不可以直接舀取任何主食或菜肴。不可将餐匙插入菜肴、主食或者直立于甜品、茶杯中。使用餐匙时,要尽量保持其干净清洁。

3. 餐巾的使用

西餐正餐中使用的餐巾,通常会被叠成一定的图案,放置于用餐者右前方。在使用时,应将餐巾平铺于并拢的大腿上,可将餐巾叠成三角形或对折,以方便使用。需要交谈时,应先用餐巾轻轻擦拭嘴巴,以保持清洁。如果进餐时需要剔牙,应当用餐巾挡住口部,使用完毕再放于原位。

4. 席间礼仪

由于西餐主要是在餐具、菜肴、酒水等方面不同于中餐,因此参加西餐宴会有必要了解和掌握一些礼仪知识。进餐时,应该尽可能地少一些声响,少一些动作。女主人一拿起餐巾时,就可以拿起餐巾,放在腿上。有时餐巾中包有一只小面包,如果是那样的话就把它取出,放在旁边的小碟上。

餐巾如果很大,就双叠着放在腿上;如果很小,就全部打开。千万别将餐巾别在领上或背心上,也不要在手中乱揉。可以用餐巾的一角擦去嘴上或手指上的油渍或脏物,千万别用它来擦刀叉或碗碟。正餐通常从汤开始。

座前最大的一把匙就是汤匙,它就在右边的盘子旁边。不要错用放在桌子中间的那把匙子,因为那可能是取蔬菜和果酱用的。在女主人拿起她的匙子或叉子以前,客人不得食用任何一道菜。女主人通常要等到每位客人都拿到菜后才开始。她不会像中国习惯那样,请你先吃。当她拿起匙或叉时,那就意味着大家也可以那样做了。

第四节 馈赠礼仪

馈赠是人们在交往过程中通过赠送交往对象礼物,来表达对对方的尊重、敬意、友谊、纪念、祝贺、感谢、慰问、哀悼等情感与意愿的一种交际行为。作为一种非语言的重要交际方式,是以物的形式出现,以物表情,礼载于物,起到寄情言意的"无声胜有声"的作用。得体的馈赠,恰似无声的使者,给交际活动锦上添花,给人们之间的感情和友谊注入新的活力。

一、馈赠的目的

任何馈赠都是有目的的,或为交结友谊,或为祝颂庆贺,或为酬宾谢客,或为其他。

1. 以交际为目的的馈赠

为达到交际目的而进行的馈赠有两个特点。一是送礼的目的与交际的目的直接一致。无论是个人还是组织机构,在社交中为达到一定目的,针对交往中的关键人物和部门,通过赠送一定礼品,以促使交际目的的实现。二是礼品的内容与送礼者的形象一致。礼品的选择,一个非常重要的原则就是要使礼品能反映送礼者的寓意和思想感情的倾向,并使寓意和思想倾向与送礼者的形象有机地结合起来。

2. 以巩固和维系人际关系为目的的馈赠

以巩固和维系人际关系为目的的馈赠即人们常说的“人情礼”。在人际交往过程中，无论是个人间的抑或是组织机构间的，必然产生各类关系和各种感情。人与生俱来的社会性，又要求人们必须重视这些关系和感情，因而，围绕着如何巩固和维系人际关系和感情，人们采取了许多办法，其中之一就是馈赠。这类馈赠，强调礼尚往来，以“来而不往非礼也”为基本行为准则。因此，这类馈赠，无论从礼品的种类、价值的轻重、档次的高低、包装的精美、蕴含的情义等方面都呈现多样性和复杂性。这在民间交际中尤其具有重要的特殊作用。

3. 以酬谢为目的的馈赠

以酬谢为目的的馈赠是为答谢他人的帮助而进行的，所以在礼品的选择上十分强调其物质价值。礼品的贵贱厚薄，首先取决于他人帮助的性质。帮助的性质分为物质的和精神的两类。一般来说，物质的帮助往往是有形的、能估量的，而精神的帮助则是无形的、难以估量的，然而其作用又是相当大的。其次取决于帮助的目的。是慷慨无私、另有所图，还是公私兼顾。只有那种真正无私的帮助，才是值得真心酬谢的。再者取决于帮助的时机。一般情况下，危难之中见真情。因此，得到帮助的时机是日后酬谢他人的最重要的衡量标准。

4. 以公关为目的的馈赠

这种馈赠，表面上看来不求回报，而实质上其索取的回报往往更深地隐藏在其后的交往中，或是金钱，或是权势，或是其他功利，是一种为达到某种目的而用礼品的形式进行的活动。多发生在对经济、政治利益的追求和其他利益的追逐活动中。

小贴士

为老人贺寿，一般选送百合花、长寿花、万年青等鲜花，祝贺老人健康长寿。如果为老人举办寿辰庆典，为表示隆重、喜庆，可送玫瑰花篮，也可以根据老人的喜欢类型进行选择、搭配。

为中青年人祝贺生日，可以选送百合花、一品红、石榴花等鲜花，表示火红年华和前程似锦。

祝贺热恋中的青年男女或朋友新婚，可选送玫瑰花、郁金香、天堂鸟、百合花、并蒂莲、非洲菊等，还可以送花篮，表示火热吉庆，象征新婚夫妇幸福美好、白头偕老。

探视病人，最好选择香味清淡的鲜花，如兰花、马蹄莲、水仙花等，不宜选择颜色太浓的花。对容易过敏的病人不宜送花。建议不要给病人选送盆花，以免误会成“久病生根”。

春节时，可以选择表示吉祥、喜庆、欢乐、富贵寓意的玫瑰、剑兰、红掌、水仙、百合、天堂鸟等鲜花送人。

母亲节来临时，可选择康乃馨或香水百合、玫瑰等鲜花献给母亲。

父亲节来临时，可选择表示威严意味的百合或飞燕草、剑兰等鲜花献给父亲。

资料来源：中国礼仪网．送花礼仪[EB/OL]．(2008-02-08)．http://www.welcome.org.cn/zengsongliyi/2008-2-8/SongHuaLiYi.html.

二、馈赠的原则

1. 轻重原则

轻重得当,以轻礼寓重情。通常情况下,礼品的贵贱厚薄,往往是衡量交往人的诚意和情感浓烈程度的重要标志。然而礼品的贵贱厚薄与其物质的价值含量并不总成正比。因为,就礼品的价值含量而言,礼品既有其物质的价值含量,也有其精神的价值含量。礼物太轻,意义不大,很容易让人误解为瞧不起他。但礼物太贵重,又会使人有受之有愧甚至受贿的感觉。这种情况下很可能婉言谢绝,这样反而会让事情变得复杂起来。所以,礼物的轻重选择以对方能够愉快接受为尺度。

案例

英国女王伊丽莎白访问日本时,有一项访问NHK广播电台的安排。当时HNK派出的接待人,是该公司的常务董事野村中夫。野村接到这个重大任务后,便找到有关女王的一切资料,加以详细研究,以便在初次见面时能引起女王的注意而给女王留下深刻的印象。

他绞尽脑汁,也没有想到好主意。偶然间,他发现女王的爱犬是一种长毛狗,于是灵感随之而来。他跑到服装店特制了一条绣有女王爱犬图样的领带。在迎接女王那天,他打上了这条领带。果然,女王一眼便注意到了这条领带,微笑着走过来和他握手。

野村送出的礼物是无形的,因为礼物还系在他的脖子上。"礼"轻得非同寻常,却使女王体会到了他的一片用心,感受到了他的情意,因此可谓是地道的"礼轻情意重"了。

罗盘. 从零开始读懂社交学[M]. 上海:立信会计出版社,2014:155.

2. 时机原则

就馈赠的时机而言,及时适宜是最重要的。中国人很讲究"雨中送伞""雪中送炭",即十分注重送礼的时效性,因为只有在最需要时得到的才是最珍贵的,才是最难忘的。因此,要注意把握好馈赠的时机,包括时间的选择和机会的择定。

一般来说,时间贵在及时,超前或滞后都达不到馈赠的目的;机会贵在事由和情感及其他需要的程度,"门可罗雀"时和"门庭若市"时,人们对馈赠的感受会有天壤之别。所以,对于处境困难者的馈赠,其所表达的情感就更显真挚和高尚。

案例

国际著名影星奥黛丽·赫本十分爱狗。多年来一直豢养着一只叫杰西的长耳罗塞尔种的小猎犬。白天,杰西那无忧无虑和温柔的品性,令赫本感到了亲情,夜晚杰西暖融融地依偎在赫本的脚旁,伴她入睡。然而,有一天,杰西误吃了毒药,很快就死了,赫本爱犬心切,竟无法控制自己,终因悲伤过度而一病不起。

这时,她的朋友克里斯多夫·格里文森托人给她送来了又一只长耳罗塞尔狗,它叫彭妮,小巧玲珑,毛色白亮,十分可爱。彭妮给了赫本无限的慰藉,赫本说:"彭妮不仅使我恢复了健康,也赐给我无限的幸福,它真是来自天堂的宝贝。"

资料来源:中国礼仪网. 馈赠的原则[EB/OL]. (2008-03-23). http://www.welcome.org.cn/zengsongliyi/2008-3-23/KuiZengDeYuanZe.html.

3. 效用性原则

同一切物品一样，当礼以物的形式出现时，礼物本身也就具有了价值和使用价值。就礼品本身的使用价值而言，人们经济状况不同、文化程度不同、追求不同，对于礼品的实用性要求也就不同。

一般来说，物质生活水平的高低，决定了人们精神追求的不同。在物质生活较为贫寒时，人们多倾向选择实用性强的礼品，如食品、水果、衣料、现金等；在生活水平较高时，人们则倾向于选择艺术欣赏价值较高、趣味性较强和具有思想性、纪念性的物品为礼品。因此，应视受礼者的物质生活水平，有针对性地选择礼品。

4. 投好避忌的原则

就礼品本身所引发的直接后果而言，由于民族、生活习惯、生活经历、宗教信仰以及性格、爱好的不同，不同的人对同一礼品的态度是不同的，或喜爱或忌讳或厌恶等。因此，我们要把握住投其所好、避其禁忌的原则，在这里尤其强调要避其禁忌。禁忌是一种不系统的、非理性的、作用极大的心理和精神倾向，对人的活动影响强烈。当自己的禁忌被冒犯时，无论是有意的还是无意的，心中的不快、不满，甚至愤恨是不言而喻的。当我们冒犯了别人时，就会引起纠纷，甚至冲突。

所以，馈赠前一定要了解受礼者的喜好，尤其是禁忌。例如，中国人普遍有“好事成双”的说法，因而凡是大贺大喜之事，所送之礼，均好双忌单，但广东人则忌讳“4”这个偶数，因为在广东话中，“4”听起来就像“死”，是不吉利的。再如，白色虽有纯洁无瑕之意，但中国人比较忌讳，因为在中国，白色常是悲哀之色和贫穷之色；同样，黑色也被视为不吉利，是凶灾之色、哀丧之色；而红色，则是喜庆、祥和、欢庆的象征，受到人们的普遍喜爱。

图 11-8 送礼禁忌

此外，中国人还常常讲究给老人不能送“钟”，给夫妻或情人不能送“梨”，因为“送钟”与“送终”“梨”与“离”谐音，是不吉利的。如图 11-8 所示。

三、如何馈赠

在挑选好礼品后就要考虑如何赠送礼品了。根据礼仪惯例，主要是指礼品的包装和送礼的具体做法。

把礼品精美地包装起来，一方面是表示送礼人把送礼作为很隆重的事，以此表达对受礼人的尊敬；另一方面，受礼人不能直接看到礼品，会使他产生一个悬念。如果是恰当的礼物，那么当受礼人打开包装看到中意的礼品时，一定会喜出望外，另有一番惊喜。这给送礼又添了一分情趣，加深了对送礼人的好印象，起到了增进关系的作用。因此作为礼品外衣的包装一定要有。

礼品包装要求不论礼品本身有没有盒子都要用彩色花纹纸包装，用彩色缎带捆扎好，并系成好看的结，如蝴蝶结、梅花结，等等。重视包装就要做到下面两点：一是包装所用的材料，要尽量好一点。二是在礼品包装纸的颜色、图案、包装后的形状、缎带的颜色、结法等方面，要注意尊重受礼人的文化背景、风俗习惯和禁忌，不要犯忌。

送礼的具体做法是，送礼者一般应站着用双手把礼品递送到主人的手中，并说上一句得体的话。送礼时的寒暄一般应与送礼的目的吻合，如送生日礼物时说一句“祝你生日快乐”，送结婚礼物时说一句“祝两位百年好合”等。中国人有自谦的习惯，这在送礼时也应有所表现，送礼时一般喜欢强调自己礼品的微薄，而不介绍所送礼品的稀罕、珍贵或是多种用途和性能，如“区区薄礼不成敬意，请笑纳”“这是我特意为你选的”。

总之，得体的寒暄一是表达送礼者的心意，二是让受礼者受之心安。西方人在送礼时，喜欢向受礼者介绍礼品的独特意义和价值，以表示自己对对方的特别重视。

另外，对自己带去的礼品，不应自贬、自贱，说什么“是顺路买的”，“随意买的”，“没什么好东西，凑合着用吧”等，既没有必要，又容易让对方产生不被重视的误会。

四、如何受礼

在一般情况下，他人诚心诚意赠送的礼品，只要不是违法、违规的物品，最好的方式应该是大大方方、欣然接受为好，当然接受前适当地表示谦让也未尝不可，在国内这是必需的环节。

当赠送者向受赠者赠送礼品时，受赠者应停止自己正在做的事，起身站立，双手接受礼品，然后伸出右手，同对方握手，并向对方表示感谢。接受礼品时态度要从容大方，恭敬有礼，不可忸怩失态，或盯住礼品不放，或过早伸手去接，或拒不以手去接，推辞再三后才接下。接过礼品后，应表示感谢，说几句不要破费之类的客套话。

如果条件允许，受赠者可以当面打开欣赏一番，这种做法是符合国际惯例的。它表示看重对方，也很看重对方赠送的礼品，这样做比把礼品放在一旁，待他人走后再拆封自己欣赏，确有许多好处。礼品启封时，要注意动作文雅，不要乱撕、乱扯，随手乱扔包装用品。开封后，赠送者还可以对礼品稍作介绍和说明，说明要恰到好处，不应过分炫耀。受赠者可以采取适当动作对礼品表示欣赏之意并加以称道，然后将礼品放置在适当之处，向赠送者再次道谢。切不可表示不敬之意或对礼品说三道四、吹毛求疵。

课堂实践

1. 实践内容：组织接待礼仪的现场模拟。

2. 实践目的：通过模拟活动，对接待礼仪的相关内容有直观的了解，并对步骤有较深的印象。

3. 实践环节：完整设计一次接待活动。例如：小张毕业后在B公司总经理办公室工作。A公司是B公司的主要客户。这天，A公司的刘副总经理到B公司来洽谈新的合作项目。小张陪同B公司李经理到机场迎接。

4. 技能要求：熟悉接待礼仪过程中的重要内容，在实践中发现问题并及时纠正，提高实际操作能力。

外国的送礼禁忌

日本：日本人有送礼习惯，日本人讲究礼仪，有送礼的习俗。但一般送些对其本人没啥用途的物品，于是收礼人可以再转送。日本人喜欢中国的丝绸和名酒及中药，对一些名牌货也很喜欢，但对狐獾图案的东西则比较反感，因为狐狸是贪婪的象征，獾则代表狡诈。到普通百姓家做客，送菊花只能十五片花瓣，皇家徽章才有十六瓣的菊花。

德国：德国送礼讲究包装，在德国送礼，对礼品是否适当、包装是否精美要格外注意，玫瑰是专送情人的，绝不可送给主人，德国人喜欢应邀郊游，但主人在出发前需要细致周到地安排。

英国：英国人讨厌有公司标记的礼品，英国人讲究外表，一般送礼都是花费不多的东西，如高级巧克力，名酒和鲜花也是英国人收礼的最爱之物，合适的送礼时机应是晚餐后或看完戏之后，对标有公司标记的礼品，英国人普遍不欣赏。公司若送礼，最好以老板或私人名义。

阿拉伯国家：在阿拉伯，初次见面时不送礼，否则会被视为行贿，阿拉伯习俗，用旧的物品和酒不能送人；特别不能送礼物给有商务往来的熟人的妻子。更不可询问他们的家居情况，去阿拉伯人家参观做客，千万不能盯住一件东西看个不停，那样阿拉伯主人一定要你收下这件东西，否则心里将鄙视你。

美国：一般来说，美国人不随便送礼。有的在接到礼物时常常显得有些难为情。如果他们凑巧没有东西回礼，就更是如此。但是逢到节日、生日、婚礼或探视病人时，送礼还是免不了的。

美国人最盛行在圣诞节互赠礼品。圣诞节时，天真烂漫的孩子们为收到各种新奇玩具而兴高采烈，以为这是圣诞老人送给他们的礼物。大人们之间常送些书籍、文具、巧克力糖或盆景等。礼物多用花纸包好，再系上丝带。按照美国传统，圣诞节的前几天还有个“白圣诞节”，届时，人们用白纸包好礼物送给附近的穷人。

此外，美国人认为单数是吉利的。有时只送三个梨也不感到菲薄，不同于中国人讲究成双成对。美国人收到礼物，一定要马上打开，当着送礼人的面欣赏或品尝礼物，并立即向送礼者道谢。礼物包装讲究，外表富丽堂皇，里面却不一定是太贵重的东西。有时打开里三层外三层的精美包装，露出来的只是几颗巧克力糖而已。

法国：在法国送礼，一般选在重逢时。礼品选择应表示出对法国主人的智慧的赞美，应邀去法国人家用餐时，应送几枝不捆扎的鲜花。

俄罗斯：俄罗斯人送礼和收礼都极有讲究。俄罗斯人忌讳别人送钱，认为送钱是一种对人格的侮辱。但他们很爱外国货，外国的糖果、烟、酒、服饰都是很好的礼物。如果送花，要送单不送双，双数是不吉利的。

拉丁美洲：拉丁美洲不能送手帕，刀剪等礼品。拉丁美洲不能送刀剪，否则认为友情的完结，手帕也不能作为礼品，因为它是和眼泪相联系的。拉丁美洲人喜欢美国生产的小型家用产品，比如厨房用具等。在拉美国家，征税很高的物品极受欢迎，最好不送奢侈品。

荷兰：荷兰人送礼忌送食品，在荷兰，人们大多习惯吃生、冷食品，送礼忌送食品，且礼物要用纸制品包好。到荷兰人家庭作客，切勿对女主人过于殷勤。在男女同上楼梯时，其礼节恰好与大多数国家的习俗相反：男士在前，女士在后。

资料来源：中国礼仪网．赠送礼仪[EB/OL]. http://www.welcome.org.cn/zengsongliyi/.

第十二章

沟通礼仪

学习目标

1. 掌握电话礼仪和技巧；
2. 掌握中英文信函礼仪；
3. 了解谈判礼仪规范，熟悉签约仪式过程，掌握涉外谈判中的礼仪禁忌；
4. 了解不同类型的会议礼仪。

技能要求

1. 能够正确使用电话和信函进行沟通；
2. 掌握谈判礼仪规范和原则，保障谈判活动顺利进行；
3. 了解各种会议礼仪，能够熟练运用。

引导案例

声音的影响

马青远是一家颇有实力的经贸公司的经理，每天都会有许多客户打电话与他洽谈合作事宜，而最近他却出人意料地与一家名不见经传的小企业签了一份为数不小的订单。

马青远说："这还真得归功于那位打电话过来的女业务员。其实她也没有什么过人的口才，只是很客观地向我介绍他们的企业和产品。她的声音低沉而有力，语调里传达出语言所无法表达的诚恳、热情和自信，我不由自主地就信任她。通了几次电话后，我又亲自去实地考察了一番，最终达成了协议。通过这件事我得出了一个结论：动听的声音在愉悦听觉的同时，也为说话的人增添了几分吸引力。"

案例点评：

加州大学洛杉矶分校的一项调查显示，在决定第一印象的各种因素中，视觉印象（即外貌）占 55%，声音印象（即讲话方式）占 38%，而语言印象（即讲话内容）仅占微不足道的 7%！如果是电话交谈，由于不存在外貌因素的影响，声音更是占到 83%的比重。显然，声音是一项非常重要的沟通工具。它能够清楚地表明你是谁，并且决定了外界如何倾听你以及看待你。

韦甜甜．女人，你要美丽到老[M]．北京：台海出版社，2015：228.

第一节 电话礼仪

日常工作中，电话作为我们联系业务、沟通协调的一项重要工具，它不仅反映出每个人的工作能力和精神面貌，公司的形象、声誉也直接或间接受其影响。所以，良好的电话礼仪礼貌是必须具备的基本素质。

一、打电话的礼仪

（一）选择恰当的通话时间

除了特殊情况外，工作上的事，要在工作时间打电话；最好是事先约好的时间，以及是对方便利的时间。在对方下班以前10分钟尽量不要打电话，以免耽误对方的时间。应避开用餐时间和休息时间，晚上十点以后到早上七点之间不要打电话，除非有特别重要的事。避开下班后的私人时间，尤其是节假日。如果在对方用餐、休息和睡觉时不得不打电话，要讲明原因，并且道歉。如果同国外的公司电话联络，要注意时差。

（二）提高打电话的效率

1. 确保电话号码正确

为了提高打电话的效率，还可以将常用的电话号码制成表格贴于电话旁边，方便随时查阅。打电话前，先确认好对方的电话号码。如果不小心打错了，一定要道歉，然后再仔细检查一下号码。

2. 准备充分

打电话之前，要事先想好或是写好所办事情的要点，准备好相关的资料，放在电话机旁边。只有准备好要点，回答对方的提问才会得心应手，不用总是说“请稍等片刻”，否则，再长的通话时间也是不够用的。对于容易忘记的要点，一定要记录在手头，要不然为了告知对方自己忘说了的事而再次打电话给对方，会令对方停下手中的工作来接听你的电话，带给对方很多麻烦。

3. 做好记录

打电话时，旁边应准备好备忘录和笔，以免需要记录时，出现忙乱地找纸和笔的情况，不仅浪费对方的时间，也会给对方留下不专业准备不充分的印象。记下交谈中所有的必要信息，除了自己要说的话和说话内容的要点外，还要记下通话达成的意向点。

4. 复述要点

记录对方所说的内容，通话结束之前最好再复述一边要点，防止记录错误或者偏差而带来的误会，使整个电话的办事效率更高。

（三）通话时间不宜过长

打电话时，先要自报家门，通话之前先问对方现在通话是否方便，如果方便就继续通话，如果不方便就礼貌地道歉并约好在对方方便时再通电话。事先想好要讲的内容，节约通话时间，不要现想现说。简明扼要地把事情说清楚，尽量有意识地将通话时间控制在三分钟之内。如果通话时间较长，应征求对方意见，并在通话结束时表示歉意。

（四）不打私人电话

办公时间打私人电话就等于放弃工作，如果有非打不可的电话，也要等到休息时间再打，而且还应该尽量用自己的手机或公用电话打，避免使用办公电话，否则既有揩油之嫌，又影响办公室其他人休息。在对方上班期间，原则上不要为了私事而通电话，以免影响对方的工作。

二、接听电话的礼仪

1. 适时拿起听筒

在办公室里，电话铃响 3 遍之前就应接听，3 遍后就应道歉："对不起，让你久等了。"如果受话人正在做一件要紧的事情不能及时接听，代接的人应妥为解释。如果既不及时接电话，又不道歉，甚至不耐烦，就是极不礼貌的行为。尽快接听电话会给对方留下好印象，让对方觉得自己被看重。

2. 确认对方

对方打来电话，一般会自己主动介绍。如果没有介绍或者你没有听清楚，就应该主动问："请问你是哪位？我能为您做什么？您找哪位？"不要拿起电话听筒盘问一句："喂！哪位？"这样的话语陌生而疏远，缺少人情味。问清来电者的身份（姓名、公司名称、电话号码）；在确定来电者身份的过程中，要注意给予对方亲切随和的问候，避免对方不耐烦。

3. 专心接电话

接电话时要暂时放下手里的工作。如果正在和别人交谈，要示意自己接电话，一会儿再说，接完后向对方道歉；如果有非常重要的事情，在接到电话后向客人说明原因，表示歉意，并约一个具体时间主动打过去，在下次通话开始的时候，还要再次向对方致歉。

4. 合理安排

在接听电话时，适逢另一个电话打了进来，切忌置之不理。可先对通话对象说明原因，要其勿挂电话，稍等片刻，然后立即去接另一个电话。待接通之后，先请对方稍候，或过一会儿再打进来，随后再继续刚才正打的电话，同时说明"对不起（很抱歉），让您久等了"。

三、转接电话的礼仪

1. 有礼貌

接到对方打来的电话，您拿起听筒应首先自我介绍："你好！我是某某。"如果对方找的人在旁边，您应说："请稍等。"然后用手掩住话筒，轻声招呼你的同事接电话。如果对方找的人不在，您应该告诉对方，并且问："需要留言吗？我一定转告！"

2. 记录详细准确

接电话的时候，要将对方的公司名称、姓名、事由、电话号码牢牢记住，并转告给对方要找的人。为了避免出错，需要复述一遍。如果复述的内容有误便说："不好意思，请您再说一遍。"转接电话的时候，要认真确认"是谁打给谁的"，并及时把记录的信息转告给对方要找的人。

案例

上海某合资企业曾发生过这样一件事：一次，总经理室电话铃响，秘书小胡抓起听筒报了一声"喂"，对方便说"请老王听电话"。该公司的总经理即姓王，小胡不敢怠慢，赶紧把听筒递给了他。王总经理刚一开口，对方便是一顿责怪。王总经理觉得奇怪，便询问对方的身份。一番口舌之后，才明白这是一场打错电话所造成的误会。事后，王总经理狠狠地批评了小胡。但是，小胡却认为，打错电话乃区区小事，不必小题大做，自己不过是转接电话，并无过错。

资料来源：向国敏．接打电话先自报家门——秘书电话实务实例分析[J]．秘书之友，1994(7)．

四、通话中的礼仪

1. 姿势正确

接打电话的时候，首先要想到自己代表的是公司的形象，这一点是非常重要的。虽然对方看不到你手拿听筒的样子，但是可以从你讲话的口吻中感觉到你的精神状态。

在通话过程中，要假设对方就在自己的面前，务必保持一个完全正确的姿势，坐着打电话要有坐相，站着接听也要有站相。接打电话时，应左手持握话筒，右手边准备纸笔，便于随时记录有用信息。

2. 态度友好

无论是打电话还是接电话，都应做到语调热情、大方自然、声量适中、表达清楚、简明扼要、文明礼貌。通话时要和气、亲切、得体，面带微笑说话。亲切、温情的声音会使对方马上对我们产生良好的印象。如果绷着脸，声音会变得冷淡。即使对方讲话粗野、脾气很大，也不要以同样的方式回敬，要有涵养地应答。打电话时要使用规范的语言。如表12-1所示。

表12-1 礼貌和不当用语比较

情景	不当用语	礼貌用语
1. 问好	喂？	您好/你好。
2. 自报家门	我是××公司	这里是××公司
3. 问对方的身份	你是谁？	请问您是……
4. 问对方姓名/姓氏	你叫什么名字？/你姓什么？	能告诉我您的姓名吗？/请问您贵姓？
5. 要别人的电话	你电话是多少？	能留下您的联系方式吗？
6. 要找某人	给我找一下×××！	请您帮我找一下×××，好吗？谢谢！

续表

情 景	不当用语	礼 貌 用 语
7. 问找某人/问有某事	你找谁啊?/你有什么事?	请问您找哪一位?/请问您有什么事吗?
8. 人不在	他不在。/他现在不在这里。	不好意思,他在另一处办公,请您直接给他打电话,电话号码是……/对不起,他现在不在,如果您有急事,我能否代为转告?
9. 叫别人等待	你等着。	请您稍等一会儿。
10. 待会儿再打	你待会儿再打吧。	请您过一会儿再来电话,好吗?
11. 结束谈话	你说完了吗?	您还有其他事吗?/您还有其他吩咐吗?
12. 做不到	那样可不行。	很抱歉,没有照您希望的办。/不好意思,这个我们可能办不到。
13. 不会忘记	我忘不了的。	请放心,我一定……
14. 没听清楚	什么?再说一遍!	对不起,这边太吵,请您再说一遍,好吗?

第二节 信函礼仪

信函是商业活动中对外交往最主要的书面表达方式,除了传统的书信以外,现代电子邮件也占了一定的分量。书信的表达要运用更加适当的文字,恰当地表达信息。规范得体的信函不仅体现个人的写作水平,更代表一家公司或企业的整体形象。

一、中文信函礼仪

(一)格式礼仪

1. 称谓

商务信函的称谓应郑重,不宜使用过分亲昵的称呼。可称"某某先生"或"某某女士",或称其职务,也可加"尊敬的"一类词。结尾的称呼要和开头相对应,开头是哪种关系程度的称呼,落款也应是相应的程度。比如,称呼是连姓带名的"某某先生",落款就是连姓带名的"某某";称呼是不带姓的"某某先生",落款就不带姓。商务信函以打印为宜,但落款处还要有亲笔签名。

2. 敬辞

用简单的一两句话,写明希望对方答复的要求,如"特此函达,即希函复。"同时写表示祝愿或致敬的话,如"此致敬礼"等。祝语一般分为两行书写,"此致""敬祝"可紧随正文,也可和正文空开。"敬礼""顺利"则转行顶格书写。

3. 正文

信文的正文是书信的主要部分,叙述商业业务往来联系的实质问题正文格式要规范,通常包括以下几个方面:向收信人问候;写信的事由,例如何时收到对方的来信,或者表示谢意,或者对于来信中提到的问题答复等;该信要进行的业务联系,如询问有关事宜,回答对方提出的问题，阐明自己的想法或看法，向对方提出要求等。

如果既要向对方询问，又要回答对方的询问，则先答后问，以示尊重；最后提出进一步联系的希望、方式和要求。

（二）信封礼仪

1. 使用新的信封来邮寄

不能使用旧信封或废旧纸张和有字纸张制成的信封装寄。信件应装入标准信封内，并将封口封好，不必要非在封口加上透明胶带以保安全，否则会影响美观。如果用透明窗信封装寄，透明窗必须是长方形的，其长的一边应和信封长的一边平行。信件应适当折叠，使其在信封内有所移动时，收件人的姓名地址仍能通过透明窗清晰露出。透明窗的纸张应该使用在灯光下不反光的透明纸制成。

2. 格式

左上角是收信人的邮政编码。寄件人地址姓名应写在信封左上角，邮政编码的下方。中间是收信人的姓名，右下方是寄信人的邮编和地址，右上方贴邮票。按国名、地名、姓名逐行顺序填写。

二、英文信函礼仪

（一）英语信函的格式

1. 开头部分

商务信函的开头部分(heading)包括以下四个方面：信头(Letter Head)、日期(Date)、封内地址(Inside Address)和称呼(Salutation or Greeting)。

信头是信函的第一部分，应写在全信首页的开头，位置大约在离纸顶端2～3厘米的正中央，也可中间稍右偏。

英文的日期有两种表示方法。美式英语以月份为先，以日期为后；而英式英语日期在前，月份在后。比如2012年11月5日，在美式英语中的表达方法是November 5,2012，而在英式英语中的表达方式是5th November,2012。如果日期全部用数字表示，美式英语应该是11/5/2012，英式英语是5/11/2012。

标准的排序方式依次是收信人姓名、职位；所在部门及公司名称；公司所在的街道号码及街道名；所在城市、州或郡名称及邮政编码；所在国名。封内姓名地址的格式和信封的格式是一样的，而且必须一致。

开头称呼语是写信人开始信文的礼貌用语，一般商务英语书信中多用Dear Sir，Dear Sirs或Gentlemen，并且独立成行，在封内名称和地址以下三行。在Dear Sir或Dear Sirs后面用逗号，而在Gentlemen后面用冒号。需要注意的是，对夫妻双方的称呼使用同一姓氏，如Dear Mr. & Mrs. McDonald。不知女士婚否时，最好用“Ms.”，如Dear Ms. Green。不知对方具体称呼，可直接写职位头衔，如Dear Marketing Manager。信内地址对收信人的头衔称呼一般有以下几种情况：有教授职称的用Prof. (Professor)，总经理、校长、会长、总统用Pres. (President)。

2. 细节和回应部分

细节要提出问题和具体要求，如询问情况或提供相关的细节。可以分段写，每段应有一个主题，而且段与段之间应有逻辑上的衔接。回应部分期望对方的反应和行动或说明写信人将采取的行动。

3. 结尾部分

1) 结尾敬语(Complimentary Close)

结尾敬语是信件结束时的一种礼貌用语。无论是最正式的信函，还是较正式的信函，信函的风格都要首尾一致。传统的结尾敬语有：Yours faithfully，Yours truly，Yours sincerely 等，也有人用倒装的 Faithfully yours，Truly yours 等。结尾敬语必须和信文紧连一起，不能分开，更不能把它单独放到另一页。

2) 签名(Signature)

每封商业信函都必须签名，一般位于结束敬语处下三行到四行，是在结尾敬辞的下面，稍偏于右，这样最后一个字可以接近空白而和上面的正文一样齐。签名包括亲笔签名和打字签名。如果写信人有头衔，打字签名下还要加上头衔或职位称呼。例如：Mary Owen，Managing Director。写信人若是代表另一位经理回复，那么在被代表人前应加上 For 或 PP 字样。PP 为"per procurationem"的缩写，意为"代理、代表"。签名应当用蓝钢笔或圆珠笔。写信人为女性，则可在署名前用括号注明女士或小姐(Mrs. 或 Miss)，男士签字前可用 Mr. ，Prof. 或 Dr. 字样。

(二) 信封礼仪

1. 信封的格式

在信封的左上角写寄信人的名字和住址。在信封的中间或右下角偏左的地方写收信人的名字和住址。姓名要单独成行。姓名地址的写法同信头(heading)和信内地址(inside address)一样。所用格式(并列式或斜列式)也同信内的安排一致，如图 12-1 所示。

Wang Jing
English Department of
Beijing Union University
Beijing 100023
P.R.China

Manager.David F.Rose
Marketing Section
East Coast Railways, Inc.
Seattle, WA 96514
U.S.A

By Air Mail

Li Miaochun
Foreign Languages Department
Fuzhou University
Fuzhou, Fujian Province 350002

Mr.John Smith
Astin Asia Ltd.
30/F Cornwall House
1000 King's Road
Hong Kong

Mitchell Bros. Inc.
1528 Green Bay Road
Evanston, Illinois 60201
March 18, 2004
(2lines)
Ms. Robertta H. Quinn
Suburban Realty & Developers, Inc.
One Nogales Road
Northbrook, Illinois 60062
(2lines)

图 12-1 齐头式信封的写法、斜列式信封的写法

2. 地址和称呼

寄信人不自称 Mr. ，Mrs. 或 Miss(先生、女士或小姐)，但是在收信人的姓名前则必

须加上尊称 Mr.，Mrs. 或 Miss(先生、女士或小姐)以示礼貌。住址的写法与中文相反，要由小至大，如必须先写门牌号码、街路名称，再写城市、省(州)和邮政区号，最后一行则写上国家的名称。

在信封的右上角贴上邮票，住址中的常用字有简写的多用简写。信封左下角可以写明邮寄方式。若信封通过邮局寄给第三者转交给收信人，则需在收信人的姓名下面写明转交人的姓名，并在前面加上 c/o(care of)或 kindness of。例如：Mr. Thomas Brown C/O Mr. William Smith。

三、电子信函礼仪

电子信函，又称电子函件或电子邮件(E-mail)，是一种通过网络实现相互传送和接收信息的现代化通信方式，也是重要的商务沟通方式之一。商务电子信函的用途很广，主要体现为日常工作交流、传递公司的产品与服务信息、获取外界信息和展示企业形象等。

(一) 邮件格式

1. 标题

每封邮件都应注明标题。添加邮件主题是电子邮件和信笺的主要不同之处，在主题栏里用短短几个字就要概括出整个邮件的内容，便于收件人判断邮件的重要性，以便根据轻重缓急分别处理。标题尽量写得具体，或是与内容相关的主旨大意。

2. 开头

如果你写的是一封较为正式的邮件，还是要用和正式的信笺一样的文体。开头要用“尊敬的”或者是“先生/女士，您好！”结尾要有祝福语，并使用“此致/敬礼！”这样的格式。如果不是经常交流的对象，记得写邮件抬头称呼对方，以示礼貌，并引起主要收件人的关注。

3. 结尾签名

为了让对方清楚地知道发件人的信息，要注意在邮件地址中注上自己的姓名，同时在邮件的结尾添加签名栏，可以包括姓名、职务、公司、电话、传真、地址等信息，但信息不宜行数过多。

(二) 邮件内容礼仪

1. 简明扼要

写电子邮件切忌长篇大论，应尽量简单明了地表达。保持每个段落简短不冗长。Email 正文多用 1234 之类的列表，以清晰明确。传送冗长文字与大型图像均会占用大量的频宽，任意或无心地浪费频宽都会造成对方使用的不便。

2. 内容完整

一封邮件交代完整信息。不要过两分钟之后再发“补充”或者“更正”之类的邮件，容易给对方造成工作上的麻烦。如果邮件带有附件，应在正文里面提示收件人查看附件，并根据内容给附件命名。带有附件时，特别是带有多个附件时，正文中要对附件内容做简要说明。

3. 目的明确

一封邮件尽可能只针对一个主题或者只解释一件事情,不在一封信内谈及多件事情,以便日后整理。当对同一收件人要说明数件事情时,最好按照不同的事情分别发送邮件。邮件的目的要明确,究竟是请收件人回答某一问题,或做某一件事,还是向收件人传达某个信息,都要明确地表达。

4. 礼貌友好

如果担心语气不对而引起误会,可多用"谢谢""请"等字眼,根据对象来选择开头语和祝福语,既不过于客套,又要注意礼节。邮件内容和格式要相符,避免情绪化的内容。

5. 格式正确

注意字体大小要适中、字体尽可能统一。中文适宜用宋体或新宋体,5 号字即可,这是比较适合在线阅读的字体和字号。不要用稀奇古怪的字体或斜体,商务邮件最好不用带背景的信纸。

小贴士

不可在电子邮件中出现的内容

(1) 关于管理层的不利言论(即使已经删除,也能找出这些电子邮件的蛛丝马迹。一般来说,这些消息都是不经意间传播的。等到连续过了 4 遍手之后,通常会有人忘了邮件最下方的那些开玩笑的话,不小心就转发给了另一个同事说别的事儿了)。

(2) 对同级或同事表现的批评(写下来的语句通常更令人抓狂,因为这比说出来显得更为正式)。

(3) 关于分红和薪资的话题(如果积极的计划最终没能实现,这些话语就更容易成为罪证)。

(4) 关于种族的话题。

(5) 产品或服务义务(竞争对手有可能用你的邮件来证明你已经知道隐存的问题却没有采取行动)。

(6) 不真实的竞争情报(那就法庭上见吧)。

(7) 对同事的闲言碎语(即使是最"清白"的消息也有可能会误导人们。正所谓欲加之罪,何患无辞)。

(8) 意思不连贯的马虎之作(清晰的表述反映出清晰的思路,反过来也一样。你给人留下的印象体现在大量的日常沟通邮件中,而不是一两封正式的电子邮件所能比拟的)。

(9) 幽默,尤其是带有讽刺意味和毫无诚意的话(某些常见的很丰富的表情,如微笑,拍掌,在屏幕上只会显得干巴巴的了无生趣)。

(10) 任何那些会令你难堪的个人隐私为题,你可不想它们出现在报纸的头版头条(你的感情生活,周末度假,政治观点等)。

戴安娜·布赫. 卓有成效的沟通:领导者上传下达的 10 个沟通技巧[M]. 刘皎,译. 北京:电子工业出版社,2014:188.

(三) 发送礼仪

1. 选择恰当的收件人

不管是工作计划还是项目通报类的邮件或者是寻求跨部门支持的邮件，相关的收件人都要经过认真的筛选。如果有意见要提，要先思考这个问题只需要哪些相关人士知道，避免将事态扩大。也不能随便向群体邮箱发送不必要的消息。避免发给不相关的人员。

2. 提醒确认

给对方发送邮件后，要及时沟通确认或提醒。重要事宜，最好电话提醒对方查看邮箱或请对方确认已收到邮件。如果提醒后依然没有得到回复，最好再次提醒对方。

3. 抄送谨慎

抄送(CC)是指发送给收件人的同时，也让其他一或多人收到该邮件，并且也让收件人知道这种情况，也就是平时所说的群发邮件。密送(BCC)是加密的抄送，区别在于收件人并不知道发件人把该邮件发送给了其他人。

使用抄送(CC)和 密送(BCC)功能时要倍加小心。首先将抄送人数降至最低，确认收信对象是否需要收到这封信，以免造成不必要的干扰。使用群发功能向多处发送相同内容的邮件时，如果不想在群发邮件中泄露他人邮件地址涉及他人隐私，最好使用密送(BCC)功能。

(四) 回复礼仪

尽量在 24 小时内回复邮件，哪怕是简单的一句话。回复邮件最好不要过夜，接到邮件后立即回复，因为速度快是商务邮件的优点之一，也是对方选择电子邮件发送信息的原因。

第三节　谈判签约礼仪

商务谈判是关于商业事务的谈判，具体是指两个或两个以上的从事商务活动的组织或个人，为了满足自身经济利益的需要，对涉及各方切身利益的分歧进行沟通，谋求取得一致和达成协议的经济交往活动。

一、谈判准备礼仪

(一) 谈判的安排礼仪

1. 选择恰当的时机

安排谈判时，要选择合适的时间。避免在最疲劳的时候，身心处于低潮时，或者身体不适时进行谈判。如中午或者经过长途跋涉后，或者傍晚 4 点到 6 点的时候，或者是在连续紧张工作后。时间安排好以后，双方都要准时到达，以示谈判的诚意。

2. 选择合适的地点

谈判地点的选择，往往涉及一个谈判的环境心理因素问题，有利的场所能增加自己的谈判地位和谈判力量。不熟悉的环境容易出现不该有的错误。谈判地点有三种,分别是主场、客场和中性场所。一般情况下要争取选择熟悉的地点主场。如果争取不到主场,至少应选择一个双方都不熟悉的中性场所,以减少由于无"场地优势"导致的错误,避免不必要的损失,客场谈判是最不利的地点。如果谈判将要进行多次,那谈判地点应该依次互换,以示公平。

3. 谈判环境的布置

谈判环境的布置也很重要。谈判一般要安排两个房间,在集体谈判时更应该如此。其中一间作为主要谈判室,另一间是秘密会谈室,如果条件允许的话,再安排一间休息室。主要谈判室的光线应当充足,座椅应当舒适,室内要保持安静,无外来人员和电话的打扰,温湿度不宜过高或过低,空气要清新流通,一般不安装录音录像设备,除非谈判双方都同意才可以安装,因为安装后容易让谈判人员产生戒心,难以畅所欲言。

4. 营造有利谈判氛围

在迎送和接待对方谈判小组时,主方要依据商界对等接待的原则,确定与客方谈判代表团的身份、职位对等、人数相等的接待陪同人员,并通知他们准时迎送。接待和招待宴会等的过程都要符合礼仪规范,树立良好的个人和团队形象,多运用中性话题,保证双方的良好沟通,帮助双方加深了解,调整思维,熟悉对方,使双方找到共同语言,逐渐放下防备心理,为顺利过渡到谈判上做好铺垫。

案例

巴西一家公司到美国去采购成套设备。巴西谈判小组成员因为上街购物耽误了时间。当他们到达谈判地点时,比预定时间晚了 45 分钟。美方代表对此极为不满,花了很长时间来指责巴西代表不遵守时间,没有信用,如果总这样下去,以后很多工作很难合作,浪费时间就是浪费资源、浪费金钱。

对此巴西代表感到理亏,只好不停地向美方代表道歉。谈判开始以后似乎还对巴西代表来迟一事耿耿于怀,一时间弄得巴西代表手足无措,说话处处被动。无心与美方代表讨价还价,对美方提出的许多要求也没有静下心来认真考虑,匆匆忙忙就签订了合同。等到合同签订以后,巴西代表平静下来,头脑不再发热时才发现自己吃了大亏,上了美方的当,但已经晚了。

资料来源:应届毕业生. 国际商务谈判案例[EB/OL]. (2013-04-16). http://career-english.yjbys.com/Negotiation/535416.html.

(二)谈判座次安排礼仪

从总体上讲,排列正式谈判的座次,可分为两种基本情况。

1. 双边谈判

双边谈判,指的是由两个方面的人士所举行的谈判。在一般性的谈判中,双边谈判最为多见。双边谈判的座次排列,主要有两种形式可供选择。

1)横桌式

横桌式是指谈判桌在谈判室内横放,客方人员面门而坐,主方人员背门而坐。除双方主谈者居中就座外，各方的其他人士则应依其具体身份的高低，各自先右后左、自高而低地分别在己方一侧就座。双方主谈者的右侧之位，在国内谈判中可坐副手，而在涉外谈判中则应由译员就座。

2）竖桌式

竖桌式座次排列是指谈判桌在谈判室内竖放。具体排位时以进门时的方向为准，右侧由客方人士就座，左侧则由主方人士就座。在其他方面，则与横桌式排座相仿，如图 12-2 所示。

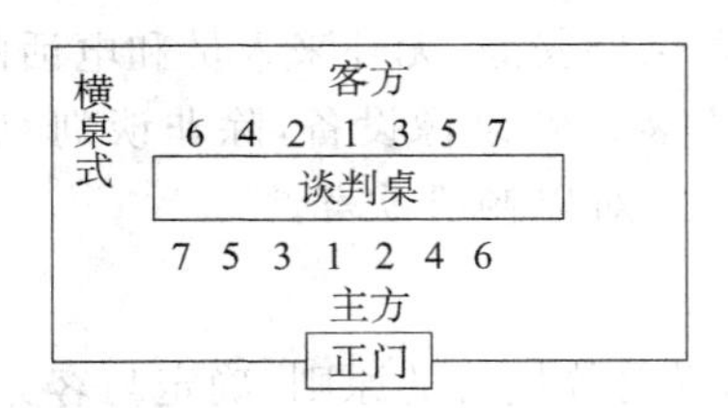

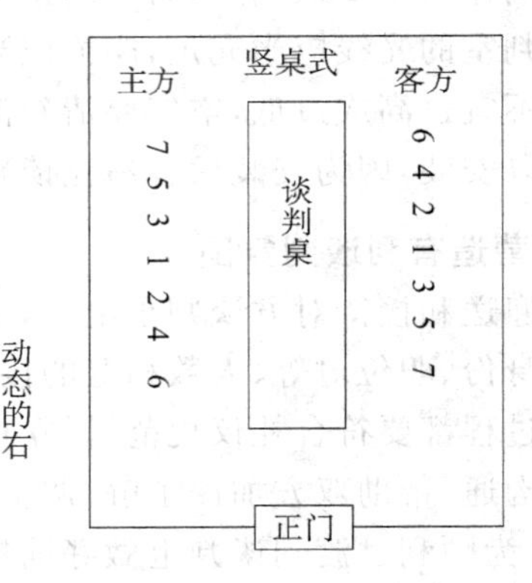

"面门为上、居中为上、以右为上"

图 12-2 双边谈判的座次排列形式

2. 多边谈判

多边谈判，在此是指由三方或三方以上人士所举行的谈判。多边谈判的座次排列，主要也可分为两种形式。

1）自由式

各方人士在谈判时自由就座，无须事先安排座次。

2）主席式

主席式是指谈判室内，面向正门设置一个主席之位，由各方代表发言时使用。其他各方人士，则一律背对正门、面对主席之位分别就座。各方代表发言后，亦应下台就座。除了面门为上，居中为上，以右为上以外，有经验的谈判人员会根据会议的性质安排不同的座位。通常就谈判桌的形状而言，如果谈判具有较强的竞争性和对抗性，大多选用长条形或正方形，如果合作性的谈判则尽量考虑选用圆形谈判桌。

二、谈判人员礼仪

（一）谈判人员的形象和谈吐礼仪

1. 形象礼仪

谈判人员仪容要求干净整齐，端庄大方。男士应穿深色系西装，女士应着端庄典雅的套裙，不要显示代表个人身份或宗教信仰的标记，不要穿绿色衣服，不要戴太阳镜或变色镜，不要佩戴大多的饰品。

2. 谈吐礼仪

谈判人员谈吐应落落大方，准确地应用语言，注意自己的说话方式。及时肯定对方，不用攻击性的语言指责对方产品信誉方面的问题。不提带有敌意，或者涉及对方隐私的问题。不伤对方的面子和自尊，不发表不合适的言论和粗俗的话语。

3. 涉外礼仪

涉外谈判在遵守一般谈判过程中的形象和谈吐礼仪规范的基础上，还要熟悉不同国家文化习惯的差异，否则会带来意想不到的障碍。对于不同文化背景的谈判对手采取加深了解，宽容尊重，相互理解，求同存异。

（二）谈判人员的举止礼仪

1. 严守谈判信息

不在公共场所，如餐厅、过道等处谈论业务问题，防止无意中泄密。随身携带与谈判相关的文件资料，在谈判休息时，不将相关资料留在谈判室里。不把谈判方案暴露在谈判桌上，尤其是印有数字的文件。尽量自己去复印文件、打字、发传真，如果迫不得已，也要在自己一方人员的监督下完成。谈判中用过而又废弃的文件、资料、纸片等不要随便乱丢。

2. 相互积极配合

确定了主谈人（主谈人是在谈判的全过程或某一阶段或针对某个方面的议题，以他为主进行发言，代表己方阐明立场和观点）之后，己方的意见、观点都应由主谈人来表达，避免各说各的，相互影响。辅谈人（主谈人以外的其他处于辅助配合位置的人员）的配合也非常重要，也需要在谈判时有所作为。辅谈人要自始至终的支持主谈人。这种支持可以是口头上的附和，如“绝对正确”“没错，正是这样”等等，也可以是姿态上的赞同，如眼睛看着己方主谈人不住地点头等。

3. 安静专注

参加谈判的双方都应当关掉手机，保持安静。不要在主谈人提出意见和观点时，眼睛望着天花板，或是将脸扭向一旁，甚至是私下玩手机，发短信，这种无礼的行为不仅会影响己方主谈人的自信心，减弱他话语的力量，而且会给谈判对方造成不好的印象，让对方认为己方主谈人的意见并不重要和坚定。

三、签约礼仪

签约仪式是谈判双方经过会谈、协商，形成某项协议或协定，再互换正式文本的仪式，是一种比较隆重的活动，礼仪规范也比较严格。

（一）签约仪式的准备

1. 签字厅的布置

如果没有常设专用的签字厅，也可以临时以会议厅、会客厅来代替。布置的总原则是要庄重、整洁、清静，地面可铺设地毯，室内空气保持清新。除了必要的签字用桌椅外，其他一切的陈设都不需要。正规签字桌为长桌，横放在室内，铺设深色的台布，台布要干净无破洞。在签字桌上摆好签字人姓名牌和待签的合同以及签字笔吸墨器等物品。

2. 合同文本的准备

合同文本的准备按商业惯例由主方负责准备，为了避免纠纷，主方要会同对方一起指定专人，共同负责合同文本的校对、印刷、装订、盖章等工作。涉外谈判签约的合同文本要依照国际惯例同时使用签约各方法定的官方语言撰写，或者采用国际通行的英文、法文撰写，也可并用。签合同文本要用 A4 规格的白纸印刷并装订成册，再配以真皮或金属封面，除供各方正式签字的合同正本外，最好还能各备一份副本。

3. 签字时的人员安排

参加谈判签字仪式的人员，基本上是双方参加会谈的全体成员，人数最好对等，主方上级可到场参加并表示祝贺。签字仪式举行之前，签字双方应确定各自的助签人员，并商谈具体签约细节。确定好主要签字人和参加仪式的人员。

签字人由签字双方各自确定，但是主要签字人的身份必须与待签文件的性质相符，同时双方签字的身份和职位应该大体相当。签字位置一般安排客方居右边，主方在左边。签字人员入座时，其他人员分主、宾各一方，按身份顺序于各自的签字人员座位之后。

案例

张先生是位市场营销专业本科毕业生，就职于某大公司销售部，工作积极努力，成绩显著，三年后升职任销售部经理。一次，公司要与美国某跨国公司就开发新产品问题进行谈判，公司将接待安排的重任交给张先生负责，张先生为此也做了大量的、细致的准备工作，经过几轮艰苦的谈判，双方终于达成协议。可就在正式签约的时候，客方代表团一进入签字厅就转身拂袖而去，是什么原因呢？原来在布置签字厅时，张先生错将美国国旗放在签字桌的左侧。项目告吹，张先生也因此被调离岗位。

中国传统的礼宾位次是以左为上，右为下，而国际惯例的座次位序则是以右为上，左为下；在涉外谈判时，应按国际通行的惯例来做，否则，哪怕是一个细节的疏忽，也可能会导致功亏一篑、前功尽弃。

资料来源：百度文库．商务谈判礼仪案例[EB/OL]．(2013-11-19)．http://wenku.baidu.com/link?url=SNvJHyNMcJZpyauN71u168s70XTr4XZFDnQBPBtKBBZ2YQ-B1Z8CromNl6nWfB7tETuIW_jjrUJGfNkOJgHwvS2P5mj_miHVMyfcJcL3woa.

（二）签字时的座次安排

举行签约仪式时，座次排列共有三种基本形式，它们分别适用于三种不同的具体情况。

1. 并列式

并列式排座，是一种比较正规的签约排座方式，在一些大型的或国际谈判签约中比较常见。具体做法是：签字桌在室内面门横放，双方出席仪式的全体人员（一般人数相等）在签字桌之后并排排列，双方签字人员居中面门而坐，客方居右，主方居左；如图 12-3 所示。

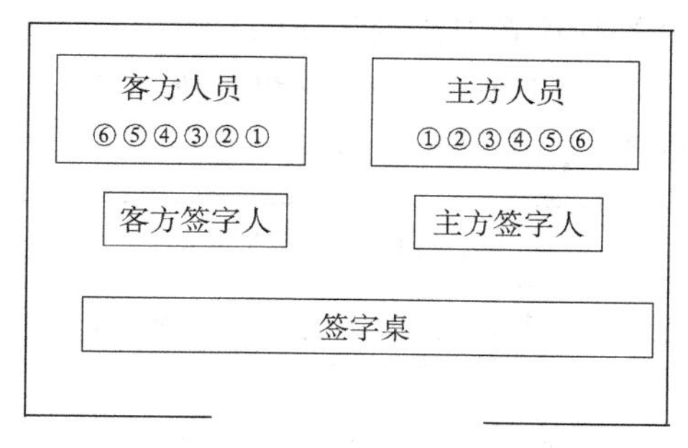

图 12-3 并列式签字仪式排座

2. 相对式

相对式签字仪式的排座，与并列式签字仪式的排座基本相同。两者之间的主要区别只是相对式排座将双方签字仪式的随员席移至签字人的对面，如图 12-4 所示。

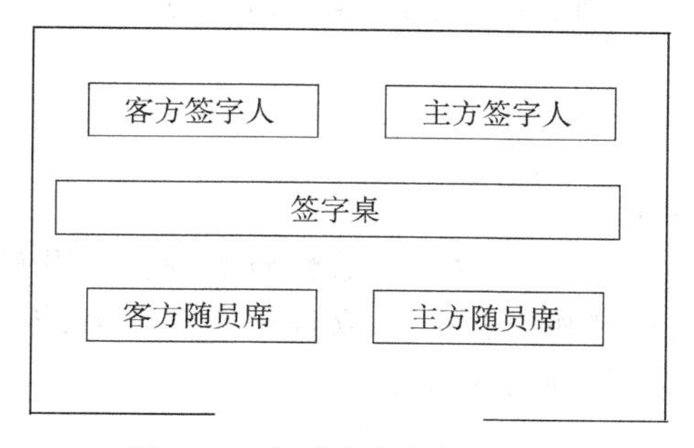

图 12-4 相对式签字仪式排座

3. 主席式

这种签字方式主要运用于多个签约方参加的签字仪式。其中主要操作要点是：签字桌仍在室内横放，签字席仍放在桌后面对正门，但通常只设一个，并且不固定其就座者。举行仪式时，所有各方人员，包括签字人在内，皆应背对正门，面向签字席就座。签字时，各方签字人员以规定的先后顺序依次走上签字席就座签字，然后即应退回原处就座、如图 12-5 所示。

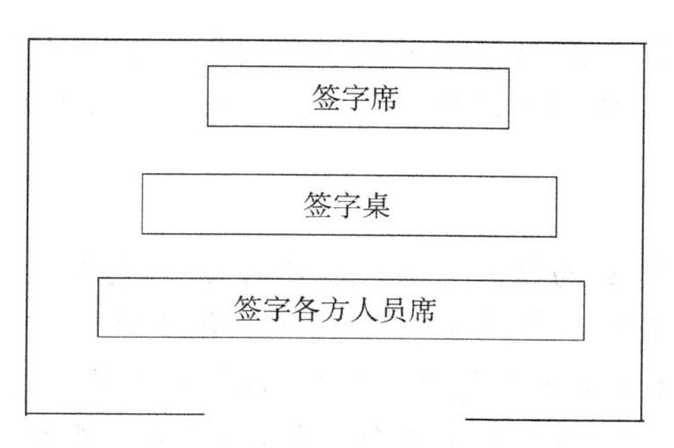

图 12-5 主席式签字仪式排座之一

由政府部门牵头举办的各类招商恳谈会、经贸洽谈会、签约大会等，常采用这种签约方式，这也是我们招商引资签约仪式中比较常见的一种方式。采用这种方式时，为体现政府的重视，主办政府或签约双方的一些主要领导也可按“居中为上”的原则，排列在签字人的后面，使签约仪式更显隆重，如图 12-6 所示。

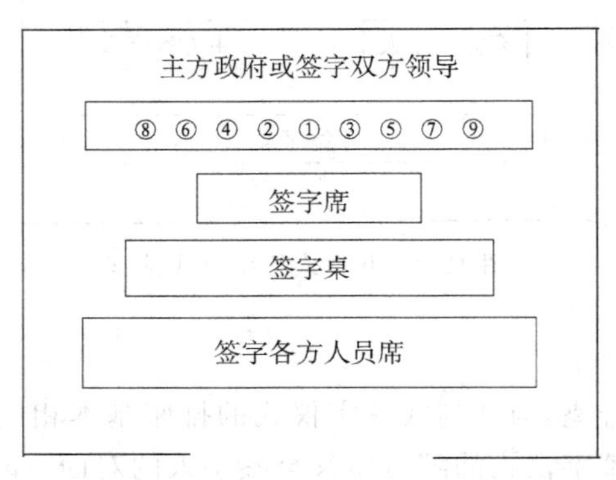

图 12-6　主席式签字仪式排座之二

（三）签字仪式的礼仪

1. 出席人员的服饰要求

签字人、助签人和其他参加人应穿有礼服性质的深色西服套装、中山装套装，同时配白色衬衣，单色领带、黑色皮鞋和深色袜子，女性则应穿套裙、长筒丝袜和黑皮鞋，服务接待人员和礼仪人员，则可穿工作制服或旗袍等礼服。

2. 签字的过程

双方参加签字仪式的助签人员协助翻开协议文本，指明签字处。在本方保存的文本上签毕后，由双方助签人员互相传递文本，再在对方保存的文本上签字，然后由双方签字人员交换文本，相互握手。为了表示纪念，还会互换用过的签字笔。全场人员此时也应报以热烈的掌声，为合作成功表示祝贺。

国际上通行的增加签字仪式喜庆色彩的常规性做法还有饮酒庆贺，在交换文本后当场用香槟等礼宾酒类干杯庆贺，并与其他方面人士一一干杯。

3. 其他礼仪

如果待签的文件不是国家机密，那么签字仪式会准许新闻界采访和报道，但也不会允许大量的记者涌进签字厅，媒体采访和报道事先必须征得有关方面的同意。

案例

中国一家大型国有企业，为了避免濒临破产的局面，想寻找一家资金雄厚的外资企业做合作伙伴。经过多方努力，这家企业终于找到了自己的“意中人”——一家具有国际声望的德国公司。经过双方长时间的谈判，终于可以草拟合约了。

在签字仪式那天，德方代表提前 5 分钟到场，而中方企业的代表到达签字地点的时间比双方正式约定的时间晚了 5 分钟。当中方代表要求德方代表在合约上签字时，德方代表拒绝签字，并对中方代表说："我们绝不会跟没有时间观念的人做生意伙伴。"

资料来源：百度文库．中西礼仪差别经典案例分享[EB/OL]．(2015-10-08)．http://wenku.baidu.com/link?url=Maq_yZ8KsC5wQd1i9lf06FUT9y71LQTOxbSN2yUke34U2bIrf-v1gM4UepwcfqM2syIz79n7fxg8LTripjCX3nnp_SOrK-xaUIPsM8Njv5W.

第四节 会议礼仪

在许多情况下，商务人员往往需要办会。所谓办会，指的是从事会务工作，即负责从会议的筹备直至其结束、善后的一系列具体事项。会务礼仪，主要就是有关办会的礼仪规范。

一、发布会礼仪

新闻发布会，简称发布会，亦称记者招待会，是一种主动传播各种有关的信息，谋求新闻界对某一社会组织或某一活动、事件进行客观而公正的报道的有效的沟通方式。

（一）会议筹备

筹备新闻发布会，要做的准备工作甚多。其中最重要的，是要做好主题的确定、时空的选择、人员的安排、材料的准备等项具体工作。

1. 主题确定

新闻发布会的主题，指的是新闻发布会的中心议题。主题确定是否得当，往往直接关系到本单位的预期目标能否实现。一般而言，新闻发布会的主题大致上共有三类：一类是发布某一消息；一类是说明某一活动；另一类则是解释某一事件。

2. 时空选择

新闻发布会的举行地点，除可以考虑本单位本部所在地、活动所在地之外，还可以优先考虑首都或其他影响巨大的中心性城市。必要时，还可在不同地点举行内容相似的新闻发布会。举行新闻发布会的现场，应交通方便、条件舒适、面积适中，本单位的会议厅、宾馆的多功能厅、当地最有影响的建筑物等等，均可酌情予以选择。

3. 人员安排

按照常规，新闻发布会的主持人大都应当由主办单位的公关部部长、办公室主任或秘书长担任。新闻发布会的发言人是会议的主角，因此他通常应由本单位的主要负责人担任。还须精选一些本单位的员工负责会议现场的礼仪接待工作。为了宾主两便，主办单位所有正式出席新闻发布会的人员，均须在会上正式佩戴事先统一制作的姓名胸卡，其内容包括姓名、单位、部门与职务。

4. 材料准备

在准备新闻发布会时，主办单位通常需要事先委托专人准备好以下四个方面的主要材料。

（1）发言提纲。发言提要既要紧扣主题，又必须全面、准确、生动、真实。

（2）问题提纲。事先了对有可能被提问的主要问题进行预测，并就此预备好针锋相对的答案，以使发言人心中有数，必要时予参考。

（3）宣传提纲。宣传提纲通常应列出单位名称及联络电话、传真号码，以供新闻界人士核实之用。上网的商界单位，还可同时列出本单位的网址。

（4）辅助材料。新闻发布会的举办现场预备一些可强化会议效果的形象化视听材料，例如，图表、照片、实物、模型、沙盘、录音、录像、影片、幻灯、光碟，等等，以供与会者利用。应当注意的是，切勿弄虚作假，切勿泄露商务机密。

（二）媒体邀请

目前，新闻媒体大体上分为电视、报纸、广播、杂志等四种。它们各有所长，各有所短。在邀请新闻界人士时必须有所侧重。基本的规则是，宣布某一消息时，尤其是为了扩大影响，提高本单位的知名度时，邀请新闻单位通常多多益善。论是邀请一家还是数家新闻单位参加新闻发布会，主办单位都要尽可能的优先邀请那些影响巨大、主持正义、报道工整、口碑良好的新闻单位派员到场。

（三）现场应酬

在新闻发布会正式举行的过程之中，往往会出现种种这样或那样的确定或不确定的问题。有时，甚至还会有难以预料到的情况或变故出现。要应付这些难题，确保新闻发布会的顺利进行，除了要求主办单位的全体人员齐心协力、密切合作之外，最终要的，是要求代表主办单位出面应付来宾的主持人、发言人，要善于沉着应变、把握全局。

（四）善后事宜

新闻发布会举行完毕之后，主办单位需在一定的时间之内，对其进行一次认真的评估善后工作。一般而言，需要认真处理的事情，一共有如下三项。

1. 要了解新闻界反应

新闻发布会结束之后，应对照一下现场所使用的来宾签到簿与来宾邀请名单，核查一下新闻界人士的到会情况。据此可大致推断出新闻界对本单位的重视程度。对到会的新闻界人士来讲，也有两件事必做不可：一是要了解一下与会者对此次新闻会的意见或建议，尽快找出自己的缺陷与不足。二是要了解一下与会的新闻界人士之中有多少人为此次新闻发布会发表了新闻稿。

2. 要整理保存会议资料

整理保存新闻发布会的有关资料，不仅有助于全面评估会议效果，而且还可为此后举行同一类型的会议提供借鉴。

3. 要酌情采取补救措施

在听取了与会者的意见、建议，总结了会议的举办经验，收集、研究了新闻界对于会议的相关报道之后，对于失误，过错或误导，都要主动采取一些必要的对策。

二、展览会礼仪

所谓展览会，对商界而言，主要是特指有关方面为了介绍本单位的业绩，展示本单位的成果，推销本单位的产品、技术或专利，而以集中陈列实物、模型、文字、图表、影像资料供人参观了解的形式，所组织的宣传性聚会。

根据惯例，展览会的组织者需要重点进行的具体工作，主要包括参展单位的确定、展览 内容的宣传、展览位置的分配、安全保卫的事项、辅助服务的项目，等等。

1. 参展单位的确定

一旦决定举办展览会，由什么单位来参加的问题，通常都是非常之重要的。在具体考虑参展单位的时候，必须注意两厢情愿，不得勉强。按照商务礼仪的要求，主办单位事先应以适当的方式，对拟参展的单位发出正式的邀请或召集。

对于报名参展的单位，主办单位应根据展览会的主题与具体条件进行必要的审核。切勿良莠不分，来之不拒。当参展单位的正式名单确定之后，主办单位应及时地以专函进行通知，令被批准的参展单位尽早有所准备。

2. 展览内容的宣传

为了引起社会各界对展览会的重视，并且尽量地扩大其影响。

3. 展示位置分配

在布置展览现场时，基本的要求是：展示陈列的各种展品要围绕既定的主题，进行互为衬托的合理组合与搭配。要在整体上显得井然有序、浑然一体。顺理成章的是，所有参展单位都希望自己能够在展览会上拥有理想的位置。展品在展览会上进行展示陈列的具体位置，称为展位。大凡理想的展位，除了收费合理之外，应当面积适当，客流较多，处于展览会上的较为醒目之外，设施齐备，采光、水电的供给良好。

4. 安全保卫事项

无论展览会举办地的社会治安环境如何，组织者对于有关的安全保卫事项均应认真对待，免得由于事前考虑不周而麻烦丛生，或是“大意失荆州”。在举办展览会前，必须依法履行常规的报批手续。

此外，组织者还须主动将展览会的举办详情向当地公安部门进行通报，求得其理解、支持与配合。按照常规，有关安全保卫的事项，必要时最好由有关各方正式签订合约或协议，并且经过公证。这样一来，万一出了事情，大家就好“亲兄弟，明算账”了。

5. 辅助服务项目

主办单位作为展览会的组织者，有义务为参展单位提供一切必要的辅助性服务项目。否则，不单会影响自己的声誉，而且还会授人以柄。由展览会的组织者为参展单位提供的各项辅助性服务项目，最好有言在先，并且对有关费用的支付进行详尽的说明。

三、赞助会礼仪

所谓赞助，通常是指某一单位或某一个人拿出自己的钱财、物品，来对其他单位或个人进行帮助和支持。在赞助活动正式实施之际，往往需要正式举行一次聚会，将有关的事宜公告于社会。这种以赞助为主题的赞助会，在赞助活动中，尤其是大型的赞助中，大都必不可少。有时，人们亦称之为赞助仪式。他主要是为了向全社会公告赞助活动正式启动，是赞助活动中作用巨大的一项重要环节。根据商务礼仪的规范，赞助会通常应由受赞助者出面承办，而有赞助单位给予其适当的支持。

1. 地点

赞助会的举行地点，一般可选择受赞助者所在单位的会议厅。亦可由其出面，租用社会上的会议厅。用以举行赞助会的会议厅，除了其面积的大小必须与出席者的人数成比例之外，还需要打扫干净，并略加装饰。

2. 参加人

参加赞助会的人士，既要有充分得代表性，又不必在数量上过多。除了赞助单位、受赞助者双方得主要负责人员及员工代表之外，赞助会应当重点邀请政府代表、社区代表、群众代表以及新闻界人士参加。再邀请新闻界人士时，特别要注意邀请那些在全国或当地具有较大影响力得电视、报纸、广播等媒体人员与会。

3. 时间及议程

依照常规，一次赞助会的全部时间，不应当长于一个小时。因此赞助会的具体会议议程，必须既周密又紧凑。赞助会的具体会议议程，大致上共有六项：第一项宣布赞助会正式开始，第二项奏国歌，第三项赞助单位正式实施赞助，第四项赞助单位代表发言，第五项受赞助单位代表发言，第六项来宾代表发言。

4. 结束

在赞助会正式结束后，赞助单位、受赞助单位双方主要代表以及会议的主要来宾，通常应当合影留念。此后，宾主双方可稍事晤谈，然后来宾即应一一告辞。

四、茶话会礼仪

所谓茶话会，在商界主要是指意在联络老朋友，结交新朋友的具有对外联络和进行招聘性质的社交性集会。因其以参加者不拘形式的自由发言为主，并且因之备有茶点，故此称为茶话会。

1. 会议主题

茶话会的主题，特指茶话会的中心议题。在一般情况下，商界所召开的茶话会，其主题大致可分为如下三类：以联谊为主题，以娱乐为主题和以专题为主题。

2. 来宾确定

茶话会的与会者，除主办单位的会务人员之外，即为来宾。邀请那些方面的人士参加茶话会，往往与其主题存在着直接因果关系。因此，主办单位在筹办茶话会时，必须围绕其主题，来邀请来宾。尤其是确定好的与会者。

在一般情况下，茶话会的主要与会者，大体上可分为下列五种情况：本单位的人士，本单位的顾问，社会上的贤达，合作中的伙伴，各方面的人士。茶话会的与会者名单一经确定，应立即以请柬的形式相对方提出正式邀请。按惯例，茶话会的请柬应在半个月之前被送到或寄达被邀请者之手，但对方对此可以不必答复。

3. 时空选择

举行茶话会的时空问题，是指茶话会的举办时间地点、场所的选择。按照惯例，要注意时间长短，避开工作日，适宜举行茶话会的大致场地主要有：一是主办单位的会议厅；二是宾馆的多功能厅；三是主办单位负责人的私家客厅；四是主办单位负责人的私家庭院或露天花园；五是包场高档的营业性茶楼或茶室。餐厅，歌厅，酒吧等处，均不宜用来举办茶话会。

4. 座次安排

为了使与会者畅所欲言，并且便于大家进行交际，茶话会上的座次安排尊卑并不宜过明显。不排座次、允许自由活动，不摆与会者的名签，仍是其常规做法。

5. 茶点准备

茶话会，顾名思义，自然有别于正式的宴会，因此，它是不上主食，热茶，不安排品酒，而是只向与会者提供一些茶点。

6. 会议议程

相对而言，茶话会的会议议程，在各类正式的商务性会议之中，都可以称得上是最为简单不过的了。在正常的情况之下，商界所举办的茶话会的主要会议议程，大体只有如下四项。

第一项，主持人宣布茶话会正式开始。在宣布会议正式开始之前，主持人应当提请与会者各就各位，并且保持安静。

第二项，主办单位的主要负责人讲话。他的讲话应以阐明此次茶话会的主题为中心内容。除此以外，还可以代表主办单位，向全体与会者的到来表示欢迎与感谢，并且恳请大家今后一如既往的给予本单位以更多的理解，更大的支持。

第三项，与会者发言。根据惯例，与会者发言在任何情况下都是茶话会的重心所在。为了确保与会者在发言之中直言不讳，畅所欲言，通常，主办单位事先均不对发言者进行指定与排序，也不限制发言的具体时间，而是提倡与会者自由地进行即兴式的发言。

第四项，主持人略作总结。随后，即可宣布茶话会至此结束散会。

课堂实践

1. 实践内容：设计一次签约仪式的情景，并进行模拟活动。

2. 实践目的：通过设计和模拟，对签约礼仪的相关内容有直观的了解和印象，特别对其中的座位安排和签约步骤能有较深的记忆。

3. 实践环节：完整设计一次签约礼仪的具体程序，重点包括筹备、布置、程序安排等内容。当部分同学在情景演示的时候，请其他同学仔细观察。演示结束后，相互进行交流，教师进行总结和点评，纠正不足之处并演示正确做法。

4. 技能要求：熟练掌握签约活动的安排及筹备事项，掌握签约仪式礼仪的相关程序，在实践中发现问题并及时纠正，提高实际操作能力。

拓展阅读

看看世界各地的饮茶文化和习俗

中国:中国人喝各种各样各种口味的茶。喝绿茶、普洱茶的人都比较多。中国人很重礼节,凡来了客人,沏茶、敬茶的礼仪是必不可少的。当有客来访,可征求意见,选用最合来客口味和最佳茶具待客。以茶敬客时,对茶叶适当拼配也是必要的。主人在陪伴客人饮茶时,要注意客人杯、壶中的茶水残留量,一般用茶杯泡茶,如已喝去一半,就要添加开水,随喝随添,使茶水浓度基本保持前后一致,水温适宜。在饮茶时也可适当佐以茶食、糖果、菜肴等,达到调节口味和点心之功效。

英国:有着深厚的下午茶传统,茶几乎可称为英国的民族饮料。与中国的清茶文化不同,英国人喜爱现煮的浓茶,并放一二块糖,再加少许冷牛奶。著名英国画家詹姆士曾绘过一系列的英国下午茶图画,展现英国中产阶级品赏红茶、奶茶的情形。

蒙古:蒙古人喜爱吃砖茶。他们把砖茶放在木臼中捣成粉末,加水放在锅中煮开,然后加上一些盐,还加牛奶和羊奶。

美国:"速度""效率"是美国的文化基因,茶文化也受此影响。美国人不愿为冲泡茶叶、倾倒茶渣浪费时间,因此他们常喝乌龙、绿茶等罐装冷饮茶。他们在茶中加冰,或者将罐装茶放于冰箱中冰好,喝起来凉爽可口。在美国,茶饮销量仅次于咖啡。

法国:法兰西的饮茶文化从皇室贵族、有闲阶层逐渐普及至民间,成为法国人生活与社交中不可或缺的一部分。现今法国人最爱饮用绿茶、红茶、沱茶、花茶。有些地方还会在茶中加入新鲜鸡蛋,或者在茶中加入杜松子酒或威士忌酒。

荷兰:作为曾经的"海上马车夫",荷兰是最早从中国引进茶叶的欧洲国家,在1605年,茶叶便成为荷兰上层社会的饮品之一。荷兰人独创了奶茶饮法,这一创造深深地影响了日后欧美其他各国的茶文化。

俄罗斯:早在19世纪下半叶,俄罗斯便成了中国茶叶的最大买主。俄罗斯人喜爱喝红茶,茶味浓厚。喝茶时,他们会先倒半杯浓茶,然后加热开水,再加两片方糖与柠檬片,喝茶程序和步骤也非常讲究。

日本:日本茶文化同中国有异曲同工之妙,其方式多以喝清茶为主。日本茶文化中的茶道最为著名,其表现方式之严谨、内涵之丰富令人叫绝。外国人在游玩日本时,观赏茶道几乎是必备项目。

韩国:茶文化亦是韩国传统文化中的一部分,韩国茶礼讲究以礼相待、以诚待人,成人茶礼是韩国茶日的重要活动之一。韩国人将中国上古时代的部落首领神农氏称作茶圣。为纪念茶圣,韩国人还专门编排出"高丽五行茶"茶礼仪式。

泰国:泰国地处南亚,纬度较低,气候炎热,因此冰茶成为他们饮茶文化中重要内容。泰国人喜爱在茶水里加冰,让茶冷却甚至冰冻,品尝起来沁人心脾。烈日之下,喝一杯冰茶,既能去热散湿,也能颐养心神。

北非:因气候干燥炎热,因此北非盛行薄荷茶。当地人喜欢在绿茶里放置几片新鲜薄荷叶和冰糖,饮时清凉可口。需要提及的是,当有客来访,客人得将主人敬的三杯茶喝完,才算有礼貌。北非中的埃及崇尚甜茶。埃及人待客，常端上一杯热茶，里面放许多白糖。喝埃及甜茶会有黏糊之感，外来客人大多不习惯。

斯里兰卡：斯里兰卡的居民酷爱喝浓茶，茶叶又苦又涩，他们却觉得津津有味。该国红茶畅销世界各地，在首都科伦坡有经销茶叶的大商行，设有试茶部，由专家凭舌试味，再核等级和价格。

新西兰：新西兰人把喝茶作为人生最大的享受之一。许多机关、学校、厂矿等还特别订出饮茶时间。各乡镇茶叶店和茶馆比比皆是。

马里：马里人喜爱饭后喝茶。他们把茶叶和水放入茶壶里，然后炖在泥炉上煮开。茶煮沸后加上糖，每人斟一杯。他们的煮茶方法不同一般：每天起床，就以锡罐烧水，投入茶叶；任其煎煮，直到同时煮的腌肉烧熟，再同时吃肉喝茶。

加拿大：加拿大人泡茶方法较特别，先将陶壶烫热，放一茶匙茶叶，然后以沸水注于其上，浸七八分钟，再将茶水倾入另一热壶供饮。通常加入乳酪与糖。

埃及：埃及的甜茶。埃及人待客，常端上一杯热茶，里面放许多白糖，只喝二三杯这种甜茶，嘴里就会感到黏糊糊的，连饭也不想吃了。

南美：南美的马黛茶。南美许多国家，人们用当地的马黛树的叶子制成茶，既提神又助消化。他们是用吸管从茶杯中慢慢品味着。

印度：印度人好喝奶茶，也爱喝一种参加姜或小豆蔻的"萨马拉茶"。印度人传统饮茶方法较独特，把茶倒在盘子里用舌头舔饮。另外，绝不可左手递送茶具，因为，左手是用来洗澡和上厕所的。

德国：德国人饮茶有些既可笑又可爱的地方。比方，德国也产花茶，但不是我国用茉莉花，玉兰花或米兰花等窨制过的茶叶，他们所谓的"花茶"，是用各种花瓣加上苹果、山楂等果干制成的，里面一片茶叶也没有，真正是"有花无茶"。中国花茶讲究花味之香远；德国花茶，寻求花瓣之真实。德国花茶饮时需放糖，否则因花香太盛，有股涩酸味。德国人也买中国茶叶，但居家饮茶是用沸水将放在细密的金属筛子上的茶叶不断地冲、冲下的茶水通过安装于筛子下的漏斗流到茶壶内，之后再将茶叶倒掉。有中国人到德国人家做客，发觉其茶味淡颜色也浅，一问，才知德国人独具特征的"冲茶"习惯。

土耳其：到土耳其没喝过苹果茶就好像没到过土耳其一样。土耳其人的好客热情，请喝茶更是他们的一种传统的习俗。主人往往热情的供给一杯土耳其茶、土耳其咖啡或是苹果茶。土耳其茶尝起来较苦，虽然茶味浓浓，却不是那么讨喜；土耳其咖啡香郁扑鼻，但是浓得化不开的感觉并不是每个初者都能够承受的。只有土耳其盛产的苹果茶，能够说是老少咸宜，男女皆爱。酸酸甜甜的苹果茶，浓浓的苹果味加上茶香，尤其是在透着清寒的秋日，喝来分外的舒爽。

马来西亚：马来西亚肉骨茶，它的口碑确实不俗。肉骨茶吃法独特，其汤配猪腰，再蘸豆卜或者油条来吃，大块肉则可吃可不吃。而别的替客人准备的猪腰、肉骨等更令人胃口大增、欲罢不能。

资料来源：中国普洱茶网．看看世界各地的饮茶文化和习俗[EB/OL]．(2015-09-25)．http://www.puercn.com/cwh/sjcwh/96043.html.

参考文献

1. 宋常桐．公共关系与现代礼仪[M].北京:清华大学出版社,2007.
2. 陈向阳,中国国际公共关系协会．最佳公共关系案例[M].北京:中国市场出版社,2009.
3. 张岩松．公共关系案例精选精析[M].北京:经济管理出版社,2009.
4. 龚荒．公共关系原理·实务·案例[M].北京:清华大学出版社、北京交通大学出版社,2009.
5. 岑丽莹．中外危机公关案例启示录[M].北京:企业管理出版社,2010.
6. 杨俊．新型实用公关案例与训练[M].北京:中国科学技术大学出版社,2010.
7. 周安华．公共关系:理论、实务与技巧[M].北京:中国人民大学出版社,2010.
8. 陈向阳,中国国际公共关系协会．最佳公共关系案例[M].北京:企业管理出版社,2010.
9. 陈国庆．公关礼仪与面试技巧[M].北京:经济科学出版社,2010.
10. 殷娟娟．公共关系学教程[M].北京:中国人民大学出版社,2011.
11. 金正昆．礼仪全说-公关礼仪[M].西安:陕西师范大学出版总社有限公司,2012.
12. 周安华．公共关系:理论、实务与技巧[M].北京:中国人民大学出版社,2013.
13. 孙浩然．赢在职场话技巧[M].北京:企业管理出版社,2013.
14. 吴建勋,丁华．公共关系案例与分析教程[M].北京:清华大学出版社,2013.
15. 罗盘．从零开始读懂社交学[M].上海:立信会计出版社,2014.
16. 里奇·费里德曼,别让不懂礼仪害了你:一毕业就该懂的8大职场社交术[M].刘小群,译．南京:江苏凤凰文艺出版社,2014.
17. 刘建芬．公共关系:理论、实务与案例[M].福建:厦门大学出版社,2014.
18. 陶尚芸．一生三会:会说话,会做事,会为人[M].武汉:武汉出版社,2014.
19. 戴安娜·布赫著,卓有成效的沟通:领导者上传下达的10个沟通技巧[M].刘皎．译,北京:电子工业出版社,2014.
20. 舒静庐．礼仪天下:公关礼仪[M].上海:上海三联书店,2014.
21. 韦克俭．公关礼仪与交流沟通技巧[M].北京:清华大学出版社,2014.
22. 中国公共关系网(17PR)编委会．2014最具公众影响力公共关系案例集[M].北京:企业管理出版社,2015.
23. 汪国黔．态度决定待遇[M].北京:中国财富出版社,2015.
24. 苏岩．跟谁都能搭上话[M].北京:中国工商联合出版社,2015.
25. 韦甜甜．女人,你要美丽到老[M].北京:台海出版社,2015.

推荐网站

1. 中国公关网 www.chinapr.com.cn.
2. 公共关系网:http://www.17pr.com/.
3. 中国公共关系协会:http://www.cpra.org.cn/.
4. 中国国际公共关系协会:http://www.cipra.org.cn/.
5. 中国礼仪网．http://www.welcome.org.cn/.
6. 上海市公共关系协会:http://www.chspra.com/ .
7. 中国普洱网．http://www.puer10000.com/inder.html.
8. 精品资料网:http://www.cnshu.cn/yxgl/List_1744.html.